Everhard Holtmann · Adrienne Krappidel · Sebastian Rehse

Die Droge Populismus

Everhard Holtmann
Adrienne Krappidel
Sebastian Rehse

Die Droge Populismus

Zur Kritik des politischen Vorurteils

VS VERLAG FÜR SOZIALWISSENSCHAFTEN

Bibliografische Information Der Deutschen Bibliothek
Die Deutsche Bibliothek verzeichnet diese Publikation in der Deutschen Nationalbibliografie;
detaillierte bibliografische Daten sind im Internet über <http://dnb.ddb.de> abrufbar.

1. Auflage März 2006

Alle Rechte vorbehalten
© VS Verlag für Sozialwissenschaften | GWV Fachverlage GmbH, Wiesbaden 2006

Lektorat: Frank Schindler

Der VS Verlag für Sozialwissenschaften ist ein Unternehmen von Springer Science+Business Media.
www.vs-verlag.de

Das Werk einschließlich aller seiner Teile ist urheberrechtlich geschützt. Jede Verwertung außerhalb der engen Grenzen des Urheberrechtsgesetzes ist ohne Zustimmung des Verlags unzulässig und strafbar. Das gilt insbesondere für Vervielfältigungen, Übersetzungen, Mikroverfilmungen und die Einspeicherung und Verarbeitung in elektronischen Systemen.

Die Wiedergabe von Gebrauchsnamen, Handelsnamen, Warenbezeichnungen usw. in diesem Werk berechtigt auch ohne besondere Kennzeichnung nicht zu der Annahme, dass solche Namen im Sinne der Warenzeichen- und Markenschutz-Gesetzgebung als frei zu betrachten wären und daher von jedermann benutzt werden dürften.

Umschlaggestaltung: KünkelLopka Medienentwicklung, Heidelberg
Druck und buchbinderische Verarbeitung: MercedesDruck, Berlin
Gedruckt auf säurefreiem und chlorfrei gebleichtem Papier
Printed in Germany

ISBN 3-531-15038-3

Inhalt

Vorwort 7

I Einleitung: Tut „Volksmund" die Wahrheit kund? 9

II „Von allen Parteien schmählich im Stich gelassen..."
(1929) und „Wir sind das Volk!" (2004) 45

III „Das ewige Gezerre um die Posten" oder der
„Parteienfilz" 62

IV „... dass es nicht um die Menschen geht, sondern einzig
und allein um Macht und Geld" oder „die kleben doch
nur an der Macht!" 77

V „An das Volk denken sie zuletzt – wenn überhaupt!" 91

VI „Deutsches Geld für Deutsche Aufgaben!" und
„Arbeit zuerst für Deutsche!" 107

VII Sicherheit und Ordnung – der starke Staat als Übervater 124

VIII „Armut per Gesetz" – Gegen die „Demontage" des Sozialstaates 133

IX Gegen „Eurokratie" und die „Entgrenzung" des
Nationalstaates 145

Abbildungsverzeichnis 167
Tabellenverzeichnis 168
Verzeichnis der Autorinnen und Autoren 169
Literaturverzeichnis 170

Vorwort

Populismus als Droge – diese bildhafte Zuordnung ist bewusst gewählt. In der nachstehenden Studie wird Populismus als ein Muster der Politikvermittlung beschrieben, das bei dem angesprochenen Personenkreis Wirkungen erzeugt oder erzeugen soll, die ebenso betäubend wie berauschend sind und mitunter auch süchtig machen. Erfolgreich vermarkten lässt sich Populismus deshalb, weil die gesellschaftliche Anfälligkeit hierfür in der Regel vergleichsweise groß ist. In allen Parteien sind daher Politiker versucht, populistisch zu agieren. Deutschland und deutsche Politik stellen in dieser Hinsicht keine Ausnahme dar.

Die hohe Wirkmächtigkeit populistisch aufbereiteter Politikvermittlung ist indes eine stete Belastung für Demokratien. Denn Populisten wecken gezielt Ressentiments, schüren Vorurteile und spitzen tatsächliche oder vermeintliche Problemlagen dramatisierend zu. Ängste und Aggressionen lassen für eine differenzierende Wahrnehmung komplizierter Sachverhalte wenig Raum. Wenn aber Affekte rationale Urteilskraft verdrängen, steht eine Grundvoraussetzung demokratischer politischer Kultur infrage. Populismus ist das krasse Gegenteil von politischer Aufklärung.

Im Folgenden stellen wir, in kritischer Absicht, kennzeichnende Stereotypen des Populismus vor. Hierbei gehen wir in zwei Schritten vor: Der jeweiligen Präsentation und Einordnung des populistischen Stereotyps selbst folgt dessen Gegenüberstellung mit der Realität. So lässt sich zeigen, wie die Wirklichkeit von Populisten verzeichnet wird. Umgekehrt erweist sich das populistische Stereotyp als Zerrbild.

Bernd Lüdkemeier und Wilfried Welz von der Landeszentrale für politische Bildung des Landes Sachsen-Anhalt haben diese Studie angeregt und fördernd begleitet. Hilfreich waren uns ferner Rebecca Plassa und Dennis Richter vom Institut für Politikwissenschaft der Martin-Luther-Universität Halle sowie Prof. Dr. Martin T.W. Rosenfeld vom Institut für Wirtschaftsforschung (IWH) in Halle. Allen Genannten gilt unser Dank. Für den Inhalt sind die Autoren selbstredend allein verantwortlich.

Halle, im März 2006
Everhard Holtmann,
Adrienne Krappidel,
Sebastian Rehse

I Einleitung: Tut „Volksmund" die Wahrheit kund?

Zu fortwährenden Versuchen von Politikern, sich als „Volkes Stimme" auszugeben

1 Populismus ist parteiübergreifend und europaweit verbreitet

Populismus ist allgegenwärtig. Im politischen Alltag, und mehr noch in Zeiten des Wahlkampfs. Wissenschaftler, die sich mit dem Thema beschäftigen, gehen davon aus, dass die Zahl „populistisch" agierender Politiker und Parteien europaweit zugenommen hat (Hauch/Hellmuth/Pasteur 2002: 9). Hierzulande sind einschlägige Angstformeln („Keine Benachteiligung Deutscher gegenüber Fremden im eigenen Land!") und Feindbilder („Deutsches Geld zuerst für deutsche Aufgaben!"), mit welchen die rechtsextremen Parteien DVU und NPD bei den jüngsten Landtagswahlen ihre Kampagne intonierten, in frischer Erinnerung. Indes ist Populismus kein Alleinstellungsmerkmal der Propaganda der äußersten Rechten. In einem Positionspapier der Gewerkschaft Bergbau, Chemie, Energie (IG BCE), das der verbandsinternen Argumentationshilfe im letzten Bundestagswahlkampf diente, ist beispielsweise die Einschätzung zu lesen: „PDS und WASG sind populistisch, das heißt, sie erwecken den Anschein, soziale Ziele erreichen zu können, die das nicht sind" (zit. nach Frankfurter Allgemeine Zeitung vom 16.August 2005). Zum Rechtspopulismus ist längst mindestens ein Linkspopulismus hinzugetreten.

Nimmt man die Wahlergebnisse der letzten etwa zwei Jahrzehnte als Indikator für die Stellung und Bedeutung populistisch auftretender Parteien im Parteiensystem der Bundesrepublik, so wird zweierlei deutlich: Mit Ausnahme der Linkspartei/PDS, die seit 1990 als regionale Interessenpartei in sämtlichen ostdeutschen Landtagen konstant vertreten ist und derzeit als Juniorpartner zwei Koalitionsregierungen angehört, und eventuell auch der Bremer SPD-Abspaltung AfB („Arbeit für Bremen"), sind ganz überwiegend solche Spielarten in Parlamente gewählt worden, die sich dem Typus rechtspopulistischer Protest- und Weltanschauungsparteien zuordnen lassen. Als parlamentsfähig (im Sinne der erfolgreichen Überwindung von Sperrklauseln) haben sich zum anderen solche Parteien – wiederum ausgenommen die Linkspartei/PDS – bisher ausschließlich auf Landesebene erwiesen. Abgesehen von zwei Ausnahmen am rechten Saum des bundesdeutschen Parteiensystems, nämlich den Republikanern in Baden-

Württemberg und der DVU in Brandenburg, hat keine dieser Parteien mehr als eine Wahlperiode in Folge einem Landesparlament angehört.

Tabelle 1: Ausgewählte Ergebnisse populistisch agierender Parteien bei Parlamentswahlen in Europa und Landtagswahlen in der BRD

	Partei	%			
		1989-1993	1994-1998	1999-2003	2004-
Westeuropa					
Belgien	Vlaams Belang (VB) (bis November 2004 Vlaams Blok)	6,6 (1991)	7,8 (1995)	9,9 (1999) 11,7 (2003)	-
	Front National	1,1 (1991)	2,3 (1995)	1,5 (1999) 2,0 (2003)	-
Dänemark	Fortschrittspartei (FRP)	6,4 (1990)	6,4 (1994) 2,4 (1998)	0,6 (2001)	-
	Dänische Volkspartei (DF)	-	7,4 (1998)	12,0 (2001)	13,3 (2005)
Frankreich	Front National (FN)	12,4 (1993)	14,9 (1997)	11,3 (2002)	-
	Mouvement pour la France (MPF)	-	-	0,8 (2002)	-
Italien	Lega Nord (LN)	-	8,4 (1994) 10,1 (1996)	3,9 (2001)	-
	Lega Lombarda (LL)	8,7 (1992)	-	-	-
Niederlande	Sozialistische Partei (SP)	0,4 (1989)	1,3 (1994) 3,5 (1998)	5,9 (2002) 6,3 (2003)	
	Liste Pim Fortuyn (LPF)	-	-	17,0 (2002) 5,7 (2003)	-
Norwegen	Fortschrittspartei (FRP)	13,0 (1989) 6,3 (1993)	15,3 (1997)	14,7 (2001)	22,1 (2005)
	Socialistisk Venstreparti (SV)	10,0 (1989) 7,9 (1993)	6,0 (1997)	12,5 (2001)	8,8 (2005)
	Senterpartiet (SP)	6,5 (1989) 16,7 (1993)	8,0 (1997)	5,6 (2001)	6,5 (2005)
Österreich	Freiheitliche Partei Österreichs (FPÖ)	16,6 (1990)	22,5 (1994) 21,9 (1995)	26,9 (1999) 10,0 (2002)	-
Schweden	Ny Demokratie (ND)	6,7 (1991)	1,2 (1994)	-	-
	Vänsterpartiet (V)	4,5 (1991)	6,2 (1994) 12,0 (1998)	8,3 (2002)	
Schweiz	Schweizer Volkspartei (SVP)	11,9 (1991)	14,9 (1995)	22,5 (1999) 26,6 (2003)	
	Lega di Ticinese (LdT)	1,4 (1991)	0,9 (1995)	0,9 (1999) 0,4 (2003)	
	Partei der Arbeit (PdA)	0,8 (1991)	1,2 (1995)	1,0 (1999) 0,7 (2003)	-
Osteuropa					
Polen	Prawo i Sprawiedliwość (Recht und Gerechtigkeit) (PiS)	-	-	9,5 (2001)	27,5 (2005)
	Liga Polskich Rodzin (Liga polnischer Familien) (LPR)	2,7 (1993)	5,6 (1997)	7,9 (2001)	8,0 (2005)
	Samoobrona Rzeczpospolitej Polskiej (Selbstverteidigung der Republik Polen) (SO)	2,8 (1993)	0,1 (1997)	10,2 (2001)	11,4 (2005)
Rumänien	Partidul Popular România Mare (Partei Großrumäniens) (PRM)	3,9 (1992)	4,5 (1996)	19,5 (2000)	12,9 (2004)
	Partidul Unitatii Nationale Romane (Partei der Nationalen Einheit Rumäniens) (PUNR)	2,1 (1990) 7,7 (1992)	4,4 (1996)	1,4 (2000)	0,5 (2004)

Einleitung: Tut „Volksmund" die Wahrheit kund? 11

	Partei	%			
		1989-1993	1994-1998	1999-2003	2004-
Russische Föderation	Liberal'no-Demokratičeskaja Partija Rossii (Liberal-Demokratische Partei Russlands) (LDPR)	22,9 (1993)	11,2 (1995)	6,0 (1999) 11,5 (2003)	-
Serbien	Srpska Radikalna Stranka (Serbische Radikale Partei) (SRS)	27,9 (1990) 22,6 (1992) 13,8 (1993)	28,1 (1997)	8,6 (2000) 27,6 (2003)	-
Slowakei	Hnuti za Demockratické Slovensko (Slowakische Volkspartei) (HZDS)	37,3 (1992)	27,0 (1998)	19,5 (2002)	-
Slowenien	Sovenska Nacionalna Stranka (Slowenische Nationalpartei) (SNS)	10,0 (1992)	3,2 (1996)	4,4 (2000)	6,3 (2004)
Ungarn	Magyar Igazsag es Elet Partja (Ungarische Partei für Gerechtigkeit und Leben) (MIEP)	-	5,5 (1998)	4,4 (2002)	-
Deutschland					
Baden-Württemberg	Republikaner (REP)	10,9 (1992)	9,1 (1996)	4,4 (2001)	-
	Nationaldemokratische Partei Deutschlands (NPD)	-	-	0,2 (2001)	-
Bayern	Republikaner (REP)	4,9 (1990)	3,9 (1994)	3,6 (1998) 2,2 (2003)	-
Berlin	Republikaner (REP)	7,5 (1989) 3,1 (1990)	2,6 (1995)	2,7 (1999) 1,3 (2001)	-
	Partei des Demokratischen Sozialismus (PDS)	0,6 (1989) 9,2 (1990)	14,6 (1995)	17,7 (1999) 22,6 (2001)	-
Brandenburg	Deutsche Volksunion (DVU)	-	-	5,3 (1999)	6,1 (2004)
	Partei des Demokratischen Sozialismus (PDS)	13,4 (1990)	18,7 (1994)	23,3 (1999)	28,0 (2004)
	Republikaner (REP)	1,1 (1990)	1,1 (1994)	-	-
Bremen	Deutsche Volksunion (DVU)	6,2 (1991)	2,5 (1995) 3,3 (1999)	2,3 (2003)	-
	Republikaner (REP)	1,5 (1991)	-	-	-
	Partei des Demokratischen Sozialismus (PDS)	-	2,7 (1995) 2,9 (1999)	1,7 (2003)	-
	Arbeit für Bremen (AfB)	-	10,7 (1995)	2,4 (1999)	-
Hamburg	Deutsche Volksunion (DVU)	2,8 (1993)	4,9 (1997)	0,7 (2001)	-
	STATT-Partei	9,6 (1993)	3,8 (1997)	0,4 (2001)	-
	Republikaner (REP)	1,2 (1991) 4,8 (1993)	1,8 (1997)	0,1 (2001)	-
	Partei Rechtstaatliche Offensive/Schill (PRO)	-	-	19,4 (2001)	0,4 (2004)
	Partei des Demokratischen Sozialismus (PDS)	-	-	0,4 (2001)	-
Hessen	Republikaner (REP)	1,7 (1991)	2,0 (1995)	2,7 (1999) 1,3 (2003)	-
Mecklenburg-Vorpommern	Partei des Demokratischen Sozialismus (PDS)	15,7 (1990)	22,7 (1994) 24,4 (1998)	16,4 (2002)	-
	Deutsche Volksunion (DVU)	-	2,9 (1998)	-	-
	Republikaner (REP)	0,9 (1990)	1,0 (1994) 0,5 (1998)	0,3 (2002)	-
Niedersachsen	Republikaner (REP)	1,5 (1990)	3,7 (1994) 2,8 (1998)	1,5 (2002)	-
	Nationaldemokratische Partei Deutschlands (NPD)	0,2 (1990)	-	0,2 (2002)	-
Nordrhein-Westfalen	Republikaner (REP)	1,8 (1990)	0,8 (1995)	1,1 (2000)	-
	Partei des Demokratischen Sozialismus (PDS)	-	0,1 (1995)	1,1 (2000)	-

	Partei	%			
		1989-1993	1994-1998	1999-2003	2004-
Rheinland-Pfalz	Republikaner (REP)	2,0 (1991)	3,5 (1996)	2,4 (2001)	-
	Nationaldemokratische Partei Deutschlands (NPD)	-	-	0,5 (2001)	-
Saarland	Partei des Demokratischen Sozialismus (PDS)	0,1 (1990)	-	0,8 (1999)	2,3 (2004)
	Republikaner (REP)	-	1,4 (1994)	1,3 (1998)	-
	Nationaldemokratische Partei Deutschlands (NPD)	0,2 (1990)	-	-	4,0 (2004)
Sachsen	Republikaner (REP)	-	1,3 (1994)	1,5 (1999)	-
	Partei des Demokratischen Sozialismus (PDS)	10,2 (1990)	16,5 (1994)	22,2 (1999)	23,6 (2004)
	Nationaldemokratische Partei Deutschlands (NPD)	0,7 (1990)	-	1,4 (1999)	9,2 (2004)
Sachsen-Anhalt	Deutsche Volksunion (DVU)	-	12,9 (1998)	-	-
	Partei des Demokratischen Sozialismus (PDS)	12,0 (1990)	19,9 (1994) 19,6 (1998)	20,4 (2002)	-
	Republikaner (REP)	0,6 (1990)	1,4 (1994) 0,7 (1998)	-	-
Schleswig-Holstein	Deutsche Volksunion (DVU)	6,3 (1992)	4,3 (1996)	-	-
	Republikaner (REP)	1,2 (1992)	-	-	-
	Partei des Demokratischen Sozialismus (PDS)	-	-	1,4 (2000)	0,8 (2005)
Thüringen	Partei des Demokratischen Sozialismus (PDS)	9,7 (1990)	16,6 (1994)	21,4 (1999)	26,1 (2004)
	Republikaner (REP)	0,8 (1990)	1,3 (1994)	0,8 (1999)	2,0 (2004)
	Deutsche Volksunion (DVU)	-	-	3,1 (1999)	-
	Nationaldemokratische Partei Deutschlands (NPD)	-	-	0,2 (1999)	1,6 (2004)

(*Datenquelle:* www.parties-and-elections.de)

Doch so wenig sich Populisten lediglich an einem äußersten Pol des Spektrums der Parteien verorten lassen und nicht unbesehen mit Rechtslastigkeit gleichgesetzt werden können, so unrealistisch wäre es andererseits, im Populismus ausschließlich ein Ausdrucksmittel der extremen Ränder des Parteiensystems zu sehen. Häufig fungieren nämlich, wie der Politikwissenschaftler Florian Hartleb schreibt, auch „die etablierten Parteien als Wegbereiter der Populisten."

Ein Blick auf Deutschland im Jahr 2005 bestätigt diese Beobachtung, denkt man an Edmund Stoibers Schuldzuweisung („Gerhard Schröder ist schuld am Wahlerfolg der NPD in Sachsen") oder Franz Müntefeings Kapitalismuskritik („Heuschrecken"). Eine Agitation gegen die EU ist nicht den rechtspopulistischen Parteien vorbehalten. Gerade die euroskeptischen und -feindlichen Stimmungen greifen markige Politiker jeder Couleur gerne auf."
(Hartleb 2005a: 2)

2 Populismus wird von Parteien und Politikern als Propagandamittel genutzt

Für den Beobachter ist dabei zwischen einem politischen Tun, welches das Etikett „populistisch" tatsächlich verdient, und dem bloßen Vorwurf, ein öffentlicher Auftritt eines Politikers oder einer Partei sei populistisch, nicht immer auf den ersten Blick trennscharf unterscheidbar. Ersichtlich besteht nämlich auch bei politischen Akteuren die Neigung, sich wechselseitig selbst der populistischen Verirrung zu bezichtigen. So warf beispielsweise Joschka Fischer, als noch amtierender Außenminister der rot-grünen Regierungskoalition im Bund, Anfang August 2005 in einem Zeitungsinterview der Linkspartei/PDS einen „Populismus der sozialen Versprechungen" vor (Süddeutsche Zeitung vom 6./7.August 2005). Mehr noch: Populismus wird seitens politischer Parteien als Propagandawaffe in der politischen Auseinandersetzung für eigene Zwecke strategisch eingesetzt. Die Frankfurter Allgemeine Zeitung berichtete im August 2005 über vertrauliche Planspiele in der – inzwischen in der Linkspartei aufgegangen - Wahlalternative für Arbeit und soziale Gerechtigkeit (WASG):

> „Die Ansage war eindeutig. „Die Agitation und Propaganda muß populär, klar und einfach sein." Anzusprechen seien die Enttäuschten dieser Gesellschaft, die „in erheblichen Teilen auch gar kein im Selbstverständnis linkes Potenzial" seien. Kurz: Es gehe „auch um einen linken Populismus, der notwendig ist, um Massen zu mobilisieren". Dies alles steht in einem Strategiepapier vor der Gründung der Wahlalternative. Schon im Februar vergangenen Jahres zirkulierte es unter Eingeweihten. Der von Oskar Lafontaine bei seien Auftritten in Ostdeutschland in dieser Woche gezeigte Populismus – er warnte vor arbeitsplatzraubenden „Fremdarbeitern" und appellierte damit an Ressentiments – ist also keineswegs ein Ausrutscher. Er ist Programm."
> (Arne Boecker und Jonas Viering, in SZ vom 18./19.6.2005)

Dass die eigene kalkulierte populistische Aktion wie auch der auf den politischen Gegner gemünzte Populismusverdacht als Waffe im politischen Wettbewerb derart instrumentalisiert wird, und zwar aus allen Richtungen des Parteienspektrums, lässt darauf schließen, dass die damit zu erzielende Wirkung hoch eingeschätzt wird. Populismus hat hohe Konjunktur als ein strategischer Fundus für die eigene Beeinflussung der öffentlichen Meinung und als ein politischer Kampfbegriff zur Attackierung politischer Gegner. Inzwischen ist Populismus längst zum Schlagwort geworden, und zwar im doppelten Wortsinn: Zum einen dient es den Akteuren in der Wahlkampfarena als verbale Moralkeule im Parteienwettbewerb. Der des Populismus nachhaltig bezichtigte Gegenspieler soll dadurch stigmatisiert und in die Defensive gebracht werden. Als abstrakte Kategorie gefasst, meint „Populismus" zum anderen eine Sammelbezeichnung für alle möglichen Spielarten emotional vorgebrachter, polemisch zugespitzter und vorurteilshaft aufgeladener politischer Rhetorik. Nicht nur Berufspolitiker übrigens, sondern auch Angehörige anderer Funktionseliten bedienen sich mitunter im Arsenal des populistischen Sprachgebrauchs, nicht selten gerade dann, wenn Objekte der Attacken prominente Politiker sind. So äußerte sich der frühere Vorsitzende des Bundesverbandes der Deutschen Industrie (BDI), Hans-Olaf Henkel, zu den sich abzeichnenden Vereinbarungen der Großen Koalition im Bund in einem Gastkommentar in der größten Boulevardzeitung der Republik am 8. November 2005 wie folgt:

Abbildung 1: Kommentar zur Großen Koalition in einer Boulevardzeitung

Quelle: BILD vom 08.11.2005; S. 2.

In dieser Wortbedeutung, die Populismus als Gegensatz zu solider politischer Problemlösungskompetenz begreift, ist „Populismus" offenkundig auch weiten Teilen der deutschen Wahlbevölkerung zumindest vage geläufig. Im September 2005 stellten Meinungsforscher für Nordrhein-Westfalen – dieses Bundesland

Einleitung: Tut „Volksmund" die Wahrheit kund? 15

gilt seit dem von der WASG bei den Landtagswahlen im Mai gleichen Jahres erzielten Achtungserfolg als eine Art westdeutsche Kernregion der inzwischen neu formierten Linkspartei – folgendes Meinungsbild fest:

„Der sinkende Zuspruch für die Linkspartei ist auf die kritische Beurteilung der Verbindung aus PDS und WASG zurück zu führen. Eine große Mehrheit der Bürger ist der Auffassung, daß die Linkspartei keine realistischen Lösungskonzepte für die anstehenden Probleme präsentieren kann, sondern lediglich mit populistischen Forderungen auf Stimmenfang geht (70 Prozent). Dass sich die Linkspartei stärker als andere Parteien für sozial Schwache einsetzt, glauben lediglich 28 Prozent, 59 Prozent sind nicht dieser Ansicht."
(Infratest dimap – Nordrhein-Westfalen TREND September 2005)

Ähnlich fiel das Meinungsbild im gleichen Erhebungsmonat in Rheinland-Pfalz aus:

„Einen wesentlichen Beitrag zum schlechten Image der Linkspartei bei der Bevölkerung in Rheinland-Pfalz leistet die mehrheitlich von 73 Prozent geteilte Überzeugung, daß sie populistische Forderungen vertritt, ohne realisierbare Lösungen anbieten zu können. Hinzu kommt die von 55 Prozent geäußerte Ansicht, daß die Partei auch nicht davor zurückschreckt, im rechtsradikalen Milieu auf Stimmenfang zu gehen."
(Infratest dimap – Rheinland-Pfalz TREND September 2005)

Auch der SPD-Politiker Franz Müntefering musste, noch in seiner Zeit als Parteivorsitzender, erleben, dass frisch gepflanzte Bäume des Populismus nicht immer in den Himmel wachsen. Im April 2005, wenige Wochen vor wichtigen Landtagswahlen in Nordrhein-Westfalen, hatte Müntefering die Investitionstätigkeit so genannter Hedge-Fonds hart wie folgt gegeißelt:

„Manche Finanzinvestoren verschwenden keinen Gedanken an die Menschen, deren Arbeitsplätze sie vernichten. Sie bleiben anonym, haben kein Gesicht, fallen wie Heuschreckenschwärme über Unternehmen her, grasen sie ab und ziehen weiter. Gegen diese Form des Kapitalismus kämpfen wir."
(Westdeutsche Zeitung, Neujahrsausgabe „Themen 2005")

Seine Kapitalismusschelte, die als Heuschrecken-Metapher zeitweise einen bundesweiten Aufmerksamkeitseffekt erzielte, wurde von einer ganz überwiegenden Mehrheit der Bevölkerung als taktische Maßnahme durchschaut, im laufenden Landtagswahlkampf in NRW das soziale Antlitz der Sozialdemokraten, denen absehbar der Verlust der Regierungsmacht drohte, auf den letzten Metern des Wahlkampfes zu schärfen. Zwar stützte, wie die Forscher von Infratest dimap herausfanden, eine Mehrheit über die Anhänger aller Parteien hinweg (ausgenommen die FDP-Parteigänger) Müntefferings Kritik in der Sache. Doch zugleich fanden 73 Prozent der im Mai 2005 befragten Bundesbürger die Ausdrucksweise, also den Vergleich von Investoren mit Heuschrecken, nicht angemessen. Und 54 Prozent glaubten, dass diese Form der „Kapitalismusdebatte" dem Wirtschaftsstandort Deutschland eher schade (Infratest dimap Deutschland TREND Mai 2005). Dass dies dazu beitragen könne, die Wahlchancen der Sozialdemokraten bei den unmittelbar bevorstehenden Landtagswahlen zu erhöhen, bezweifelten mehr als zwei Drittel der Befragten (ebenda).

> „Lediglich 26 Prozent glauben, davon würde die SPD beim Urnengang am 22.Mai profitieren. Auch die SPD- (59 Prozent) und Grünen-Anhänger (56 Prozent) erwarten mehrheitlich keine positiven Auswirkungen auf die eigenen Wahlchancen."
> (Ebenda)

Immerhin war die von Müntefering holzschnittartig angestoßene Kapitalismusdebatte in ihrer die eigenen Anhänger mobilisierenden Wirkung bei der Landtagswahl in NRW nicht unerheblich:

> „52 Prozent der SPD-Wähler schreiben den wirtschaftspolitischen Äußerungen des SPD-Bundesvorsitzenden eine große Bedeutung für ihre Wahlentscheidung zu, unter den Wählern der Grünen sind es nur 38 Prozent. Die Gegenmobilisierung der bürgerlichen Wähler durch die Kapitalismus-Diskussion fiel im Vergleich hierzu weniger stark aus."
> (Ebenda)

Festhalten lässt sich also: Populismus ist eine scharfe politische Waffe, die allerdings für den, der sie anwendet, auch das Risiko der Selbstverletzung birgt.

3 Was genau ist Populismus? Zur Bestimmung eines schillernden Begriffs

Der Populismus ist, wie eingangs schon gesagt, kein singulär deutsches Phänomen. Vielmehr beobachten wir, dass in den nationalen und regionalen Arenen des Parteienwettbewerbs der meisten Staaten Europas in den letzten Jahren zunehmend Herausforderer auftauchen, welche gegen die Spielregeln des eingeübten Politikbetriebs bewusst in einer Weise verstoßen, die den bis dahin dominierenden – und gerne als „Altparteien" denunzierten – politischen Kräften und auch dem überwiegenden Teil der öffentlichen Meinung als illegitim und anstößig erscheint. Dennoch – oder gerade deswegen – sind in vielen Teilen Europas populistische Parteien derart erstarkt, dass sie mehrfach schon an Regierungen beteiligt oder zumindest an die Schwelle möglicher Regierungsbeteiligung herangerückt sind:

Was aber ist Populismus nun eigentlich genau? Was macht sein Erfolgsrezept aus? Und warum wird er in kritischer Betrachtung als der Demokratie abträglich eingeschätzt?

„Populismus" steht, dies ist in der Literatur weithin unumstritten, für eine bestimmte Erscheinungsform besonders expressiver und emotionaler und, gemessen an den üblichen Standards eines demokratieverträglichen politischen Wettbewerbs, *pathologischer Politikvermittlung*. Der Populist setzt auf den Überraschungs- und Aufmerksamkeitseffekt, den abweichendes Verhalten regelmäßig hervorruft. Seine Einsatzmittel sind größtmögliche *Polarisierung*, *Protest* und *Provokation*. Bei Populisten handelt es sich außerdem häufig um solche politische Akteure, die in der Arena der Parteipolitik als Neulinge erscheinen, dort aber sofort und lauthals mit dem Anspruch auftreten, der Stimme „des Volkes" authentisch und als *einzig wahres* Sprachrohr Ausdruck zu verleihen.

Politische Anbieter wie diese kultivieren ihren Charakter als *soziale Bewegung*, und zwar augenscheinlich auch dann, wenn sie, der Handlungslogik parlamentarischer Systeme folgend, sich formal als Partei konstituieren und an Wahlen teilnehmen; als „gesellschaftliches Widerlager" zum „verkrusteten" Politikbetrieb wird das Eigenmerkmal des unangepasst und ungestüm Bewegten, der eben deshalb volksnah bleibe, bewusst gepflegt. Konsequent rückt derselbe Akteur typischerweise in die selbstgewählte Position einer *Anti-Partei*, die sich mit ihren Forderungen gegen alle anderen konkurrierenden Parteien grundsätzlich absetzt. Hierbei sind die Grenzen zu einer *Anti-Parteien-Partei*, die auch solche Gruppierungen einschließen, die der Absage an das Prinzip pluralistischer Parteienherrschaft überhaupt eine Stimme verleihen, mitunter fließend.[1] „Das Volk" wird nach populistischer Lesart in Wahrheit einzig vertreten durch diese neue politische Kraft, die sämtlichen so genannten „Altparteien" als fundamentale Opposition gegenübertritt.

Die frühe Phase der Partei DIE GRÜNEN, inzwischen im Parlamentarismus und Parteiensystem Deutschlands längst fest etabliert, macht diese Stilisierung der Außenseiterposition auf moralisch höherer Warte beispielhaft anschaulich. Als die junge Partei 1983 erstmals in den Bundestag in Fraktionsstärke einzog,

---

1 Lt. Cas Mudde sind Anti-Partei-Parteien dadurch gekennzeichnet, dass sie „die Ablehnung politischer Parteien als solche (rejection of political parties per se)" verkörpern. Sie wollen einerseits „von existierenden Anti-Parteien-Stimmungen profitieren" und andererseits sich auf diese Weise „selbst positiv ins Licht setzen, indem sie sich selbst als oppositionelle Kraft gegenüber allen anderen Parteien darstellen" (Mudde 1996: 265, 272).

kultivierte sie bewusst ihr Selbstverständnis als „grundlegende Alternative" zum herrschenden „Parteienkartell". Nach Art einer Fundamentalopposition bezog man Front gegen die „lebensbedrohende Politik" der „etablierten Parteien". In der basisdemokratischen Struktur der eigenen Parteiorganisation trafen sich, wie Beobachter feststellten, „die Vorliebe für plebiszitäre Demokratiemodelle und Kritik an der ‚hierarchischen Verkrustung' der ‚Altparteien'". Der grünen Parlamentarierin Petra Kelly wird der Satz zugeschrieben: „Wir müssen die Etablierten entblößen, wo wir können". Und ebenfalls Petra Kelly war es, die den Begriff der „Anti-Parteien-Partei" für die eigene Position beanspruchte:

> „Eine Anti-Parteien-Partei [ist eine] Partei, die sich nicht verparlamentarisieren läßt... ganz stark draußen außerparlamentarisch, aber auch ganz stark drinnen in den Parlamenten."[2]

Eine andere Variante des systemkritischen Parteitypus stellt die PDS dar. Die Parteiführung betont einerseits seit längerem die prinzipielle Bejahung der Verfassungsordnung der Bundesrepublik. Andererseits wird jedoch ebenso lange – wenngleich durch Beteiligung an Koalitionsregierungen in den Ländern politisch-operativ abgeschwächt – die Rolle der Partei als „gesellschaftliche Opposition" gepflegt. Von daher schärft die PDS ihr Halb-Profil als Protestpartei, und an dieser Seite ihres Rollenspiels zwischen regionaler Interessenpartei und Organisator des sozialen Protests von links ist die PDS aufgeschlossen für populistische Formen der Politikvermittlung.

4 Populistische Parteien – Ausdruck einer besonderen Entwicklungsdynamik moderner Parteiensysteme

Das Einzelbeispiel der Genese der Partei DIE GRÜNEN und deren allmähliches Hineinwachsen in das bundesdeutsche Parteiensystem macht ein generelles Merkmal der Entwicklungsdynamik moderner Parteiensysteme anschaulich: Wenn innerhalb einer Gesellschaft neue Problemlagen entstehen, die sich zu neuen sozialen Konfliktlinien („cleavages") verdichten und neue Interessenpräferenzen ausbilden, die wiederum neue soziale Bewegungen hervorbringen, erhöht sich alsbald auch der externe Druck auf das existierende Parteiensystem. „Extern" ist dieser Druck zunächst insofern, als die neuen Bewegungen innerhalb des etablierten Parteienspektrums noch nicht repräsentiert bzw. anerkannt sind.

---

2 Alle Zitate nach Corinna Wenzl, DIE GRÜNEN im Deutschen Bundestag 1983-1990. Bestimmungsfaktoren und Analyse ihrer oppositionellen Aktivitäten, Diplomarbeit Univ. Halle 2005, S. 3f. (dort auch sämtliche Zitatnachweise).

Um sich „von außen" hinreichend Gehör zu verschaffen, treten die neuen Bewegungen typischerweise in der **Kombination von fundamentaler Opposition, radikaler Protestpartei und/oder Anti-Parteien-Partei** auf, die sich, ebenso typisch, der **Mittel und Techniken populistischer Ansprache** bedient. Sofern das herrschende System auf das Auftreten solcher Oppositionsparteien mit Mitteln der Diskriminierung und Techniken der Exklusion (etwa restriktiven Wahlrechtsbestimmungen) reagiert, wird sich diese Gruppierung mit hoher Wahrscheinlichkeit als systemkritische Minorität strukturell verfestigen.[3] Parteien, die als oppositionelle Außenseiter in die Arena eintreten, wollen häufig in Programm und öffentlichem Auftreten bewusst „anders" sein. „Die anderen" werden dargestellt als solche, die „gegen das eigene Volk" und/oder „für die Fremden" sind; die „das Volk" und dessen „Identität" zerstören. Solche „Anderen" sind demnach korrupt und auf puren Machterhalt fixiert. Sie haben sich daher längst überlebt, sind Relikte der Vergangenheit.

Diese Porträtierung der „Anti-Parteien-Partei", die der niederländische Politikwissenschaftler Cas Mudde für rechtsextreme Parteien vorgenommen hat,[4] widerspiegelt indes kein Alleinstellungsmerkmal der äußersten Rechten, die völkische und xenophobe Komponente ausgenommen. Ebenso ist Populismus in der oben beschriebenen typischen Merkmalskonstellation auch außerhalb der Gründerzeit neuer Parteien in nationalen Parteiensystemen existent. Als ein spezifisches politisches Ausdrucksmittel „streut" Populismus über das gesamte, jeweils vorhandene Parteienspektrum.

5 Protest(partei), Extremismus und Populismus – häufig gemeinsam auftretend, doch nicht von vornherein identisch

Damit stellt sich die Frage: Wann ist eine Partei populistisch? – Dann, so lautet unser Vorschlag, wenn sich nicht hin und wieder einzelne Repräsentanten in populistischer Manier äußern, sondern wenn Populismus zum *prägenden Merkmal* bestimmter Parteipolitik wird. Dass besagte Partei eine *extremistische Randposition* im Parteiensystem besetzt und/oder sich als *Protestpartei* profiliert, ist eine nicht zwangsläufig auftretende, aber doch wahrscheinliche Konstellation. Um tatsächlich auftretende Varianten populistisch agierender genauer unterscheiden zu können, wollen wir daher zunächst den Typus der **Protestpartei** sowie den Terminus **Extremismus**, der in linken, rechten und Spielarten der

---

3   Auf die Existenz solcher „basic political oppositions", die als politische Agenturen für konfessionelle, regionale oder ökonomisch-soziale „dissenters" Teil nationalstaatlicher Parteiensysteme sind, haben bereits Lipset/Rokkan (1967) hingewiesen.
4   Mudde 1996: 268ff.

"Mitte" auftritt, näher bestimmen. Dies ist notwendig, um das von uns als analytisches Konzept weiter unten vorgestellte „trianguläre Beziehungsmuster" von Populismus, Extremismus und Protestpartei besser zu verstehen.

Als Formaldefinition für „Protestparteien" schlagen wir, auf eine frühere Publikation von Everhard Holtmann zurückgreifend, folgende Merkmalsskala vor:

Der Typus der Protestpartei – kennzeichnende Merkmale

- Protestparteien formieren sich um ein Reizthema (Ein-Themen-Partei) herum, das geeignet ist, verbreitete Ängste und Aggressionen auszudrücken und zu bündeln;
- Protestparteien durchlaufen keine längerfristige Formationsphase auf der Basis sozialer Bewegungen, sondern konstituieren sich gleichsam aus dem Stand, begünstigt durch das zu Wahlkampfzeiten erhöhte Interesse der medienvermittelten Öffentlichkeit. Sie sind, in der einprägsamen Formulierung Sartoris, flash parties, „Blitzparteien";
- Protestparteien stellen, in unterschiedlicher Radikalität und Totalität, geltende Verfassungsnormen und Verfahrensregeln infrage;
- Protestparteien verrücken die Grenze zwischen dem kontroversen Sektor und dem kraft Verfassung nicht-kontroversen Sektor des politischen Konfliktaustrags zu Lasten des letzteren;
- Protestparteien sprechen den so genannten etablierten Parteien die politische Problemlösungskompetenz offensiv ab;
- Protestparteien setzen in ihren eigenen Aktionsformen auch auf kalkulierte Regelverletzung;
- Protestparteien nehmen den Parteienwettbewerb wahr in den Dimensionen eines Freund-Feind-Konflikts und sehen sich selbst in moralisch höherwertiger Position;
- Protestparteien basieren auf vergleichsweise schwachen Wählerbindungen;
- Protestparteien artikulieren die diffusen Statusverlust- und Konkurrenzängste von (potentiellen) Modernisierungsverlierern, machen sich zum Anwalt des Aufbegehrens gegen Abstiegsrisiken im Gefolge von ökonomischem und sozialem Wandel und/oder bedienen ein sozial unspezifisches Sicherheitssyndrom mit robusten law-and-order-Parolen;
- Protestparteien weigern sich nicht generell und grundsätzlich, mit „Altparteien" zu koalieren, obgleich sie sich diesen gegenüber als politisches Kontrastangebot darstellen.

Quelle: Holtmann (2002)

Einleitung: Tut „Volksmund" die Wahrheit kund?

So definierte Protestparteien sind Gestalt gewordener Ausdruck einer grundsätzlichen „Anti-Haltung". Es gibt dabei gleitende Übergänge zur oben erwähnten „Anti-Parteien-Partei" und auch zu der von Giovanni Sartori als Kontrasttypus zur Protestpartei eingeführten „Anti-System-Partei"[5]. Aber beide letztgenannten Parteitypen sind eben nicht vollkommen identisch mit einer Protestpartei.

Klärungsbedürftig ist zweitens der Begriff des **Extremismus**. Von diesem transportierte Inhalte werden häufig populistisch aufbereitet. Aber unserer Ansicht nach sind Extremismus und Populismus analytisch auseinander zu halten – auch deshalb, weil Extremisten nicht nur einen Pol auf der Links-Rechts-Skala besetzen.

Eine extremistische politische Grundhaltung wird, allgemein ausgedrückt, in erklärter Gegnerschaft zu freiheitlichen Grundwerten und zur demokratischen Verfassungsordnung erkennbar. **Radikalismus**[6] ist demgegenüber, hier folgen wir Richard Stöss, nicht per definitionem verfassungsfeindlich (vgl. Stöss 1999: 12). Die Extremismusforscher Eckhard Jesse und Uwe Backes verstehen **Extremismus** als einen Dachbegriff, der linke wie rechte Unterströmungen von antidemokratischen Tendenzen umfasst. Dabei handele es sich um solche Gesinnungen und Bestrebungen, „die sich in der Ablehnung des demokratischen Verfassungsstaates und seiner fundamentalen Werte und Spielregeln einig wissen, sei es, daß das Prinzip menschlicher Fundamentalgleichheit negiert wird (Rechtsradikalismus), sei es, daß der Gleichheitsgrundsatz auf alle Lebensbereiche ausgedehnt wird und die Idee die individuelle Freiheit überlagert (Kommunismus), sei es, daß jede Form von Staatlichkeit als ‚repressiv' gilt" (Backes/Jesse 2005).

---

5   Eine Partei kann, so Sartori, dann als *Anti-System-Partei* angesehen werden, „wann immer sie die Legitimität der politischen Ordnung, gegen die sie opponiert, untergräbt". Demgegenüber seien *Protestparteien* „weniger ausgeprägt *anti*, auch weniger von Dauer als jene Parteien, die eine [system]fremde oder zerstörerische [alienated] Ideologie ausdrücken" (Sartori 1977: 133). – Etwas anders definiert Michael Keren den Typus der Anti-System-Partei: „eine Partei, auf der Suche nach einem perfekten Zustand, der abgeleitet wird aus eigener Festlegung auf ein Gesellschaftsmodell, das eher eine Vorstellung denn wirklichkeitsnah ist" (a party seeking a standard of perfection derived from ist commitment to an imaginary rather than real civil society): Keren 2000: 107.

6   **Radikalismus** (abgeleitet von lateinisch *radix* = Wurzel) bezeichnet ursprünglich „eine Einstellung des Denkens und Handelns, die einen Grundsatz konsequent bis hin zu seinen äußersten Folgerungen nachvollzieht" (Paul Noack/ Theo Stammen, hier zit. nach Everts 2000: 43). Der Begriff ist älter als der des Extremismus; historisch war R., in seinem Entstehungskontext der Aufklärung und linksbürgerlichen Verfassungsbewegung, durchaus positiv besetzt. Bis zum Scheitern der Revolution von 1848 galt R. daher als eine „Spielart des Liberalismus" (Ebenda: 44). Carmen Everts schätzt den Begriff für die heutige Analyse politischer Strömungen als wenig geeignet ein. Aufgrund seiner Inhaltslosigkeit könne er allenfalls etwas über die „Intensität einer politischen Position" aussagen (ebenda).

Typisch für **Linksextremismus** ist die prinzipielle Gegnerschaft zu den Werten und Institutionen des demokratischen Verfassungsstaates. Der „Ablehnung institutionalisierter politischer Verfahrensweisen" korrespondiert ein „radikaldemokratisches, egalitäres Verständnis von Politik", aber auch eine Disposition zur „Anwendung von Gewalt gegen Personen und Sachen im politischen Prozeß" (Kaase 1992: 232). Die kapitalistische Klassengesellschaft soll durch eine „durchgreifende Veränderung der Eigentumsverhältnisse" (Hartleb 2004: 148) ökonomisch wie sozial überwunden werden.

In Deutschland haben, sieht man einmal von der linksextremen KPD in der frühen Nachkriegszeit in Westdeutschland bis Anfang der 50er Jahre ab, seither jedoch ausschließlich rechtsextremistische Parteien den Sprung in Landesparlamente geschafft. Derzeit sind Rechtsextremisten in Fraktionsstärke in zwei ostdeutschen Landtagen vertreten, die DVU in Brandenburg und die (mittlerweile dezimierte) NPD in Sachsen. Eine parlamentarisch präsente Kombination von Extremismus, Protest(partei) und Populismus ist folglich in Deutschland seit langem nur in ihrer rechtsextremen Variante empirisch fassbar. Für Rechtsextremismus sind folgende typische Merkmale kennzeichnend:

Kennzeichnende Merkmale von Rechtsextremismus
▪ Übersteigerter Nationalismus
▪ Ethnozentrismus und Fremdenfeindlichkeit
⇒ gepaart mit Wohlstands-Chauvinismus, Statusängsten, Neidgefühlen und Überfremdungsfurcht
▪ Rassismus, Antisemitismus
▪ Verneinung unveräußerlicher Menschenrechte
⇒ Ablehnung der universellen Geltung des Gleichheitsprinzips
▪ Antidemokratisches Denken
⇒ Autoritäre Prägung und identitäres Politikverständnis
⇒ Ablehnung von Pluralismus und Parteiendemokratie
▪ Führerprinzip und „Volksgemeinschaft" („Volk und Staat verschmelzen zum Reich")
▪ Verherrlichung des Nationalsozialismus

(Nach Richard Stöss und Oscar W. Gabriel).

Einleitung: Tut „Volksmund" die Wahrheit kund?

Im Unterschied zur kennzeichnenden Stoßrichtung von Populismus, der diffus oder gezielt gegen „die da oben" Stimmung macht, brechen extremistische Parteien politische Probleme nicht nur auf eine anti-elitäre Gegenposition herunter, die weltanschaulich unbestimmt ist. Vielmehr unterlegen sie ihre Agitation erklärtermaßen ideologisch. Das vermittelte Weltbild ist, ungeachtet aller taktisch begründeter Lippenbekenntnisse zur freiheitlichen demokratischen Grundordnung, sowohl mit den Prinzipien der Demokratie als auch mit dem fundamentalen Normenbestand und Wertekodex einer freiheitlichen Gesellschaft unvereinbar. Ziel extremistischer Parteien ist die Überwindung des „Systems" als solchem, während der Populismus an sich durchaus im Rahmen des demokratischen Verfassungsbogens bleiben kann (So ist etwa die Partei Rechtsstaatlicher Offensive, besser bekannt als Schill-Partei, nicht als verfassungsfeindlich einzustufen gewesen).

Dies schließt freilich nicht aus, dass extreme Parteien – und eben ausnahmslos alle bisher in Deutschland auftretenden Formationen des Rechtsextremismus – sich des populistischen Musters der Politikvermittlung bedienen. Die Schnittmengen des extremen Protests von links und des extremen Protests von rechts im Medium des Populismus – Anti-Establishment etwa, oder Sozialprotest – sind unübersehbar. Das populistische Repertoire wird jeweils unterschiedlich ideologisch aufgeladen.

Abbildung 2: Vereinfachtes Schema der populistischen Schnittmenge von Ideologien des äußersten linken und rechten Randes

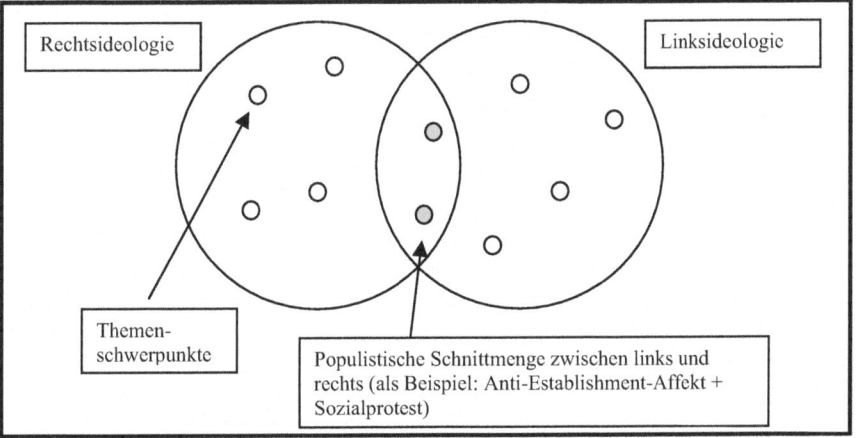

Nochmals aber sei an dieser Stelle betont: Die Verbindung von Populismus mit Protest und rechtem oder linkem Extremismus ist zwar eine typische, aber eine keineswegs exklusive Erscheinungsform populistischer Politikvermittlung. Des Populismus bedienen sich, wie erwähnt, gerne auch Parteipolitiker, die eines antidemokratischen Denkens unverdächtig sind. Doch politisch harmlos oder unschädlich ist deshalb der Populismus noch lange nicht.

6 Rechte und linke Varianten von Populismus

Kennzeichnende Merkmale fügen sich – auch wenn man deren mehrere zusammenträgt – nicht automatisch zu einem klaren Begriff. Im Gegenteil, gerade in Bezug auf die Definition von Populismus herrscht eine nachgerade babylonische Sprachenwirrnis:

> „Populismus per se ist ein ungenauer, schillernder und nebulöser Begriff, bei dem jeder, gleich ob Politiker oder Medienkonsument, irgendwie zu wissen glaubt, was gemeint ist. Das jeweils Gemeinte und Assoziierte bleibt diffus, sogar widersprüchlich, ist offenbar nur schwer auf den Punkt zu bringen. [...]
>
> Oftmals dient Populismus im politischen Diskurs als Schimpfwort und meint den Vorwurf, der andere oder die andere Partei betreibe keine sachliche Politik, sondern mediale Schaumschlägerei mit billigen, nicht einzulösenden Versprechungen oder mit eitler Selbstdarstellung. Auf diese Weise umschrieben, hat er den Charakter der Geschmacklosigkeit. Populismus ist vor allem von jenen, denen diese Gabe fehlt, zu etwas an sich Ungehörigem gemacht worden."
> (Hartleb 2005b: 10)

Die definitorische Unsicherheit rührt zum einen daher, dass vorzugsweise der *Rechtsextremismus* öffentlich in einer Verhaltensgestalt auftaucht, die alle typischen Merkmale des Populismus zeigt. Daraus erklärt sich die auch in der wissenschaftlichen Literatur gelegentlich erkennbare Neigung, Rechtsextremismus und Rechtspopulismus mit Populismus generell gleichzusetzen – eine Position, der wir selbst, wie dargelegt, ausdrücklich nicht zustimmen. Zum anderen wird in der Literatur kontrovers diskutiert, ob sich Populismus auf eine bloße *Politikform* allein reduzieren lasse und ob es nicht vielmehr auch gemeinsame *ideologische* Grundlagen aller „Populismen" gebe (aus solcher Sicht erschiene eine Identifikation von Populismus mit rechtem Populismus im Übrigen ebenfalls obsolet). Zu einer ideologisierten Deutung des Populismus tendieren beispielsweise die Autoren eines vergleichenden Sammelbandes:

Einleitung: Tut „Volksmund" die Wahrheit kund?

„Hinter populistischer Politik wird ...eine abstruse Melange aus gegensätzlichen ideologischen Anschauungen aufgedeckt, die den Erfolg populistischer Politik zum Teil erklären kann. In diesem Zusammenhang stellen manche AutorInnen die Unterscheidung zwischen „Rechts-" und „Linkspopulismus" zumindest in Frage, nicht zuletzt deshalb, weil damit relevante (auch ideologische) Gemeinsamkeiten verschleiert würden. Vielmehr solle im europäischen Kontext zwischen einem „Populismus der Rechten" und einem „Populismus der Linken" differenziert werden."
(Hauch/Hellmuth/Pasteur 2002: 7)

Den Vorschlag, zwischen „linken" und „rechten" Varianten von Populismus, der zugleich in Form und Inhalten eine gemeinsame Schnittstelle aufweist, zu differenzieren, greift Florian Hartleb mit seinem zweistufigen Kriterienkatalog auf. Zunächst listet er acht Kriterien auf, die seines Erachtens sowohl rechts wie links zutreffen:

- Anti-Partei-Partei;
- Anti-Establishment-Partei;
- Partei des Tabubruchs;
- Stark medienfokussierte Partei;
- Partei einer charismatischen Führungspersönlichkeit;
- Partei einer abgrenzbaren Wir-Gruppe;
- Plebiszitär ausgerichtete Partei;
- „One-issue"- Partei.

(Hartleb 2005b: 45)

Als zusätzliche Kriterien für die „rechte" Variante werden genannt:

- Anti-Immigrations-Partei;
- Anti-Globalisierungspartei ;
- Law-and-Order-Partei;
- Anti-EU (EG)-Partei;
- Partei des Antiamerikanismus;
- Partei der sozialen Gratifikationen.

Zusätzliche Kriterien für die „linke" Variante sind, teils deckungsgleich mit der „rechten", die folgenden:

- Pazifistisch ausgerichtete Partei;
- Anti-Globalisierungspartei;
- Partei des Antifaschismus und -rassismus;
- Partei des Antiamerikanismus;
- Partei der sozialen Gratifikationen.

(Hartleb 2005b: 45f.)

Auch Hartleb argumentiert im Übrigen gegen die Auffassung, dass Populismus lediglich einen „politischen Modus" beschreibe, dem keine eigene inhaltliche Qualität zuzuordnen sei:

> „Es ließe sich nach Meinung mancher Autoren viel Ballast in der Populismusdiskussion abwerfen, „wenn dem Begriff keine politische Ideologie bzw. Programmatik unterlegt wird, er vielmehr zur Kennzeichnung einer bestimmten *Politik-, Interaktions- und Kommunikationsform*, das heißt eines bestimmten Politikstils, dient"[7]. Das aber hätte eine Beliebigkeit des Begriffs zur Folge."

(Hartleb 2005b: 13)

Hartleb macht daher einen eigenen Definitionsvorschlag, der die inhaltliche Füllmenge des populistischen Ansatzes stärker gewichtet:

> „Populismus, der in den Varianten des Rechts- und Linkspopulismus seit Ende der 1960er Jahre im westeuropäischen Kontext auftaucht, bezeichnet Parteien und Bewegungen, die sich – medienkompatibel, polarisierend und (angeblich) moralisch hochstehend – mittels einer charismatischen Führungsfigur als die gegen Establishment und etablierte Parteien gerichtete *Stimme des homogen verstandenen „Volkes"* ausgeben und spezifische Protestthemen mobilisieren."

(Ebenda: 15)

7 Warum ist Populismus der Demokratie abträglich?

Warum aber, diese Frage drängt sich spätestens jetzt auf, soll ausgerechnet die erklärte Berufung auf „das Volk" und dessen Willen nicht demokratieverträglich sein? Geht doch im demokratischen Verfassungsstaat der Bundesrepublik Deutschland alle Staatsgewalt bekanntlich vom Volke aus. Dieses in Artikel 20 des Grundgesetzes normierte Prinzip der Volkssouveränität ist zweifelsfrei der ideelle Urgrund jeder Demokratie. Der demokratische Gedanke realisiert sich im freien Wettbewerb von Kandidaten und politischen Parteien, die um die Stimmen

---

7   Raschke/ Tils 2002: S. 52 (Hervorhebung im Original).

Einleitung: Tut „Volksmund" die Wahrheit kund?

der Bürgerinnen und Bürger mit dem Ziel des Erwerbs oder Erhalts öffentlicher Ämter konkurrieren. Ein Parteienwettbewerb, der weder staatlicherseits reglementiert wird noch das Gebot der Chancengleichheit irgendeiner gesellschaftlichen Vormacht opfert, ist folglich das Lebenselixier der modernen Demokratie.

Doch gerade durch populistisch agierende Politiker und Parteien wird das demokratische Prinzip in mehrfacher Hinsicht beschädigt und infrage gestellt: Die Idee des modernen demokratischen Verfassungsstaates ist verbunden mit der Denkfigur einer *aufgeklärten bürgerlichen Öffentlichkeit*. Das Attribut „bürgerlich" hat sich hierbei längst abgelöst von der historisch real existierenden frühliberalen Trägerschicht einer anhand der exklusiven Merkmale von Besitz und Bildung kenntlichen Sozialgruppe, die sich selbst als Sammlung der „Besseren und Verständigeren" verstanden hat (so das berühmte „Staatslexikon" von Rotteck und Welcker). „Bürgerlich" ist heute ein Synonym für die allgemeine Chance politischer Partizipation, die sich aus dem Status staatsbürgerlicher Gleichheit ableitet. Doch auch im zeitgemäßen Verfassungsdenken wird der Gedanke bürgerlicher Aufklärung bzw. Selbstaufklärung normativ beibehalten: Nur wer politisch aufgeklärt ist, also Interesse an Politik zeigt und über politische Vorgänge informiert sein will, kann selbstbestimmt mitwirken. Aufklären bedeutet, im politischen Prozess das Gefühl durch Vernunft, den Instinkt durch den Verstand so weit als möglich zu ersetzen. Vormoderne Gemeinschaften werden, soweit können wir dem Soziologen Max Weber immer noch folgen, dadurch zu zivilen Gesellschaften, dass Bedürfnisse zum Gegenstand reflektierter Betrachtung gemacht werden. Dadurch verdichten sich Bedürfnisse zu Interessenlagen, die einen rationalen Konfliktaustrag erst ermöglichen.

Dieser Rationalitätsgewinn, der historisch gleichbedeutend ist mit einem langwierig erkämpften Zuwachs an politischer Emanzipation breiter Volksschichten, wird von Populisten leichthändig und zynisch aufs Spiel gesetzt. Der Populismus operiert mit Vorurteilen und einem vorgeblich „gesunden Volksempfinden", das sich konkreter sozialer Zuordnung und rechtsstaatlicher Bändigung entzieht. Missachtet wird somit der aufgeklärte Volkswille gleich zweifach: Dieser basiert auf den Prinzipien *autonomer* und *individueller* Urteilskraft, die sich im nebulösen Ganzen „des Volkes" zwangsläufig verflüchtigt. In der Folge solcher Vernebelung wandelt sich die politische Öffentlichkeit. An die Stelle von Aufklärung tritt die suggestiv vorgetragene, „mitreißende" öffentliche Erklärung, die eingehüllt ist in das rhetorische Gewand anbiedernder Volksnähe. Beschworen wird der „gesunde Menschenverstand" eines „rechtschaffenen Arbeiters" und eines „braven Bürgers" oder, sozial unspezifisch, des „einfachen Mannes auf der Straße". Zugleich wird Stimmung gemacht gegen diverse Gruppen: gegen gesellschaftliche Minderheiten, gegen Fremde, und bevorzugt gegen Eliten in Wirtschaft, Verwaltung und Politik. Wer „Volksreden hält", greift gerne auf Feindbilder zurück.

Nicht zufällig ist daher die politische Öffentlichkeit, in der und durch die allein das Handeln derer, die politische Verantwortung tragen, transparent und kontrollierbar wird, eine Achillesferse der modernen Massendemokratie. Die altliberale Idee, derzufolge jene oben genannte altbürgerliche Schicht das soziale Substrat des Verfassungsstaates darstellt, hat den Demokratisierungsprozess der Moderne zu Recht nicht überlebt. Doch die politische Modernisierung hat das mühsame Geschäft rationaler (Selbst)Aufklärung nicht einfacher gemacht. In dem Maße, wie der moderne Staat dank des allgemeinen Wahlrechts zu einer Einrichtung der – im Rechtssinne – klassenlosen Bürgergesellschaft geworden ist, hat sich ein Einfallstor aufgetan für Demagogen, die anstelle organisierter politischer Willensbildung die „Bewegung" beschwören, anstelle politischer Repräsentation die direkte Ansprache „des Volkes" bevorzugen sowie anstelle der Erklärung komplizierter Sachverhalte auf griffige Formeln und vorgeblich einfache Lösungen setzen. Hier sind moderne Massendemokratien besonders verletzlich, weil dieses Einfallstor nur kraft freiwilliger Selbstkontrolle der politischen Führung geschlossen gehalten werden kann. Wie schwer dies fällt, bezeugen populistische Abirrungen auch solcher Politiker (siehe oben), an deren demokratischer Grundüberzeugung kein Zweifel besteht.

8 Erhöhte Wirkung durch das Auftreten wortmächtiger Leitfiguren

Erfolgreiche Populisten besitzen die Begabung und Ausstrahlung einer charismatischen Führerperson. Diesem Typus hat Max Weber in seiner Soziologie der Herrschaft folgende Anziehungskraft zugeschrieben: Dem charismatischen Führer wird gefolgt „kraft persönlichen Vertrauens in Offenbarung, Heldentum oder Vorbildlichkeit im Umkreis der Geltung des Glaubens an dieses sein Charisma". Die daraus entstehende Anerkennung als Führer erfolgt freiwillig. Sie ist „psychologisch eine aus Begeisterung oder Not und Hoffnung geborene gläubige, ganz persönliche Hingabe" (Weber 1976: 124, 140). Die Volksverbundenheit der populistischen Führerschaft basiert demzufolge auf unsicherem, weil irrationalem Grund. Blinde Gefolgschaft tritt an die Stelle kritischen Abwägens. Komplizierte Sachfragen verschwinden scheinbar hinter der persönlichen Autorität der wortmächtigen Leitfigur. Solcher Personalisierung folgt Enttäuschung in der Regel rasch auf dem Fuße.

Das Aufbauen eines Populisten zur politischen Führergestalt ist für diese selbst mit Risiken verbunden. Denn wer die führende Position einnimmt, rückt kraft solcher Heraushebung in die Nähe jener „anderen" Führungselite, die entschieden bekämpft wird. Populisten suchen solche diskreditierende Nähe zur „politischen Klasse" zu vermeiden, indem sie das Selbstbild des „Anti-

Politikers" pflegen: ein Außenseiter, unverbraucht und unverdorben, der für „frischen Wind" sorgt und eine „klare Sprache" spricht... Die enge Kopplung von Populismus und suggestiv auftretendem Führertum ist in Europa kennzeichnend für eine Reihe von populistischen Parteien, die sich rechts, links oder auch in der Mitte einordnen lassen. Der Bogen reicht vom französischen Front National des Jean Marie Le Pen über den ermordeten Namensgeber der niederländische Liste Pim Fortuyn und Blochers Schweizer Volkspartei bis zu Umberto Bossis oberitalienischer Lega Nord und der FPÖ Jörg Haiders in Österreich. Doch auch dann, wenn charismatische Führergestalten fehlen, kann das populistische Mobilisieren von Protest erfolgreich sein. Das zeigen die regionalen Stimmengewinne der rechtsextremen Parteien DVU und NPD in Sachsen-Anhalt, Brandenburg und Sachsen. Zwar folgt für die Wählerschaft populistischer Parteien die Ernüchterung in der Regel auf dem Fuße, weil sich die gewählten Parlamentsabgeordneten solcher Parteien nach aller Erfahrung rasch als politikunfähig erweisen. Für den demokratischen Parteienstaat sind die Folgen dennoch jedes Mal fatal. Denn nicht allein der konkret gescheiterte Populismus wird als politische Scheinblüte entlarvt, wofür das erbärmliche parlamentarische Gastspiel der DVU in der 3. Wahlperiode des Landtags von Sachsen-Anhalt von 1998 bis 2002 ein eindrücklicher Beleg ist (ausführlich Holtmann 2002). Vielmehr wird bei der enttäuschten Gefolgschaft die ohnedies verbreitete, diffuse Unzufriedenheit mit „dem System" insgesamt regelmäßig gesteigert.

9 Demagogen und Volkstribunen – historische Vorläufer des Populismus

Populismus hat eine lange Geschichte. Historische Beispiele für prekäre und instabile politische Verbindungen zwischen „Volksmassen" und „Führer", die nicht geordnet sind durch ein Organisationsmodell stetiger und gestufter Repräsentation, lassen sich bis in die Antike zurückverfolgen. Schon die athenische Volksversammlung (Ekklesia) brachte in der Person von „Demagogen" – wörtlich übersetzt: Volksführer – den Typus einer von der Volksgunst abhängigen Möglichkeit politischer Führung hervor:

> „Schon frühzeitig bildete sich in Athen eine Art halb berufsmäßiger Politikerschicht. [...] Die Politiker, *politeuómenoi*, werden in vielen Reden des 4.Jahrhunderts [vor Christus – E.H.] als eine eigene, von den gewöhnlichen Bürgern gesonderte Klasse erwähnt. Die anderen Athener hegten ihnen gegenüber wohl Mißtrauen, vor allem weil sie sich dort, wo Vorteile zu ergattern waren, wie eben bei den Wahlen, vordrängten.

Aus ihrer Mitte stammten jene nach Perikles' Tod in Erscheinung getretenen Demagogen und ihre Nachfolger, die Redner nach der zweiten Restauration, die in der Ekklesia eine führende Rolle spielten. ... [So] war im 4.Jahrhundert das policy making zu einem richtigen Spezialberuf geworden." (Tarkiainen 1972: 240)

Rednerisches Talent war das persönliche politische Kapital dieser „Politikmacher" (Tarkiainen 1972: 241). Weil ihr Erfolg abhing vom unmittelbaren Mandat der – durchaus launischen und wankelmütigen – Volksversammlung, entwickelte sich so mancher Demagoge vom Volksführer zum Volks*ver*führer. Der Duden jedenfalls beschreibt heute „Demagogie" als die Kunst, andere durch leidenschaftliches Reden politisch zu verführen.[8]

In der römischen Republik der Antike begegnen wir einem weiteren Archetypen des Populisten: den Volkstribunen (tribuni plebis), jenen von der Plebs-Versammlung gewählten Anführern des einfachen Volkes. Diese hatten unter anderem das Recht, in diesen Volksversammlungen Beschlüsse zu initiieren, lateinisch „plebiscita". Die Institution der Volkstribunen gab, dem Althistoriker Alfred Heuß zufolge, gelegentlich erfolgreich Raum für das revolutionäre Ansinnen, „im Verein mit dem Volk gegebenenfalls zu regieren" (Heuß 1964: 145). Dem Inhaber des Amtes bot sich die Möglichkeit, „unbeschränkte populare Demagogie zu betreiben" (ebenda: 186).

Vom rein personalen Populismus der Antike führt eine historische Entwicklungslinie hin zum strukturell abgesicherten, d.h. parteiförmig organisierten Populismus der Gegenwart, der heute in den Parteiensystemen fast aller Nationalstaaten Europas in Gestalt des Typus der „rebellischen Außenseiterpartei" (Hartleb) Fuß gefasst hat. Zu den Vorläufern jüngeren Datums des europäischen Populismus zählen, wie Florian Hartleb zutreffend anmerkt, nationale Protestbewegungen gegen den bürokratischen Wohlfahrtsstaat: „Der französische Poujadismus in den 1950er Jahren und Steuerstreikbewegungen, wie in den 1970er Jahren die Bewegung von Mogens Glistrup in Dänemark, haben für den heutigen Rechtspopulismus eine Vorreiterrolle" (57).

Über die geschichtlichen Epochen hinweg hat sich das spezifisch populistische Muster der emotionalen und unmittelbaren Verbindung zwischen „Volk" und „Führer", das inszeniert und temporär zusammengehalten wird durch rhetorische Pose und demagogische Ansprache, als bemerkenswert konstant erwiesen.

---

8   Von daher ist es durchaus fragwürdig, im Mittel der Demagogie ein wesentliches Element eines demokratischen Meinungsstreits, auf das kein Politiker verzichten könne, zu verstehen (so Hartleb 2005b: 9).

10 Populismus: nicht bloße Form der Ansprache, sondern ein besonderes Muster der Politikvermittlung

In der Tat lässt sich Populismus nicht auf eine bloße Form, wie etwa die ihn charakterisierende rhetorische Technik, reduzieren. Indes sind bei der Begriffsbildung unseres Erachtens außer *Form und Inhalt* auch *Form und Stil* zu unterscheiden. „Stil" meint in diesem Zusammenhang vor allem die besondere persönliche Ansprache und Weckung vertrauensbildender Emotion. Das *Form*prinzip umschließt hingegen auch die stärker institutionalisierten Beziehungsmuster zwischen Führer und Bezugsgruppe, wie sie bei populistischen Parteien, aber auch bei populistischen Bewegungen erkennbar sind. Ausgehend von einer vergleichenden Betrachtung der in der Alpenregion agierenden populistischen Gruppierungen haben Daniele Caramani und Yves Mény beobachtet:

> „Die von uns dort untersuchten Parteien lassen sich sämtlich charakterisieren durch eine vergleichbar stark hierarchische Binnenstruktur, die auf die Hauptperson politischer Repräsentation hin ausgerichtet ist. Der Führer umschließt und verkörpert die wahre Identität der Gruppe, und er ersetzt die Rolle anderer politischer und sozialer Organisationen, die mit Mißtrauen betrachtet werden; er gibt dem natürlichen gemeinschaftlichen Wir-Gefühl der Gruppe seine Gestalt."

(Caramani/Mény 2005: 43 – hier aus dem Englischen übersetzt)

Dieses affektive Beziehungsmuster zwischen Parteibasis und Führungsperson ist kein exklusives Merkmal der untersuchten alpenländischen Parteiformationen. Eine vergleichbare Funktion als identitätssichernde Leitfiguren dürften auch Gregor Gysi für die PDS und Oskar Lafontaine für die WASG, mittlerweile unter dem gemeinsamen Dach der Linkspartei, ausüben.

Die Unterscheidung von populistischen Form-, Inhalts- und Stilelementen aufgreifend und diesen den Akteurs-Aspekt und den Aspekt medialer Vermittlung hinzufügend, skizziert Hartleb „vier Dimensionen" eines „zeitgemäßen Populismusbegriffs":

- „**technische Dimension des Populismus**": Populismus als vereinfachender Politikstil, der mit bilderreicher Sprache eine direkte Verbindung zum „Volk", den einfachen Leuten konstruiert sowie agitatorisch, mit spontanem Eklat in einer gegen das Establishment (gegen die Elite) gerichteten Haltung auftritt. Eine notorische Beschwerdeführung mit dem Gestus der chronischen Entrüstung zeichnet ihn aus.

- „**inhaltliche Dimension des Populismus**": Populismus, der nur opportunistisch ausgerichtet ist, sondern als eine Art „Bewegungstypus" gegen den Status Quo gerichtete Anti-Positionen einnimmt und sich von „rechts" oder von „links" auf bestimmte, mobilisierungsfähige Themen fixiert. Maßgebliche Anknüpfungspunkte sind reale oder imaginäre Missstände, vernachlässigte Probleme sowie Krisenerscheinungen objektiver oder subjektiver Natur.
- „**personelle Dimension des Populismus**": Populismus, dessen Belange von einer zentralen Figur mit Ausstrahlung und den Attributen „charismatisch, schillernd, unorthodox, extravagant, polarisierend" vertreten werden.
- „**mediale Dimension des Populismus**": Populismus, der mit Blick auf Schlagzeilen positiver oder negativer Natur die Massenmedien nutzt, eine Art Symbiose mit ihnen eingeht.

(Hartleb 2005a: 68)

Die bisherigen Ausführungen zusammenfassend, können wir festhalten:

1. Unter Populismus verstehen wir ein bestimmtes **Muster der Politikvermittlung**. Dieses besteht aus der Kombination von expressiver Rhetorik, demagogischer Ansprache, volkstümelnd simplifizierenden inhaltlichen Botschaften und einer volksunmittelbaren Form politischer Führung. Populismus ist nicht bloße Form. Denn er bedient sich wiederkehrender Stereotypen, mit welchen bestimmte, die Wirklichkeit verzerrende Vorstellungen von Politik weitergegeben werden. Solche Deutungsmuster transportieren, obgleich zu abstrakten Klischees erstarrt, immer auch Inhalte.
2. Populismus ist ein bevorzugtes Requisit von Protestparteien und insbesondere auch solchen des äußersten rechten Randes. Dennoch ist kategorial zwischen Populismus (im Sinne der obigen Definition) sowie Protest bzw. Protestparteien und Extremismus zu unterscheiden. Denn das populistische Muster der Politikvermittlung kann mit dem „Protest" der Rechten, der Linken oder der Mitte sowie mit den Extremismen der Rechten, der Linken oder der Mitte variable Verbindungen eingehen. Die daraus konkret sich bildenden Konstellationen bewegen sich nicht ausschließlich außerhalb des demokratischen Verfassungsbogens.
3. Das populistische Vermittlungsmuster wird nicht von einer Ideologierichtung allein vereinnahmt. Wohl bedienen sich seiner bevorzugt solche Politiker und Gruppierungen, die sich richtungspolitisch entweder äußerst rechts oder äußerst links und manchmal auch in der radikalisierten Mitte einordnen lassen. Aber auch Politiker des demokratischen Parteienspektrums erliegen

Einleitung: Tut „Volksmund" die Wahrheit kund? 33

Abbildung 3: Trianguläres Beziehungsmuster von Protestpartei, Extremismus und Populismus

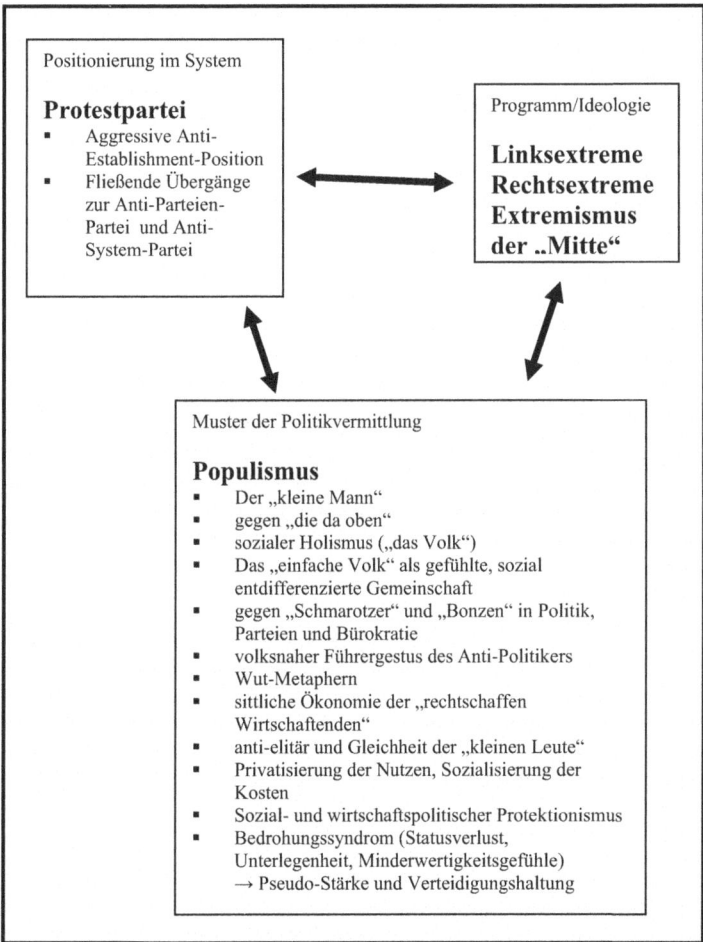

immer wieder der Versuchung, sich populistischer Techniken zumindest punktuell zu bedienen – zumal denn, wenn sie einem von populistischen Protestparteien ausgehenden, erhöhten Wettbewerbsdruck auf dem Wählermarkt ausgesetzt sind.

Unsere Überlegungen münden in das auf der vorigen Seite dargestellte, heuristische Konzept der Populismus-Analyse (Abb. 3). Bei diesem Konzept wird aus den dargelegten Gründen zwischen den drei Dimensionen des populistischen Musters der Politikvermittlung, der Positionierung im System als Protest/Protestpartei und der ideologischen Markierung als Extremismus der Linken, der Rechten oder der Mitte analytisch unterschieden.

11 Kontextgrößen für Populismus: mangelndes Institutionenvertrauen und geringes staatsbürgerliches Selbstbewusstsein

Populisten sind keine einsamen Rufer in der Wüste. Sie können vielmehr auf breiten Zuspruch in der Gesellschaft rechnen. Sie schöpfen aus dem nie versiegenden Vorrat an volkstümlichen Deutungsmustern einer jeden politischen Kultur. Der Populismus zieht seinen besonderen politischen Vorteil aus einer Situation, in der sich die Beziehungen zwischen der politischen Ordnung und der Bevölkerung krisenhaft entwickelt (hat). Populisten profitieren von **gewachsener Distanz zwischen Staat und Gesellschaft**. Anders gesagt: Die Erfolgschancen für eine populistische Ansprache des Wählers steigen, wenn die Beziehungen zwischen Bürgern und Politik sich als ein gestörtes Verhältnis darstellen. Erfolge populistischer Parteien sind ein Indiz für verbreitete Entfremdung vom demokratischen politischen System (vgl. Müller-Rommel 1999).

Diese Entfremdungssituation, die häufig auch mit dem Terminus „Politikverdrossenheit" eher unscharf umschrieben wird, ist gegenwärtig in vielen Ländern Europas zu beobachten. Nicht nur in Deutschland sieht sich das politische System durch die Auswirkungen der Globalisierung einerseits und eine dem politischen Systemwechsel von 1990 nachfolgende Anpassungskrise andererseits einer doppelten Belastungsprobe ausgesetzt. Aber auch ohne eine postkommunistische Systemtransformation bewältigen zu müssen, sind konsolidierte europäische Demokratien, wie etwa Dänemark oder die Niederlande, unter erhöhten internen Legitimationsdruck geraten. Damit entstanden Bedingungen, unter welchen die allgemeine Nachfrage nach populistischen Erklärungsangeboten, die auf dem öffentlichen Markt vermehrt und vernehmlicher offeriert werden, gestiegen ist. Populismus ist im Aufwind, weil er offenkundig gesellschaftlich gefragt wird.

Diese *Nachfrageseite des Populismus* soll im Folgenden näher erläutert werden. Sichtbar wird die Nachfrage in Daten, welche geistig anverwandte Einstellungen der Bevölkerung erheben. In der politischen Einstellungsforschung wird das Verhältnis zwischen Bürgern und politischer Ordnung üblicherweise anhand zweier Indikatoren gemessen, die als **Institutionenvertrauen** und als staatsbürgerlich **politische Kompetenz** bezeichnet werden. Die damit gemessenen Einstellungen bilden gleichsam eine Folie, mit welcher sich abbilden lässt, weshalb populistisch aufbereitete Politikangebote in der Bevölkerung auf fruchtbaren Boden fallen.

Der demokratietheoretische Grundgedanke, der die Messung der beiden genannten Einstellungsgrößen begründet, lässt sich wie folgt erklären: Parlamentarische Demokratien basieren auf dem Prinzip politischer Repräsentation. Dies bedeutet, dass Vertreter in Parlamente gewählt werden, die ein *Mandat auf Zeit* erhalten. Während ihrer Wahlperiode haben diese Repräsentanten ein *freies Mandat*, d.h. sie unterliegen weder einer direkten Weisungsbefugnis ihrer Wähler bzw. Parteimitglieder („imperatives Mandat") noch der Möglichkeit einer vorzeitigen Abberufung durch diese („recall"). Diese Konstellation verschafft einerseits den gewählten Abgeordneten den zur Erfüllung ihrer Aufgaben notwendigen Handlungsspielraum und macht die gewählten Volksvertretungen überhaupt erst handlungsfähig. Andererseits bedeutet dies, dass Volksvertreter von ihren Wählerinnen und Wählern immer einen *Vertrauensvorschuss* erhalten (müssen), der erst nach Ablauf einer Wahlperiode förmlich erneuert oder entzogen werden kann.

Ob die Beziehung zwischen Bürgern und Politik zwischen den Wahlen durch ein stabiles Vertrauensverhältnis, durch „trust", geprägt bleibt, hängt wesentlich davon ab, wie die sachpolitische Leistungsfähigkeit von Regierung, Parteien und Politikern sowie deren Glaubwürdigkeit und persönliche Integrität eingeschätzt werden. Treten Performanzschwächen der Regierenden zutage, wird also deren Fähigkeit, die dringenden Probleme des Landes zu lösen, als gering eingeschätzt, und/oder kommt es zu Affären und Fehlverhalten, wie z.B. einem Parteispendenskandal oder verschleierten Nebentätigkeiten von Berufspolitikern, sind rapide Ansehenseinbußen „der Politik" und „der Politiker" häufig die Folge. Der Vertrauensverlust fällt dann deshalb so massiv aus, weil ja die Bürger keine Handhabe haben, sofort mit Sanktionen zu reagieren, außer mit informellem Entzug des Vertrauens. Damit aber wird der Boden bereitet für Gelegenheitsstrukturen, die dem populistischen Propagandamix günstig sind.

Wie Vertrauen in Politik aufgebaut wird – und verloren gehen kann

„Bei Wahlen ist das Gewähren von Vertrauen eine Vorleistung, die den politischen Akteuren, Politikern und Parteien, entgegengebracht wird mit der Vermutung, daß versprochene Leistungen auch erbracht werden.

Allgemein kann Vertrauen der Bürger in Politik und Parteien als ein Vorschuß begriffen werden, der aufgrund verschiedener Kriterien gegeben wird. Dazu zählen, welche Leistungen die Politik für die Bürger erbracht hat, wie gut politische Ange-

bote den Bürgern dargestellt und vermittelt werden und welches Verhalten und welche (moralischen) Eigenschaften Politiker haben."
(Weßels 2005: S. 13)

Im Wahlakt kommt die demokratische politische Kompetenz der Bürgerinnen und Bürger als ihre Befugnis, direkt politisch Macht und Einfluss auszuüben, sinnfällig zum Ausdruck. Aber eben nur alle vier oder fünf Jahre. Zwischenzeitlich ist der politisch kompetente Bürger indes in seinen Möglichkeiten eigener politischer Beteiligung und „Involviertheit" keineswegs suspendiert. „Kompetenz" bedeutet dann eher die Chance, auf politische Entscheidungen mittelbar Einfluss zu nehmen, beispielsweise durch Mitarbeit in Parteien oder Verbänden. „Kompetenz" gründet dann umso stärker in der Fähigkeit, politische Vorgänge kundig zu erfassen und zu bewerten, was wiederum in der Regel ein Interesse an Politik und ein gewisses Maß an politischer Informiertheit voraussetzt.

In pluralistischen Gesellschaften sind die individuelle Bereitschaft, der Politik Vertrauen entgegenzubringen, wie auch der jeweilige Grad an politischem Interesse, an politischer Informiertheit und an Zutrauen in die eigenen Chancen, das politische Geschehen persönlich beeinflussen zu können, immer ungleich verteilt. Zumal in Staatsgesellschaften, die sich durch territoriale Vielfalt, eine große Bandbreite von Lebensentwürfen, eine hohe Mobilität, eine anhaltende Dynamik wirtschaftlicher Entwicklungen und eine dezentrale Verteilung der politischen Macht auszeichnen. Solche strukturbedingten ‚Unebenheiten' in der politischen Kultur eines Landes werden durch ungleich ausgeprägte Grade an Informiertheit und Interesse, Systemzufriedenheit und bürgerschaftlichem Selbstbewusstsein wie mit einem Firniss überzogen. Der politischen Stabilität tut diese ungleiche Verteilung von Einstellungen üblicherweise nicht Abbruch.

Das Vertrauensverhältnis zwischen Bürgern und Politik wird jedoch in der Regel dann nachhaltig gestört, wenn ein grassierender Vertrauensverlust und eine um sich greifende Unzufriedenheit nicht mehr nur über die Breite der Gesellschaft streuen, sondern in der Kopplung an Teile der Gesellschaft, die bestimmte soziale Merkmale gemeinsam haben, eine soziale Basis erhalten, in der sich die negative Wahrnehmung von Politik konzentriert und auf Dauer gestellt wird. Eine solche prekäre Einstellungslage wird beispielsweise dann erzeugt, wenn, wie in Deutschland im Gefolge der einheitsbedingten ökonomischen und gesellschaftlichen Anpassungskrise, eine Konfliktlinie aufbricht, die so genannte Vereinigungsverlierer identifizierbar macht, die sich subjektiv auf die Schattenseite des Systemwechsels verbracht sehen. Ähnlich prekär für die politische Stabilität eines demokratischen Gemeinwesens kann sich auswirken, dass ein Ansehensverlust der Politik nach aller Erfahrung besonders von solchen Personen gehäuft und andauernd wahrgenommen wird, die selbst über *geringe Res-*

sourcen verfügen, d.h. deren Bildungsgrad und berufliche Qualifikation, deren ökonomische Haushaltskraft und Stellung im Erwerbsleben, deren politische Informiertheit und ziviles Selbstbewusstsein *gleichermaßen* niedrig ausfallen. Wer hier mit populistischer Lunte zündelt, kann leicht im Gelände der Demokratie Feuer entfachen.

Die populistische Versuchung ist, so können wir also feststellen, deshalb so verbreitet, weil sie in der Bevölkerung selbst die ihr günstigen Gelegenheitsstrukturen vorfindet. Ein Politiker oder eine Partei, die, diese Gelegenheit nutzend, sich des populistischen Musters der Politikvermittlung bedienen, können davon ausgehen, sich zumindest kurzfristig einen erheblichen Wettbewerbsvorteil zu verschaffen. Die Wurzeln des populistischen Erfolgsrezepts reichen dabei in psychologische Tiefenschichten herunter. Offenbar bedient die populistische Ansprache tiefsitzende Ängste und Regungen, die in der Bevölkerung weit verbreitet sind und in Krisenzeiten zusätzlich an Wirkungskraft gewinnen. Anders gesagt: Populismus ist deshalb eine politische Erfolgsmelodie, weil ihr breite Teile der Bevölkerung bereitwillig als Resonanzkörper dienen. Es gibt eingeschliffene populäre Vorurteile, die reflexhaft, gleichsam auf Zuruf, immer und überall leicht aktiviert werden können. Wer dem „kleinen Mann" und dessen umschmeicheltem Plural, dem „einfachen Volk", in diffamierender Absicht den „Parteibonzen", den „Bürokraten", den „Pfründensucher" und „Postenjäger" ,den „Vetternwirtschaftler" und „Privilegienritter" gegenüberstellt, kann sich des Beifalls der Galerie stets sicher sein. Der genährte Verdacht, jene seien treibende Kräfte einer „Verschwörung" wider das Volk, findet stets Glauben.

In Zeiten der wirtschaftlichen, gesellschaftlichen und politischen Krise wächst die Wahrscheinlichkeit, dass sich aus schon vorhandenen latenten Vorurteilen ein Protest gegen „das System" und „die da oben" aufbaut. Diese zunächst diffuse Protesthaltung erhält durch die besondere Form populistischer Problemdarstellung ein konkretes Feindbild und eine spezielle Richtung. Jetzt schlägt die Stunde der Dramatisierung unterschwelliger Ahnungen und Ängste. Geschürt wird eine Stimmung, die in der Politik als Objekt der Abstrafung erscheint: Die Parole lautet, „Denkzettel" zu verteilen. Vorurteile, darauf verwies schon die von Theodor Adorno geleitete Forschergruppe in ihren Studien über den Autoritären Charakter, transportieren „ein deutlich antidemokratisches Grundelement der sozialen Vorstellungswelt" (Adorno u.a. 1968: 89). Als Grund allen Übels erscheint, was man im Grunde schon immer wusste: Das „Establishment" oder die „Altparteien" werden zur Projektionsfläche für wohlfeile Schuldzuweisungen. Komplexe Problemlagen verschwinden hinter vorgeblich einfachen Lösungen; diese sind dem „einfachen Mann aus dem Volk" schon deshalb besonders eingängig, weil sie eigentlich jeder versteht. Dass „die herrschende politische Klasse" derlei einfache Lösungen nicht zustande bringt, lässt entweder auf Versagen und/oder auf eigennützige Beweggründe schließen. Beides macht das populistisch geschürte Misstrauen ihr gegenüber nur noch größer.

Ansprechbar und anfällig für Populismus werden in Krisenzeiten vor allem jene Teile der Bevölkerung, die, wie erwähnt, über geringe persönliche Ressourcen verfügen, also für einen eigenverantwortlichen Umgang mit Berufs- und Lebensrisiken unzulänglich ausgestattet sind. Eine Unterausstattung mit Geld, Wissen, sozialem Prestige und staatsbürgerlichem Selbstbewusstsein erhöht das Gefühl der Verunsicherung. Diese stellt sich beispielsweise dann ein, wenn der Verlust des Arbeitsplatzes schon eingetreten ist oder befürchtet werden muss. Die „Umstände" erscheinen dann als existentielle Bedrohung der eigenen Lebenschancen. Diesen bedrohlichen Umständen gibt die populistisch agitierende Protestpartei einen Namen: Schuld sind wahlweise die „Bonzokratie" oder das „Parteienkartell" oder die „Funktionäre" und ähnliche anonyme „Drahtzieher" mehr.

Wer auf solche mühelose Weise ein Feindbild nach Hause tragen kann, gewinnt subjektiv an orientierender Sicherheit scheinbar zurück. Zugleich suggeriert die populistische Ansprache nämlich ein besonderes Gemeinschaftsgefühl, die Identität der Zu-kurz-Gekommenen. Man tritt mit ein in die *Solidargemeinschaft der Opfer*, als deren politischer Sprecher sich die Protestpartei anbietet und dann auch häufig bereitwillig akzeptiert wird. Zugehörigkeit zu diesem Schicksalskollektiv hilft, eigene Schwächen und persönliche Ohnmacht zu kompensieren, indem diese als externe Bedrohung erfahrbar werden. „Das Volk" wird zur Chiffre für den elementaren sozialen Zusammenschluss wider die Not. Befördert wird damit ein Kollektivhandeln, das sich typischerweise als Aufbegehren äußert. Seine Legitimation bezieht dieses Handeln aus einer simplen politischen Sittenlehre: Wer „ohne eigenes Verschulden" zum Opfer „der Macher und Mächtigen" geworden ist, nimmt sich „mit Recht" das Recht heraus, jenen einen Denkzettel zu verpassen. Wer so denkt und fühlt, entfremdet sich von den Normen und Regeln politischer Interessenvertretung, wie sie in pluralistischen Demokratien vorgesehen ist. Diese Grundstimmung nimmt der populistische Protest zwar auf und schürt sie, aber er findet sie eben auch immer schon vor. Das pathologische Muster der Politikvermittlung, das wir dem Populismus zuordnen und das in seiner Aneignung durch Protestparteien zur Wirkung kommt, findet mithin bereitwillige Aufnahme und ein zustimmendes Echo in Teilen der Bevölkerung selbst.

Messbar wird diese mentale Disposition in den Einstellungen der Bevölkerung. Einer Umfrage von April 2005 zufolge, genießen in Deutschland von allen Berufsgruppen die Feuerwehrleute das größte Vertrauen (97%). Politiker hingegen erscheinen gerade mal sechs Prozent der befragten Deutschen vertrauenswürdig (siehe nachstehend nachgedruckter Zeitungsbericht).

Einleitung: Tut „Volksmund" die Wahrheit kund? 39

Abbildung 4: Vertrauen der Bevölkerung in verschiedene Berufsgruppen

> **Feuerwehrleute genießen das größte Vertrauen**
>
> Wer in Deutschland dem vertrauenswürdigsten Berufsstand angehören will, sollte zur Feuerwehr gehen. 97 Prozent der Deutschen sprachen den Feuerwehrleuten in einer Studie ein „sehr hohes" oder „ziemlich hohes" Vertrauen aus, wie die Zeitschrift *Reader's Digest* mitteilt. Ebenfalls hoch angesehen sind Krankenschwestern (96 Prozent) und Piloten (95 Prozent). Das Vertrauen in die Apotheker ging von 90 auf 88 Prozent zurück. Am unteren Ende der Skala rangierten Journalisten (40 Prozent), Steuerbeamte (38 Prozent), Reiseveranstalter (36 Prozent), Werbegestalter (22 Prozent), Finanzberater und Analysten (20 Prozent), Autoverkäufer (16 Prozent) und Politiker (sechs Prozent). *AFP*

Quelle: Süddeutsche Zeitung vom 23./24.05.2005, Nr. 93 S. 13.

Sozialwissenschaftliche Umfragedaten, die regelmäßig erhoben werden, dokumentieren, dass das Vertrauen der Deutschen in die Kerninstitutionen ihres politisch-administrativen Systems seit den achtziger Jahren rückläufig ist. Dem Stuttgarter Politikwissenschaftler Oscar Gabriel zufolge, ist ein genereller Rückgang des politischen Vertrauens erst nach der deutschen Einigung auszumachen. Allerdings sei die Verschlechterung der Stimmungslage nicht unumkehrbar, überwiege doch in Wahljahren das Vertrauen in Parlament und Regierung regelmäßig die Misstrauensraten (Gabriel 2005: 506f.).

Vergleichsweise schlecht schneiden in Umfragen jene Institutionen ab, die dem Sektor der parteienstaatlich und parlamentarisch vermittelten Politik im engeren Sinne zuzuordnen sind, also Parteien, Parlament, Abgeordnete und Regierung. Mehr vertraut wird hingegen den rechtsstaatlichen Institutionen (Gerichte, Polizei), insbesondere dem Bundesverfassungsgericht. Auch der Bundespräsident rangiert auf der Vertrauensskala sehr weit oben. Obwohl das Amt an sich politiknah ist, wird es offenbar überwiegend in seiner überparteilichen Repräsentationsfunktion wahrgenommen (vgl. auch die Daten bei Niedermayer 2001: 55-65).

Abbildung 5: Vertrauen in Institutionen

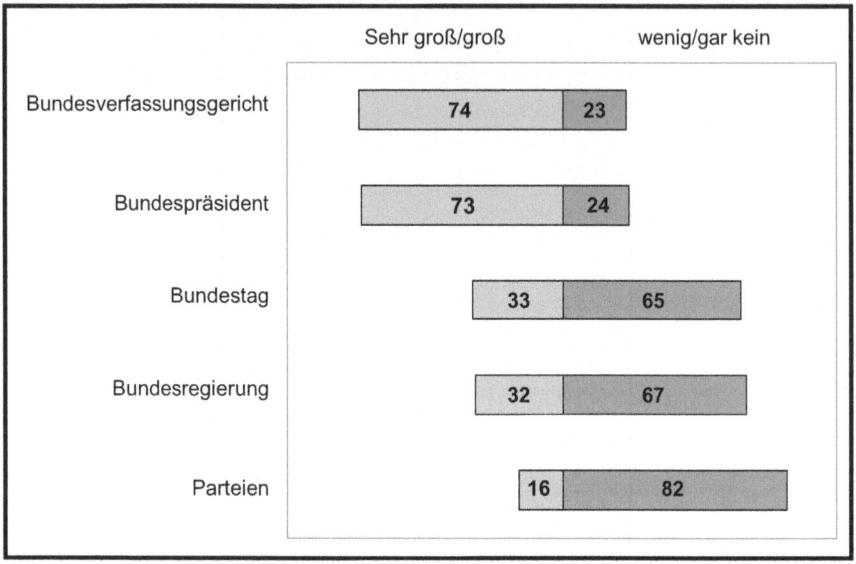

Sehr groß/groß
wenig/gar kein
Bundesverfassungsgericht
74
23
Bundespräsident
73
24
Bundestag
33
65
Bundesregierung
32
67
Parteien
16
82

Quelle: Report München; Daten: Infratest dimap (April 2005)

Abbildung 6: Vertrauen in Bundestagsabgeordnete

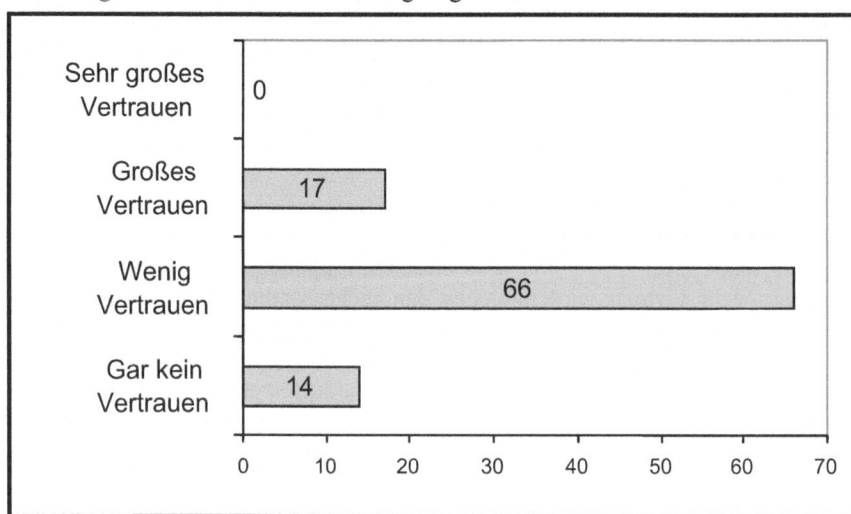

Sehr großes Vertrauen
0
Großes Vertrauen
17
Wenig Vertrauen
66
Gar kein Vertrauen
14
0
10
20
30
40
50
60
70

Quelle: Report München; Daten: Infratest dimap (April 2005)

Für den Stand der Beziehungen zwischen Bürgern und Politik ist nicht nur das den professionellen politischen Akteuren zugeschriebene Ansehen und Vertrauen, sondern auch die politischen Einflusschancen, die sich die Bürger selbst einräumen, wichtig. Die Kehrseite von „Vertrauen" ist mithin „Selbstvertrauen". In der angewandten Sozialforschung wird diese Einstellungsgröße mit Hilfe des Konstrukts des *staatsbürgerlichen Selbstbewusstseins* („sense of political efficacy") gemessen. „Neben dem Gefühl, politische Sachverhalte beeinflussen zu können, [schließt] diese Einstellung das subjektive Verständnis politischer Fragen sowie die Überzeugung ein, die Politiker stünden den Mitwirkungsansprüchen der Bürger aufgeschlossen gegenüber" (Gabriel 2005: 480). Durchschaubarkeit von Politik, sich selbst zugeschriebene Einflusschancen (subjektive politische Kompetenz) und Bodenhaftung von Politikern („Responsivität") bilden einen Wirkungszusammenhang, aus dem sich staatsbürgerliches Selbstbewusstsein entwickeln kann (Niedermayer 2001: 32). Wie die eigenen Möglichkeiten, politische Vorgänge zu beeinflussen, bewertet werden, hängt demnach wesentlich davon ab, ob den Politikern abgenommen wird, sich um die Anliegen der Bürger zu kümmern.

Wie verfügbare Daten zeigen, ist die Rate staatsbürgerlichen Selbstbewusstseins in Deutschland in den neunziger Jahren rückläufig gewesen (siehe Niedermayer 2001: 31). Auch für das Gefühl politischer Kompetenz i.e.S. ist, nach einem zwischenzeitlichen Aufwuchs zwischen 1996 und 2000, Anfang des 21.Jahrhunderts „wieder eine negative Entwicklung zu verzeichnen" (Gabriel 2005: 482). Einstellungsforscher wie Oscar Gabriel sehen deshalb die Demokratie nicht schon akut gefährdet. Zum einen brauche die Demokratie, um funktionieren zu können, keine Mehrheit hochaktiver Bürger. Zum anderen bewerte auch in den „alten" Demokratien Großbritanniens und der USA „die Mehrheit der Bürger ihre Einflussmöglichkeiten durchaus kritisch" (ebenda: 483).

Andererseits markieren rückläufige Werte bürgerschaftlicher politischer Kompetenz und, mehr noch, die breit klaffende Vertrauenslücke gegenüber Parlamenten und Parteipolitikern gleichsam Haarrisse in der politischen Kultur, die populistischer Agitation Angriffspunkte bieten, um den gefühlten Spalt zwischen „Volk" und „Machtelite" zu erweitern. Unter jenen, für die sich das politische Geschehen als weit entrückt und undurchschaubar darstellt und sich zugleich wenig oder gar nicht zutrauen, selbst auf die Politik Einfluss nehmen zu können, sind überdurchschnittlich viele, die nur geringes Vertrauen in die politischen Akteure und Institutionen setzen. Zugleich ist gerade in diesem Bevölkerungssegment das Interesse an Politik gering ausgeprägt und die politische Informiertheit niedrig. Das Defizit an subjektiver politischer Kompetenz und die von Kommunikationsforschern festgestellte „Wissenskluft" verstärken sich mithin gegenseitig.⁹ In solchem Umfeld ist ein holzschnittartig vereinfachender und robust wertender Populismus als Interpretationshilfe besonders willkommen.

12 „Volkes Stimme", in Leserbriefen dokumentiert: die Gesellschaft als Resonanzboden des Populismus

Wie sehr die Neigung, die Politik nach diesem einfachen dichotomischen Muster zu sortieren, hierzulande verbreitet (und folglich für populistisch auftretende Anbieter abrufbar) ist, illustriert die nachstehende Zufallsauswahl von Leserzuschriften, die in der im südlichen Sachsen-Anhalt erscheinenden Mitteldeutschen Zeitung abgedruckt worden sind.

Abbildung 7: Leserzuschriften

Nach langem Hin und Her ist das Wahlprogramm von CDU/CSU nun der Öffentlichkeit präsentiert worden. Die Sanierung der maroden Staatsfinanzen sollen einmal wieder die Rentner und Arbeitslosen bezahlen. Bei den Arbeitnehmern wird es eventuell irgendwann einmal eine Senkung des Steuereingangssatzes geben, was unterm Strich so um die 50 Euro ausmachen wird. Für die Leistungsträger und Politiker wird der Spitzensteuersatz auch gesenkt - wegen des sozialen Gleichgewichtes. Nur macht es hier unterm Strich satte 9 000 Euro aus, also sozial-christlich gedacht.

■ **Zu Versprechungen:**
In Talkshows reden die Politiker immer heuchlerisch von sozialer Gerechtigkeit. Aber diese Herrschaften kürzen nur beim Volk und treten selbst mit prall gefüllten Taschen skrupellos ab. Es ist Zeit, dass das Volk mehr Mitbestimmung erhält, mit Volksentscheiden Abzockerei Einhalt zu gebieten.

---

9 Die in der Publizistik- und Kommunikationswissenschaft entwickelte Wissenskluft-Hypothese geht von der Annahme aus, dass die Rezeptionsgewohnheiten nicht uneingeschränkt sind, sondern dass Art, Intensität, Dauer und Qualität der Informationsaufnahme – und folglich auch die gedankliche Verarbeitung aufgenommener Informationen – von sozialstrukturellen Merkmalen bestimmt werden. Es gibt, vereinfacht ausgedrückt, Bevölkerungsschichten, „die – obwohl sie es dringend nötig hätten – besonders langsam und besonders wenig Informationen aus den Medien aufnehmen". Die Forschung fand heraus, „daß ‚statushöhere' (und damit gebildetere, neugierigere und finanziell besser gestellte) Personen mehr und schneller aus den Medien lernen als andere – zu denen der ursprüngliche Wissensabstand noch zunimmt" (Jarren/Sarcinelli/Saxer 1998: 126f.). Ungleiche Nutzung der Medien, die durch ungleiches Vorhandensein von Vorwissen, Medienkompetenz und selektive Mediennutzung zustande kommen, wird also fortlaufend vertieft. Die Kluft zwischen Gering- und Gut-Informierten weitet sich immer weiter aus.

Einleitung: Tut „Volksmund" die Wahrheit kund?

■ **Zur Zahl der Abgeordneten:**
Die Zahl der Abgeordneten für die Landtage und den Bundestag sollte aus der Wahlbeteiligung errechnet werden.

Volk spielt keine Rolle
Nach der vorgezogenen Bundestagswahl, wo die Volksparteien SPD und CDU/CSU vom Volk so schwach wie noch nie gewählt worden sind, kümmern sich die das Volk vertretenden Parteien erst einmal um die eventuellen Machtposten. Sie wägen ab, mit welcher Partei man zur eigenen Machtsicherung zusammengehen kann. Das Volk spielt somit auch nach der Wahl keine politische Rolle. Die so genannten Volksparteien wollen oder können nicht erkennen, dass der Wähler die neoliberalen Parteiprogramme der CDU, der CSU und der SPD abgewählt haben und ein Ende des Neoliberalismus und der Sozialmisere fordert.

■ **Zur Bundestagswahl:**
Die gesamte Bundestagswahl in Deutschland und das ewige Gezerre um die Posten zeigt mal wieder, dass es nicht um die Menschen geht, sondern einzig und allein um Macht und Geld.

Verhalten von Politikern
Toll, dass wir jetzt in Deutschland endlich eine große Koalition haben. Nun brauchen sich die Politiker nicht mehr gegenseitig Gehässigkeiten an die Köpfe zu knallen. Jetzt können sie gemeinsam auf das Volk losgehen.

Wirtschaft wird bevorteilt
Der Vergleich der Wahlprogramme lässt erkennen, dass die CDU deutlich und geradlinig die Schröpfung der kleinen Leute ankündigt (Lohnsenkung durch betriebliche Beschlüsse, Senkung Arbeitslosengeld, Senkung der Renten, Erhöhung Mehrwertsteuer, Steuern für Nacht-, Sonn- und Feiertagszuschläge und so weiter). Gleichzeitig schanzt die CDU/CSU den Unternehmen und Unternehmern noch mehr Einnahmemöglichkeiten zu (Abschaffung der Tarifautonomie, Senkung des Spitzensteuersatzes, Kopfpauschale in der Krankenversicherung, Senkung der Körperschaftssteuer). Die SPD betreibt die Schröpfung der kleinen Leute undeutlicher und weniger geradlinig als die CDU. Beide größeren Parteien streichen mit ihren Programmen über Jahre erworbene Rechtsansprüche zusammen. Keine der beiden größeren Parteien sieht neben der Notwendigkeit der Senkung der Subventionen für das Volk auch die Notwendigkeit der Senkung der Subventionen für die Wirtschaft vor (Landwirtschaft, Bergbau, Verkehr usw.), die jährlich in Deutschland Milliarden Euro bekommt.

■ **Zu Riesenlöcher durch Alg II:**
Noch vor einem Jahr hieß es, dass mit der Abschaffung der Arbeitslosenhilfe zwölf bis 15 Milliarden Euro eingespart werden können. Wo sind sie denn geblieben? Ach ja, die Bezüge der Abgeordneten sind gestiegen und der Beförderungsstau der Beamten wurde abgebaut.

Zu „Länder planen mit Pkw-Maut", MZ vom 10. Oktober:

Ökosteuer, Mineralölsteuer und jetzt auch noch die Pläne zur Pkw-Maut. Was wird der Bevölkerung noch alles zugemutet? Offenbar eine Spirale ohne Ende. Vielleicht eine Luftsteuer, da sich ja die Luftverhältnisse dank der Zurückdrängung der chemischen Werke verbessert haben? Die Autobahn-Maut soll 100 Euro im Jahr betragen. Das sei den Bürgern zuzumuten. Es trifft sowieso nur Pendler an erster Stelle, die auf ihr Fahrzeug angewiesen sind und wahrscheinlich unheimlich viel verdienen. Und so geht es weiter. Die Bahn erhöht die Preise. Für Strom und Gas muss mehr aufgewendet werden. Die Mehrwertsteuer soll auf 18 Prozent erhöht werden. Und die Volksparteien? Die kleben doch nur an der Macht. An das Volk denken sie zuletzt, wenn überhaupt.

■ **Zur neuen Regierung:**
Die Posten sind verteilt. Jetzt heißt es für die Politiker, Leistung für das Volk zu erbringen, statt unnötige Zeit zu verschwenden, um den eigenen Egoismus und die Machtgier zu demonstrieren.

■ **Zum Koalitionsvertrag:**
Der Koalitionsvertrag steht. Leider sind die Leidtragenden wieder einmal die Bürger und Bürgerinnen, sie werden wieder gemolken wie eine Kuh. Aber was wird bei den Abgeordneten gespart? Ein großes Potenzial gibt es sicher bei Diäten und Reisekosten.

■ **Zum Zankapfel Alg II:**
Nach 15 Jahren deutscher Einheit fragt man sich ernsthaft, warum es immer noch diese Unterschiede zwischen Ost und West gibt. Wem tun diese paar Euro weh? Oder sind die Ossis nur zweite Wahl? Vielleicht könnten die Politiker dafür bei sich ein bisschen sparen.

Pfründe sichern
In den Medien war zu lesen, dass die Bundestagsabgeordneten auch in diesen arbeitserfüllten Tagen Zeit finden, über ihre Diäten nachzudenken. Auch die Bundestagsabgeordneten sollten ihren Beitrag zum Sparen von Staatsfinanzen leisten und deshalb ihre Altersvorsorge privat regeln, so ein Vorschlag der Liberalen.

Der Haken dabei: Gleichzeitig sollen als Ausgleich dafür die Diäten entsprechend erhöht werden. Wer erhöht eigentlich die Löhne, Gehälter und Renten als Ausgleich für die finanziellen Belastungen, die diese Politiker mit neuen Steuern und Abbau von verschiedenen Zuschüssen dem Volk zumuten? Warum sind die Politiker einfach nicht in der Lage, das vorzuleben, was sie dem Volk aufbürden? Während für die meisten Menschen in diesem Land Einkommen und Einkünfte absolut weniger werden, wollen sich diese Damen und Herren ihre Pfründe sichern. Sie sitzen ja an der Quelle.

(*alle Abbildungen:* Mitteldeutsche Zeitung, Jahrgang 2005)

II „Von allen Parteien schmählich im Stich gelassen..." (1929) und „Wir sind das Volk!" (2004)

Sozialer Populismus in historisch vergleichender Sicht

Wie gezeigt, ist der Populismus nicht nur ein häufig eingesetztes Requisit von Berufspolitikern, sondern als eine diffuse Gefühlslage auch in den Lebenswelten und den individuellen Lebensgefühlen der Gesellschaft weit verbreitet. Gekennzeichnet haben wir Populismus als ein *pathologisches* Muster der Politikvermittlung. Ein pathologischer Grundzug ist dem Populismus insofern eigen, als das transportierte Politikverständnis, wird es konsequent umgesetzt, zu tief greifenden Funktionsstörungen im System pluralistischer Interessenvermittlung und parteienstaatlich-parlamentarischer Willensbildung führen kann. Die emphatische Berufung auf „das Volk" wischt die Handlungsvollmacht gewählter Regierungen, und damit die Legitimität des Mehrheitsprinzips, gerne vom Tisch. Sieht man genauer hin, so wird deutlich, dass der populistische Appell immer *partikulare Interessen* hinter sich sammelt. In ihren sozialen Konturen sind diese Interessenlagen als Minderheiteninteressen mal mehr (wie etwa bei Betroffenen der so genannten Hartz IV-Regelungen), mal weniger (wie beispielsweise bei immateriellen Einigungsverlierern) genau bestimmbar. Real existierende *Mehrheiten* werden durch populistische Politik höchst selten vertreten. Doch expressiver Protest und dessen moralische Überhöhung machen glauben, es handele sich um eine authentische Äußerung des Willens „des Volkes". Dies gelingt deshalb so effektvoll, weil sich populistische Politik solcher sprachlicher Wendungen und Deutungsmuster bedient, die auf der *Einstellungsebene* ohne weiteres mehrheitsfähig sind.

Dieser Wirkungsmechanismus sei im Folgenden an zwei Fallbeispielen, die unterschiedlichen Epochen entstammen und variierende Spielarten von sozialpopulistischen Bewegungen abbilden, exemplarisch veranschaulicht. Das erste Beispiel führt uns zurück in die Spätphase der Weimarer Republik, die durch die heraufdämmernde Weltwirtschaftskrise und erste ernste Auflösungserscheinungen der republikanischen Verfassungsordnung gekennzeichnet war. Auf der kommunalen Ebene wurden die ökonomischen Probleme des Reiches und das in deren Folge beschleunigte Zermalen des demokratischen Parteiensystems wie in einem Brennglas gebündelt. Einerseits hatte das steigende Missverhältnis von – Zug um Zug erweiterten – kommunalen Pflichtaufgaben und – stagnierenden bis abnehmenden – staatlichen Zuweisungen die direkten Gemeindesteuern, wie die Gewerbesteuer, seit Mitte der zwanziger Jahre in die Höhe getrieben. Andererseits nötigte die schließlich mit Notverordnungen quasi-autoritär agierende Reichsregierung den Gemeinden einschneidende Sparmaßnahmen auf, die unter anderem die kommunale Investitionstätigkeit empfindlich reduzierte.

Von dieser Entwicklung wähnte sich der alte Mittelstand von Handwerk, Handel und Gewerbe, der über Erwerb und Hausbesitz eine enge Gemeindebindung hatte, in seiner wirtschaftlichen Existenz und seiner traditionellen ortsgesellschaftlichen und lokalpolitischen Machtstellung gleichermaßen massiv bedroht. Vorgebliche „Luxusausgaben" der Gemeinden wurden als Ausdruck einer nach 1918 eingetretenen „Parteipolitisierung" der Rathäuser hingestellt. Mit intellektueller Schützenhilfe „überparteilicher" Finanzwissenschaftler und Staatsrechtslehrer erhielt die Gemeindepolitik das Etikett „allgemein unsparsam" und „demokratisch denaturiert" aufgeklebt.

Dieses Zerrbild der „Krise der gemeindlichen Selbstverwaltung" war Wasser auf die Mühlen einer sich ausgangs der zwanziger Jahre formierenden kommunalen Sammlungs- und Protestbewegung des Besitzmittelstandes, die sich gegen den „Postenschacher", die „Verschwendungssucht" und die „Futterkrippenpolitik" parteipolitisch gesteuerter Gemeindeverwaltungen wendete. Schon vorher hatten Beschlüsse zur Erhöhung von Gemeindesteuern regelmäßig den erbitterten Widerstand der bürgerlichen „Mitte" hervorgerufen. Konnte man dies noch als Begleiterscheinung eines normalen politischen Verteilungskonflikts ansehen, so mündete die sich nun aufschaukelnde „Panik des Mittelstands" (Heinrich August Winkler) in sehr viel radikalere Forderungen. Aus dem Bedrohungssyndrom der „von allen Seiten gefährdeten Mitte" erwuchs eine aggressiv und kompromisslos vorgetragene Anspruchshaltung, die das eigene Gruppeninteresse mit dem „Wohl der Gemeinde" umstandslos gleichsetzte.

Dieser Sozialpopulismus der radikalisierten klein- und besitzbürgerlichen Mitte veränderte mit dem Ausgang der Kommunalwahlen, die 1929 in den großen Ländern Preußen und Bayern stattfanden, und dem folgenden Einzug der „Wirtschaftspartei/Reichspartei des Deutschen Mittelstandes" sowie politisch verwandten Bürgerlisten das Ratsklima in vielen kleineren und mittleren Städten erheblich. Wie nachstehend dokumentierte Textbeispiele für Wahlkampfaussagen, die aus der Kreisstadt und der nächstgrößeren kreisangehörigen Gemeinde eines Landkreises an der östlichen Peripherie des Ruhrgebiets stammen, beispielhaft zeigen (hierzu ausführlich Holtmann 1989), ist der populistische Grundtenor jener Bürgerbewegungen klar erkennbar:

„So hat sich denn an vielen Orten der Zustand herausgebildet, daß der Mittelstand, der erfahrungsgemäß die meisten Steuern aufbringt, immer stärker belastet wird, während der zur Macht gelangte Teil der Bevölkerung skrupellos seine Stärke gebraucht, trotzdem er selbst am wenigsten zur Aufbringung der Lasten beiträgt. Dies ist nur dadurch möglich, daß heute die Macht der parlamentarischen Körperschaften außerordentlich groß ist [...] Die kommenden Kommunalwahlen sind also von ungeheurer Bedeutung für den Haus- und Grundbesitz, den Mittelstand, kurzum, für das gesamte deutsche Bürgertum, das am 17.November seinen Schicksalskampf zu bestehen haben wird."
(Gastreferent in der örtlichen Versammlung des Haus- und Grundbesitzervereins am 10. November 1929, wenige Tage vor der Wahl; abgedruckt im Hellweger Anzeiger vom 14.11.1929)

„Die Beamten und die Mittelstandspartei"

„Nicht gegen das Berufs-Beamtentum alten Stils richten sich unsere Angriffe; nein, nur gegen Verseuchung dieses stets geachteten Beamtentums mit Parteibonzen aller Art, kämpfen wir an. Säuberung des Beamtentums von den Parteibonzen, die nur auf Grund des Parteibuchs zu Beamten gemacht sind, oder infolge Besitzes des richtigen Parteibuches sich leitende Stellungen erschleichen, die allein auf Grund ihrer Gesinnungstüchtigkeit und manchmal auch infolge sophistischer Redegewandtheit es zu etwas bringen, ist unser heißes Bestreben."
(Presseerklärung der Ortsgruppe der Reichspartei des Deutschen Mittelstandes (Wirtschaftspartei) zum Kommunalwahlkampf, abgedruckt als „Eingesandt" im Hellweger Anzeiger vom 16.11.1929)

„In klarer, eindringlicher Weise schilderte [der Redner] Zweck und Ziele der Partei. Jetzt mit dem Stimmzettel in der Hand, habe der Mittelstand die Möglichkeit, sich durchzusetzen. Nur Leute vom eigenen Fleisch und Blut aus den Reihen des Mittelstandes seien in der Lage, dessen Nöte zu verstehen und zu vertreten. Der Mittelstand sei der Hüter der Kultur, der Sitte und der Religion und wolle es auch immer bleiben."
(Öffentliche Wahlversammlung der Wirtschaftspartei am 10. November 1929; abgedruckt in Kamener Zeitung vom 11.11.1929)

48 „Von allen Parteien schmählich im Stich gelassen..."/„Wir sind das Volk!"

Abbildung 8: Annonce der „Reichspartei des deutschen Mittelstandes (Wirtschaftspartei)"

Frauen des Mittelstandes!

Wir stehen mitten im Wahlkampf in einer Zeit in der es gilt, ernste und entscheidende Arbeit für den Mittelstand zu tun, darum gilt es für uns Frauen, an die Seite des Mannes zu treten als Bürgerinnen, denen an der Zukunft ihrer Männer, ihrer Kinder und ihres Standes gelegen ist. Darum

alle Frauen an die Arbeit.

Kämpft um jede einzelne Stimme, sorgt dafür, daß wir nicht wie seither die „Segnungen" des jetzigen Regimentes am eigenen Körper zu verspüren haben. Ihr deutschen Mittelstandsfrauen wißt, was ihr zu wählen habt und daß die Reichspartei des deutschen Mittelstandes immer wieder Beweise geliefert hat, daß sie für eure Belange restlos eintritt.

Was jetzt erkämpft wird, das werden wir haben.

Laßt euch in keiner Weise beeinflussen oder irre machen. Mit Fallen und Schlingen werden sie kommen, glaubt falschen Propheten nichts, antwortet: „Ich bin die Frau eines Mittelständlers, an seine Seite gehöre ich am Wahltage! Wer kann mir etwas Besseres geben als meine Partei." Es ist unsere heiligste Pflicht, dieselbe zu schützen, zu wahren und zu wählen. Nur unsere eigene Partei kann für uns Mittelständler etwas erreichen. Jede Mittelstandsfrau die anders wählt, ist eine Verräterin an ihrem Stand, ihrer Famile und ihren, Kindern. Wir Frauen müssen alle die aufklären, die bis heute den einzigen richtigen Weg noch nicht gefunden haben. Wir müssen ihnen die Augen und Ohren öffnen, damit sie erkennen, wohin sie gehören. Wir wollen keinen überschwenglichen Wahlaufruf, aber eine ernste Mahnung zur Besinnung und zur richtigen Erkenntnis der Dinge. Wir wollen Wegweiser sein denen, die noch nicht zu uns gehören, sie aufrütteln und zu der Erkenntnis führen, daß die Frau des Mittelstandes nicht mehr wesensfremden Führern nachläuft, die die Zukunft ihres Standes und ihrer Familie vernichten.

Eine jede Frau aus dem Mittelstand wählt mit ihren sämtlichen stimmberechtigten Familienangehörigen nur

Reichspartei des deutschen Mittelstandes (Wirtschaftspartei).

3609   Mehrere Mittelstandsfreunde.

Quelle: Kamener Zeitung. Nr. 258, 02.11.1929, S. 8.

"Von allen Parteien schmählich im Stich gelassen..."/"Wir sind das Volk!"   49

Abbildung 9:   Eine weitere Annonce der „Reichspartei des deutschen Mittelstandes (Wirtschaftspartei)"

Auf zum Kampf!
Mittelstand, Deine Schicksalsstunde ist da, hilf Dir selbst,
Du bist eine Macht!

Mit Lügen und Verleumdungen wirst Du überschüttet, um Dich irre zu führen. Vertraue Dir selbst und den Männern Deines Standes mit dem Willen zur Arbeit und Tauberkeit. Von allen Parteien schmählich im Stich gelassen, nimmt der Mittelstand zum ersten Male in Stadt, Gemeinde und Kreis sein Schicksal in die eigene Hand. Darum schlieht die Reihen, Einigkeit macht stark! Kommt geschlossen zur Wahl. Du Mann, Du Frau, Du Sohn und Tochter. Gebt der Partei Eure Stimme, die eintritt für wirtschaftliche Freiheit, steuerliche Gerechtigkeit, Religion und Sitte. Durch zum Kampf zum Sieg für die Erhaltung Eurer Existenz.

Der Mittelstand wählt seine eigene Liste

Nr. 14 für Stadt, Kreis und Provinz **Nr. 14**
der Reichspartei des Deutschen Mittelstandes.

Quelle: Kamener Zeitung. Nr. 270, 16.11.1929, S. 4.

Unter den grundlegend anderen systemaren Rahmenbedingungen und Handlungsvoraussetzungen des geeinten Deutschland formierte sich zwischen Sommer und Herbst 2004 eine Protestbewegung mit Schwerpunkt in Ostdeutschland (2. Fallbeispiel). Dieser durch sozialpolitische Reformvorhaben der Bundesregierung ausgelöste Protest geschah zunächst spontan, wurde jedoch alsbald durch einzelne Parteien und Sozialverbände versuchsweise vereinnahmt, in deren Aktionsformen, Selbstdeutungen und Parolen kennzeichnende Merkmale des Sozialpopulismus erkennbar wiederkehrten.

Die aktuellen Kontextbedingungen, die diesen Protest auslösten, sind wie folgt knapp skizziert: Infolge der externen Herausforderung durch die ökonomischen Folgen der Globalisierung sowie die interne Beschwernis durch anhaltende transformations- bzw. teilungsbedingte finanzielle und soziale Lasten sowie eine dramatische Schieflage der öffentlichen Haushalte sind die politische Ordnung und die Arbeitsgesellschaft der Bundesrepublik einem wachsenden Anpassungs- und Reformdruck ausgesetzt. Ebenso erscheint eine Erneuerung der parastaatlichen Einrichtungen sozialer Vorsorge unerlässlich. Die demographische Entwicklung hin zu einer „alternden" Gesellschaft und die zu struktureller Erwerbslosigkeit verfestigte Krise des Arbeitsmarktes haben die herkömmlichen Systeme sozialer Sicherung im Falle von Arbeitslosigkeit, Invalidität, Krankheit und Alter in eine finanzielle Schieflage gebracht. Diese kann, darin stimmen die meisten Experten und Parteipolitiker grundsätzlich überein, nicht mit fortlaufend

"Von allen Parteien schmählich im Stich gelassen..."/"Wir sind das Volk!"

erhöhten staatlichen Transferleistungen aufgefangen, sondern allein durch eine Absenkung der Pflichtausgaben und eine Stärkung des Elements privater Eigenvorsorge korrigiert werden (ausführlich hierzu siehe Kapitel VIII). Dieses Umsteuern in der Sozial- und Arbeitsmarktpolitik wird für breite Schichten der Bevölkerung als Leistungseinschnitte, Rentenkürzung und günstigenfalls stagnierenden Vorsorgeaufwendungen konkret spürbar. Die Abkehr vom herkömmlichen Sozialstaatstypus des „Modell Deutschland", dessen Traditionslinien bis zu den auf dem Solidarprinzip beruhenden Versorgungswerken der bismarckschen Ära zurückreichten, scheint unumkehrbar, aber sie ist äußerst unpopulär. Bis in die jüngste Zeit belegen Meinungsumfragen, dass die Erwartungshaltung, für die Linderung und Behebung individueller Lebensrisiken sei primär „der Staat" zuständig, immer noch sehr weit verbreitet ist.

Abbildung 10: Staatsverantwortung für Bereiche außerhalb der Einkommenssicherung in Risikofällen 1985-1996

	Alte Länder				Neue Länder		
	1985	1990	1991	1996	1990	1991	1996
Chancengleichheit[a]							
- Staatsverantwortung ja	–	86	–	87	96	–	94
- Staatsverantwortung nein	–	14	–	13	4	–	6
Vollbeschäftigung[a]							
- Staatsverantwortung ja	81	74	78	74	95	98	92
- Staatsverantwortung nein	19	26	22	26	5	2	8
Einkommensgleichheit[a]							
- Staatsverantwortung ja	68	64	67	62	84	91	84
- Staatsverantwortung nein	32	36	33	38	16	9	16
Gesetzliche Kontrolle der Löhne und Gehälter[b]							
- Ja	28	31	–	27	79	–	68
- Nein	52	46	–	50	12	–	15
- Unentschieden	20	23	–	23	9	–	17

a Chancengleichheit = Finanzielle Unterstützung für Studenten aus einkommensschwachen Familien; Vollbeschäftigung = Einen Arbeitsplatz für jeden bereitzustellen, der arbeiten will; Einkommensgleichheit = Einkommensunterschiede zwischen Arm und Reich abbauen. Staatsverantwortung: ja = der Staat sollte dafür auf jeden Fall verantwortlich sein/verantwortlich sein; nein = der Staat sollte dafür nicht verantwortlich sein/auf keinen Fall verantwortlich sein (ISSP 1985, ISSP+ 1990; Allbus 1990, 1991, 1996).
b Ja = befürworte ich stark/etwas; nein = lehne ich etwas ab/stark ab, unentschieden = weder Befürwortung noch Ablehnung (ISSP 1985, ISSP+ 1990; Allbus 1990, 1996).

Entnommen aus: Roller (1999)

Verschiedene Umfragen haben diese ausgeprägt staatsbezogene Grundeinstellung bis in die jüngste Gegenwart immer wieder bezeugt. In ihrer übergroßen

Mehrheit weisen die Bundesbürger dem Staat die Verantwortung zu für die Gewährleistung von Chancengleichheit, Vollbeschäftigung und auch den Abbau von Einkommensunterschieden. In Ostdeutschland liegen die befürwortenden Voten regelmäßig noch signifikant über den westdeutschen Vergleichswerten (Abbildung 10).

Zu Beginn des 21. Jahrhunderts lag der Anteil der Befragten, die den Staat für individuelle soziale Sicherheit im Krankheitsfall, bei Renten und Arbeitslosigkeit verantwortlich sehen, in Westdeutschland zwischen 65 und 80 Prozent, in Ostdeutschland zwischen 80 und 93 Prozent (Abbildung 11). Anderen Umfragen zufolge, deutet sich in den Einstellungen der Bundesbürger über die Rolle des Staates allerdings ein allmählicher Wandel an: So ist beispielsweise der Anteil derer, die bejahten, dass es in erster Linie Aufgabe jedes Einzelnen, und nicht des Staates sei, „den Wohlstand zu sichern", von 47 Prozent im Mai 1994 auf 58 Prozent im Februar 2002 gestiegen (Demo/Skopie 2002: 20).

Abbildung 11: Verantwortlichkeit für soziale Sicherheit

Graphik 2: Wer ist für soziale Sicherheit verantwortlich? Der Staat oder die Betroffenen selbst? (Anteil: „Hauptsächlich der Staat")

	Westdeutschland	Ostdeutschland
Im Krankheitsfall	70	87
Geld für Rente	65	80
Geld bei Arbeitslosigkeit	80	93

Datenbasis: ISJP 2000

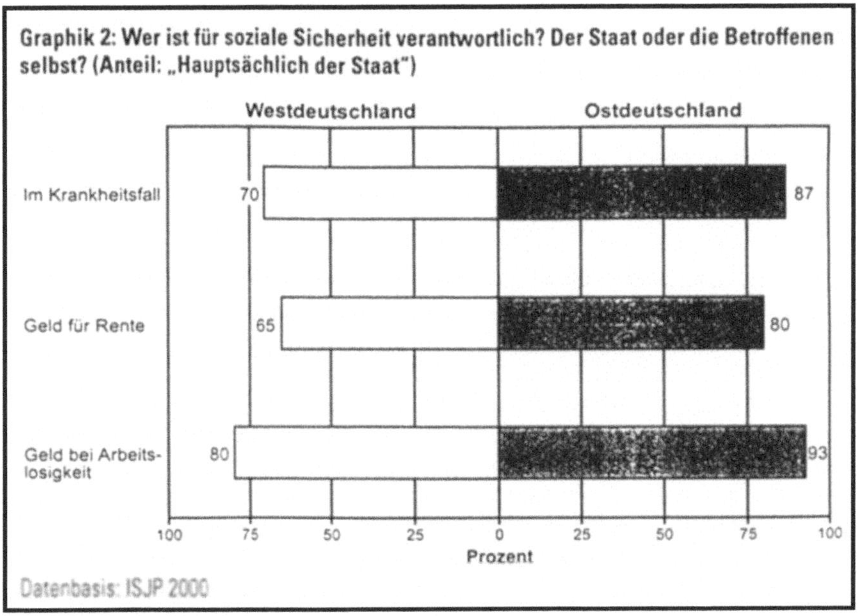

Quelle: ISI 26 – Juli 2001.

52 „Von allen Parteien schmählich im Stich gelassen..."/„Wir sind das Volk!"

Wohl erscheint das Einstellungsbild der Deutschen nicht völlig frei von inneren Widersprüchen. Einesteils bejaht eine Mehrheit der Befragten in den letzten Jahren die *grundsätzliche Notwendigkeit* sozialer Reformen. Anfang 2005 äußerten 41 Prozent, die von der Bundesregierung beschlossenen Sozialreformen gingen „nicht weit genug", während 36 Prozent das Maß des Erträglichen überschritten sahen (Infratest dimap Deutschlandtrend Januar 2005: 9). Doch die zustimmende Mehrheit zerbröselt, sobald *konkrete Reformschritte* bewertet werden sollen: Rund drei Viertel aller Befragten lehnen eine Erhöhung der Krankenkassenbeiträge für Rentner (73 %), eine Erhöhung des Rentenalters auf 67 Jahre (82 %) und ebenso private Zuzahlungen für das Krankengeld (74 %) ab (Deutschlandtrend Juni 2003: 9 und Mai 2003: 12). Mehr als zwei Drittel (68 %) erwarten, dass im Falle sinkender Löhne die Bundesregierung die Rentenkürzungen durch eine Gesetzesänderung verhindert (Deutschlandtrend April 2005: 3).

Eine Politik, die einen Reformkurs, der öffentliche Leistungen zulasten privater Haushalte umverteilt, gegen eine derart weit verbreitete Gewöhnung an die Institutionen öffentlicher Daseinsvorsorge ansteuert, gerät unter erhöhten Legitimationsdruck. Der Eingriff in gewohnte Besitzstände stößt auf entschiedenen Widerstand, zumal dann, wenn Betroffene auf soziale Leistungen direkt angewiesen sind oder das Risiko solcher existentiellen Sorgen subjektiv hoch einstufen. Das Grundgefühl der Ostdeutschen, ahnte Brandenburgs Ministerpräsident Matthias Platzeck (SPD) im August 2004, sei Angst. Jede Familie habe Arbeitslosigkeit erlebt, und jede halte den Verlust des eigenen Jobs für möglich (Süddeutsche Zeitung vom 31.08.2004).

Hinzu kommt, dass unter Bedingungen hoher Arbeitslosigkeit und eines Absinkens zahlreicher Bürger unter die statistische Armutsgrenze mit jedem Einschnitt in bestehende Leistungsansprüche und jeder Verschärfung der Leistungsanwartschaft die elementare Moralfrage („Ist das sozial gerecht?") öffentlich umso entschiedener gestellt wird. Einen rapiden Vertrauensverlust erfährt die Regierung, die diesen Kurs verantworten muss; und besonders groß ist die Einbuße an politischer Reputation dann, wenn es sich, wie im Falle der bis zum Herbst 2005 amtierenden rot-grünen Koalition, um eine Regierung handelt, die von ihrer nun durch die Reformmaßnahmen betroffenen Klientel wegen ihrer Kompetenz im Bereich der sozialen Gerechtigkeit gewählt worden ist.

Dem wachsenden Widerstand seitens der Gewerkschaften und Sozialverbände gegen die von Gerhard Schröder im März 2003 verkündete Agenda 2010 folgte – ähnlich der Bewegung der radikalisierten „Mitte" Ende der zwanziger Jahre – der Massenprotest gegen „Hartz IV" im Sommer 2004. Dieser gewann an Breitenwirkung und Schubkraft, da sich hinter dem aktiven Widerspruch eine Art Schicksalskollektiv sammelte, das nicht nur durch eine gemeinsame materielle Interessenlage definiert war, sondern auch in seiner sozialen Zusammensetzung eine gewisse Homogenität aufwies. Die in den „Montagsdemonstrationen" – so das von den Initiatoren der Proteste bedacht gewählte, den Mythos der friedlichen Revolution von 1989 vereinnahmende und deshalb von Anderen zu Recht kritisierte Akronym – versammelte Betroffenheit hatte einen identifizierbaren Platz in der Sozialstruktur der deutschen, insbesondere der ostdeutschen Gesellschaft. Publizistisch beschrieben wurde der soziale Kern des Protests als eine enttäuschte und frustrierte Erfahrungsgeneration, welche sich in die historische Kontinuität einer zyklisch wiederkehrenden „Panik" des Mittelstands einordnen lässt und diese Traditionslinie mit einer neuerlichen Wellenbewegung fortsetzte:

„**Der Dauerton des Gejaules. Wer führt die Hartz-Demonstrationen an?**

Je länger die sogenannten Montagsdemonstrationen gegen die Hartz-Gesetze andauern, desto mehr soziologische Mutmaßungen über die Basis der Proteste werden vorgebracht. Nicht die Allerärmsten trügen ihn, heißt es, denn sie seien nicht betroffen – die neuen Gesetze würden sie sogar besser stellen. Eher sei es der vom Abstieg bedrohte untere Mittelstand, der nun seine Panik in den Protesten ausagiere. Das mag wohl so sein, und dieser Befund bedeutet keine gute Nachricht. Seit dem 19.Jahrhundert war keine soziale Formation für den Bestand der Republiken gefährlicher als ein panischer Mittelstand. [...]

Der dröhnende Protestfunktionär zwischen Leipzig und Rostock ist um die fünfzig, durchaus agil, nämlich noch in der DDR-Elite herangebildet, dabei aber glaubwürdig regimefremd geblieben (was heutige PDS-Mitarbeit keineswegs ausschließt). Politisch gesehen haben wir es mit der letzten ganz von der DDR geprägten Generation zu tun. [...]

Entscheidend ist das Verhältnis dieser Generation zum Staat. Der Staat war ihr immer Feind, und zwar ein Feind, dem man durch Mogelei und Betrug besser beikam als durch Protest und Opposition. Der Staat war schlecht und böse, aber er stellte einige Rahmenbedingungen materieller Sicherheit bereit. Er war ein Objekt der Abschöpfung und der Vorteilnahme. [...]

Dieses parasitäre Verhältnis zum Staat wurde von der letzten Generation der DDR-Elite über die Wende gerettet."
(Gustav Seibt, Süddeutsche Zeitung vom 27.08.2004, S. 13)

Empirische Erhebungen haben die typischen sozialen Merkmale der an den Demonstrationen gegen die Hartz IV-Gesetze Teilnehmenden genauer herausgearbeitet. Tatsächlich waren die Demonstrierenden insgesamt älter als der Durchschnitt der Gesamtbevölkerung. Es überwog, so eine Studie, die am Berliner Wissenschaftszentrum (WZB) erstellt worden ist, „jene Altersgruppe, deren Integration in den Arbeitsmarkt am schwierigsten erscheint". Auch das Niveau der formalen Bildung lag „weitaus höher" als der Bundesdurchschnitt. „Demonstriert haben überwiegend Angestellte und Arbeiter." Rund 43 Prozent waren erwerbslos. Empfänger von Sozialhilfe waren – dies bestätigt Seibts oben zitierte Vermutung, im Kreis der Protestierenden seien bestimmte Gruppen sozial schwacher Personen unterrepräsentiert – deutlich geringer vertreten. Ihre Befunde[1] fassen die Berliner Sozialforscher wie folgt zusammen:

> „Grob vereinfachend kann der typische Demonstrant gegen Hartz IV folgendermaßen charakterisiert werden: Er kommt aus dem Osten, ist männlich, im Alter zwischen 50 und 55 Jahren, steht in einem unsicheren Arbeitsverhältnis oder ist arbeitslos. Er kehrt sich von den etablierten Parteien ab und tendiert am ehesten zur PDS. Entgegen der öffentlichen Wahrnehmung gibt es unter den Demonstrierenden keine markante Hinwendung zu rechtsradikalen Parteien."[2]
> (Rucht/Yang 2004, S. 54)

Zweifellos waren die Demonstrationen gegen Hartz IV, die zwischen Ende Juli und Mitte September 2004 wöchentlich wiederholt in weit über 100 deutschen Städten stattfanden und zeitweise mehr als 100.000 Teilnehmer zählten, das Ergebnis einer Aktivierung kollektiver Betroffenheit durch die Unzufriedenen selbst. Die Mobilisierung geschah anfangs spontan, anfangs initiiert durch Einzelne und zunächst ohne Einbeziehung von Sozialverbänden oder politischen Parteien. Der „Protest der Massen" (Süddeutsche Zeitung vom 10.8.2004) artikulierte sich in Parolen und Losungen, welche bekannte Töne des sozialen Populismus anschlugen:

Wut und *Angst* waren ein wesentlicher Antrieb des Protests gegen die Sozialreform. „Zorn und Wut und kein Rezept", titelte die Mitteldeutsche Zeitung am 10.August. „Hartz IV macht Angst" rief ein Redner in Halle aus (MZ vom 31.8.2004). Die Menschen seien, so beschrieb Christian Führer, Pfarrer der Leipziger Nikolaikirche, die allgemeine Stimmung, „wegen der Umverteilung von unten nach oben voller Wut" (Süddeutsche Zeitung vom 6.8.2004). Wie in diesem Ausspruch ebenfalls anklingend, verband sich das Freisetzen von Emotionen als Mittel der Politik mit einer vereinfachenden Vorstellung sozialer und politischer Konfliktlagen, das mit der Entgegensetzung der „Wir hier unten"

---

1 Basis des Berichts ist eine Umfrage, die am 13.September 2004 in 4 Städten (Berlin, Dortmund, Leipzig, Magdeburg) zufällig ausgewählte Teilnehmer der Demonstrationen per Fragebogen oder Interview erfasste. Die Rücklaufquote betrug 49 Prozent.
2 Zu berücksichtigen ist hierbei allerdings, dass in Dortmund und Magdeburg harte Kerne geschlossen auftretender Rechtsextremer von der Befragung nicht erfasst werden konnten. Die Selbsteinstufung der Befragten ergab folgendes Bild: „Werden die Kategorien „eher rechts" und „ganz rechts" zusammengefasst, so ist der Anteil der Rechten in Leipzig und Dortmund am höchsten (12,3 Prozent bzw. 7,8 Prozent), gefolgt von Magdeburg (6,8 Prozent) und Berlin (3,8 Prozent); Rucht/Yang 2004: 53.

gegen „die da oben" operiert. „Wenn der Widerstand nicht wächst, werden wir hier immer ärmer und die Reichen immer reicher." Statt „Geschenke an die Reichen" zu verteilen, sollten „gerechte Steuern" erhoben und der Arbeitsplatzabbau gestoppt werden (MZ vom 31.8.2004). Das populistische Bild dichotomer Teilung der Gesellschaft in „unten" und „oben" wurde vielfach variiert. So auch von Oskar Lafontaine am 30. August auf der Kundgebung in Leipzig: „Die oberen Zehntausend bereichern sich weiter, indem sie die Steuer für sich selbst senken, und gleichzeitig predigen sie dem Volke Wasser" (Süddeutsche Zeitung vom 31.8.2004).[3]

Die Heftigkeit der Widerstandshaltung mündete bisweilen in einer verbalen Militarisierung des Konflikts. Ein Kampf um materielle Besitzstände erhielt die Dimension eines gerechten Kriegs der Hütten gegen die Paläste:

„Das Gartenhäuschen wird zum Zankapfel

Die Pläne, nach denen Datschen bei der Vermögensrechnung für das neue Arbeitslosengeld II herangezogen werden, sorgen für Zündstoff. „Wir sind in sozialen Kriegszeiten", bekräftigt Holger Becker vom Verband Deutscher Grundstücksnutzer (VDGN). Deutliche Kritik kommt auch vom Verband der Gartenfreunde aus Sachsen-Anhalt. Der entsprechende Passus im Hartz-IV-Gesetz sei „horrender Blödsinn" und „brutalster Manchester-Kapitalismus", empört sich Präsident Dietmar Kuck." (Mitteldeutsche Zeitung vom 31.7.2004)

---

3   Lafontaine war es auch, der Müntefontaine war es auch, der Müntefcrings Heuschrecken-Metapher verbal umdrehte und gegen die SPD-Führung kehrte: „Um im Bild zu bleiben: Nicht nur Heuschrecken fallen über Unternehmen her und kümmern sich nicht darum, was mit den Arbeitnehmern passiert. Sondern es sind auch Heuschrecken über den Sozialstaat hergefallen und haben ihn demoliert. Da gibt es Heuschrecken mit prominenten Namen, die heißen Franz [Müntefering], Gerhard [Schröder] und Ute [Vogt]" (http://www.netzeitung.de/deutschland/335299.html, abgerufen am 22.4.2005).

Abbildung 12: Hartz-IV-Demonstrationen in Halle (Saale)

Quelle: Pflaster (hallesches Straßenmagazin), September 2004.

Die polarisierende Teilung in Gerechte und Ungerechte war im Lager der Protestierenden zugleich identitätsstiftend. Sie förderte ein Gruppengefühl der ungerecht Behandelten und Zurückgesetzten. „Wir sind das Volk und nicht die Sklaven von Hartz IV" – so verkündete ein Transparent am 9. August in Magdeburg. In der Berichterstattung der unabhängigen Medien fand dieser Versuch, die Formel „Im Namen des Volkes" zu vereinnahmen, ein auch durchaus kritisches Echo:

> **„Aufruhr Ost"**
>
> „Demonstrationen, Bürgerprotest, Aufmärsche, das alles ist völlig legitim – gerade im Osten, wo Ruhe so lange als Bürgerpflicht galt [...] Und dennoch steht hier nicht der Bürgersinn wider die Arroganz der Mächtigen. Dafür sind manche Untertöne zu hässlich und die Versuche, ein neues Wir-Gefühl herbeizudemonstrieren, viel zu aggressiv. Es ist dies ein Wir-Gefühl, das sich aus Abgrenzung und Ressentiment speist: Wir im Osten. Wir Betrogenen. Wir Bürger zweiter Klasse."
> (Joachim Käppner, Süddeutsche Zeitung vom 23.8.2004)

„Nieder mit Hartz IV, das Volk sind wir!" (Mitteldeutsche Zeitung vom 31.8.2004) – Schon die pure Selbsterklärung als „das Volk" ist typisch populistisch. Sie sucht den psychologischen Vorteil einer demokratischen Legitimierung des eigenen Tuns, die, lässt man ihr unbestritten Raum, schlechterdings nicht mehr zu überbieten ist und das dahinter stehende Gruppeninteresse mit dem Mantel des Gemeinwohls umhüllt. Umgekehrt lässt sich von dieser Warte aus im Namen der Volkssouveränität, die mit eindringlichem Verweis auf „die Massen" beschworen, aber nichtsdestotrotz nur wortgewandt *usurpiert* wird, die Legitimität einer ordentlich gewählten Bundesregierung in Zweifel ziehen. Die Berufung auf „das Volk" erfolgte im Sommer 2004 zum Teil eher instinktiv: „Die Regierung kann nicht gegen die gesamte Bevölkerung [!] Gesetze durchdrücken" (Süddeutsche Zeitung vom 17.8.2004). Im Falle prominenter Berufspolitiker, die auf den Zug der „Montagsdemonstrationen" alsbald mit aufsprangen, entsprang sie gewiss wohlbedachtem Kalkül: Oskar Lafontaine etwa kündigte sich selbst als Redner der Protestversammlung am 30.August in Leipzig mit den Worten an, er rede nicht mehr als „klassischer Politiker", sondern als „Speerspitze einer politischen Mehrheit, die nicht im Parlament vertreten ist" (Mitteldeutsche Zeitung vom 19.8.2004).[4]

Wie der Besitzmittelstand in den krisenhaften späten zwanziger Jahren der Weimarer Republik, wähnten sich auch die von den Hartz-Gesetzen Betroffenen

---

[4] Diese sprachliche Wendung gehört zum festen Repertoire bei öffentlichen Reden Lafontaines. Auch in Düsseldorf-Gerresheim war die Rede von jenen „Kräfte[n] der großen Mehrheit des Volkes", die „im Parlament nicht vertreten sind" (FAZ vom 20.7.2005).

58 „Von allen Parteien schmählich im Stich gelassen..."/„Wir sind das Volk!"

von (nahezu) allen Parteien im Stich gelassen. Der Erstorganisator der Magdeburger Demonstrationen, Andreas Erholdt gab dieser ursprünglichen Stimmung wie folgt Ausdruck: „Wenn Hartz IV nicht an unseren Protesten scheitert, dann bei den Wahlen 2006. ... Alle Parteien verraten mit dem Sozialabbau die bürgerliche Mitte [sic!], dagegen kämpfen wir." (Mitteldeutsche Zeitung vom 12.10.2004). Den sozialen Protest drängte es, wie damals, zu ‚authentischer' politischer Organisation *neben* den und *gegen* die etablierten Parteien: „Wir werden eine neue Partei gründen"... Heißen soll sie: „Freie Bürger für Soziale Gerechtigkeit" (ebenda).

Abbildung 13: Plakatmotive bei Hartz-IV-Demonstrationen

Quellen: Mitteldeutsche Zeitung vom 10.8.2004 und 17.8.2004, Süddeutsche Zeitung vom 29.6.2004.

Auch die wohlfeilen populistischen Klischees, die den latenten Generalverdacht gegen „die politische Klasse", welche sich den Staat und das Geld seiner Bürger "zur Beute macht", ausdrücken, wurden bemüht. „Die Stich- und Reizworte sind immer dieselben. Gesundheitsreform und ALG II, Politikerdiäten und Ministergehälter" (Mitteldeutsche Zeitung vom 17.8.2004). Von demonstrierenden Gewerkschaftern wurden Transparente mitgeführt, auf denen die im Bund regierende SPD als „*S*oziale *P*iraten *D*eutschlands" bezeichnet wurde (abgebildet in der Süddeutschen Zeitung vom 29.6.2004, vgl. Abbildung 13). In Magdeburg verkündete ein Plakat: „Wir werden von politischen Verbrechern regiert!!" (abgebildet in der MZ vom 17.8.2004). Schuld am drohenden sozialen Abstieg haben „die Politiker". Zitat aus einer TV-Nachrichtensendung: „Aber es ist ja auch egal, wen wir wählen, beschissen werden wir von allen. Das ist seit 40 Jahren so".[5]

Erfahrungsgemäß lässt sich kein Protest *als ausschließlich soziale Bewegung* auf Dauer stellen. Nachhaltig Einfluss auf den staatlichen politischen Entscheidungsproze ß kann nur nehmen, wer sich in die Arena der Parteipolitik begibt und sich den Weg bahnt in das bestehende Parteiensystem. *Ein* Weg führt über die Gründung einer Protestpartei, die sich mehr oder minder kompromisslos als „Anti-Parteien-Partei" in Frontstellung zu den „etablierten" Parteien begibt und so versucht, die „gesellschaftliche Opposition" so lange als möglich zu konservieren. Dieser Weg der *engen Kopplung von Sozialprotest und neu gegründeter Interessenpartei* ist sowohl von der radikalisierten besitzbürgerlichen Mitte in der Spätphase der Weimarer Republik als auch aus der gewerkschaftsnahen Unterströmung gegen Agenda 2010 und Hartz IV im Sommer 2004 heraus beschritten worden. War es seinerzeit die Wirtschaftspartei/Reichspartei des Deutschen Mittelstandes, so ist es jetzt die „Wahlalternative Arbeit und Soziale Gerechtigkeit" (WASG), die sich dem Protest als politische Agentur für die Beteiligung an allgemeinen Wahlen anbot.

Auch in der Verbindung mit der PDS zu einem neuen „Linksbündnis" bzw. zur *Linkspartei* hat die WASG ihr gesetztes Thema, sozialen Protest zu verkörpern und mit dem Oppositionsstatus zu verbinden, vorläufig behauptet. Kurz nach den Landtagswahlen im Mai 2005 und ein gutes Vierteljahr vor den vorgezogenen Bundestagswahlen von Oktober 2005 gaben in einer Umfrage unter den Bürgerinnen und Bürgern Nordrhein-Westfalens fast die Hälfte (47 Prozent) aller potentiellen PDS/WASG-Wähler an, ihr wichtigstes Wahlmotiv sei Enttäuschung über die anderen Parteien (Infratest dimap, Nordrhein-Westfalen TREND Juni 2005, S. 2).

Indes blieb, damals wie heute, der Prozess der parteiförmigen Verknüpfung von Protestbewegung und Parteiensystem nicht in der autonomen Regie der parteiunabhängigen (und manchmal parteifeindlichen) Akteure der ersten Stun-

---

5 <www.kontraste.de/0409/manuskripte/txt_hartz.htm>.

de. Wie gezeigt wurde, gelang es der WASG in Westdeutschland, einen Teil der Protestbewegung aufzunehmen und zunächst regional, später bundesweit in das Parteiensystem zu überführen. Vorher schon hatte die PDS von dem anfangs parteipolitisch „herrenlosen" Sozialprotest profitiert. Über „die Renaissance der PDS als Protestbewegung" schrieb Renate Köcher vom Allensbacher Institut für Demoskopie im August 2004:

> „Die PDS hat ihre Chance erkannt und ergriffen, sich das Unbehagen über die Arbeitsmarktreformen zunutze zu machen. Dieses in den vergangenen Wochen von Medien angeheizte Unbehagen fand zunächst kein Ventil, keine Organisationsform, keinen Anwalt. [...]"

> „Die PDS ist die einzige Gruppierung, der der Protest gegen die Reformen abgenommen wird, und es wäre verfehlt, ihr Manöver als bloßen Opportunismus abzutun. Die PDS ist mit ihrem Protest bei sich selbst, ist authentisch. Sie war immer gegen Einschnitte in das soziale Netz, nie von deren Notwendigkeit überzeugt. Es gibt auch keine andere Partei, deren Anhänger so geschlossen gegen die Beschlüsse stehen wie die Anhänger der PDS"
> (FAZ vom 18.8.2004, S. 5)

Die Pioniere der „Montagsdemonstrationen" ihrerseits sahen sich in dem Maße, wie Verbände und schon existierende Parteien, die über Organisationskraft, Erfahrung und auch professionelle Politiker mit rhetorischer Begabung verfügten, sehr bald an den Rand des Geschehens gedrängt.[6] Die zumindest teilweise erfolgreiche Instrumentalisierung des Protests durch die linke „Wahlalternative", die PDS und auch die rechtsextreme NPD sorgte dafür, dass das Reizthema Sozialreformen in der politischen Öffentlichkeit populistisch besonders einprägsam platziert wurde. Der Rollenwechsel von den Einzelkämpfern der montäglichen Versammlungen der ersten Stunde zur professionellen Inszenierung des Protests durch linke Protest*parteien* gelang auch deshalb, weil WASG und PDS mit Lafontaine und Gysi zwei begabte Redner aufbieten können, welche diese politische Führungsgabe populistisch wirkungsvoll einsetzen. Mit dem Slogan „Hartz IV ist Armut per Gesetz" hat die PDS die Landtagswahlkämpfe des Jahres 2004 bestritten.[7] Auch zum Auftakt der Kampagne in Magdeburg im Januar 2006 wurde der Ausspruch vom Parteivorsitzenden Gysi neuerlich aktiviert.

---

6   Siehe hierzu den Bericht „Initiator von Leipzig weicht Lafontaine" in der Süddeutschen Zeitung vom 28./29.8.2004.
7   So sagte Gregor Gysi etwa auf einer Kundgebung in Hettstedt: „Wenn man alle Arbeitslosenhilfe-Empfänger auf Sozialhilfeniveau degradiert, kann man das sehr wohl Armut per Gesetz nennen" (MZ vom 7.9.2004).

„Ein begnadeter Populist
Die Ausrutscher Lafontaines sind in Wahrheit Programm

Mit seiner Chemnitzer Rede hat Lafontaine auf seine Art klargemacht, wie das Linksbündnis auf Populismus setzt. [...] Er sprach davon, daß „Familienväter und Frauen arbeitslos werden, weil Fremdarbeiter zu niedrigen Löhnen ihnen die Arbeitsplätze wegnehmen". [...] In Lafontaines Rede jagten sich rechte wie linke Stereotypen. Er ätzte gegen „Milliardäre", „Manager" und – mit besonders hämischem Unterton – gegen „Volksvertreter". Die rechtsextreme NPD lobte Lafontaine bereits öffentlich für das Fremdarbeiter-Zitat."
(Arne Boecker und Jonas Viering, in SZ vom 18./19.6.2005)

Über der heftigen öffentlichen Empörung über Lafontaines verbale Anleihe bei dem in der Zeit des Nationalsozialismus geläufigen Begriff „Fremdarbeiter" ist so gut wie völlig untergegangen, dass in derselben Ansprache in Chemnitz auch die Rede von „Volksvertreter[n], die im Bundestag Schandgesetzen zustimmen" war (Zitat nach SZ vom 16.6.2005). Mit dem Begriff „Schandgesetze" begab sich Lafontaine abermals in eine geistige Nähe zum Sprachgebrauch des rechtsextremen Saums. Denn es war in der Weimarer Republik eine stehende Redewendung des reaktionären und republikfeindlichen Lagers, den Versailler Vertrag als „Schandvertrag" abzuwerten und damit die gesamte Demokratie zu diskreditieren.

In Kampfformeln wie diesen wird der demokratieschädliche Wirkstoff des Musters populistischer Politikvermittlung am ehesten deutlich. Aufschlussreich ist nicht nur, dass Linke und Rechtsextremisten sich gedanklich anverwandte Kampfparolen aussuchen. Die „Armut per Gesetz"-Losung der PDS/Linkspartei liegt auf derselben agitatorischen Wellenlänge wie die Formel vom „Volksbetrug Hartz IV", mit der NPD-Aktivisten an den Protest Anschluss suchten (SZ 18./19.6.2005). Die populistische Kampfansage des neuen linken Volkstribunats wird vielmehr grundsätzlicher formuliert: Trotz demokratischer Legitimation durch Wahlen und einer Mehrheit im Parlament hat eine Regierung, die mit den Mitteln des Gesetzes über Armut verfügt und somit das ihr anvertraute staatliche Gewaltmonopol „schandhaft" missbraucht, ihre moralische Legitimation verspielt.

III „Das ewige Gezerre um die Posten" oder der „Parteienfilz"

Amtspatronage als Mittel politischer Herrschaft und Versorgung

Die Bekämpfung von „Parteibuchwirtschaft" im öffentlichen Dienst ist ein häufig bemühtes populistisches Stereotyp (siehe zum Beispiel das Parteiprogramm der REP von 2000, S. 5). Harsche Polemik gegen „Parteibuchbeamte" zählte schon zum gängigen Repertoire öffentlicher Kampagnen in der Weimarer Republik. Einesteils war dieser Anti-Parteien-Affekt damals – und ist dies teilweise heute immer noch – besonderer Ausdruck einer konservativen Deutung des bürokratischen Amtsgedankens. Diesem Grundverständnis von Staatsdienerschaft zufolge, sind die Angehörigen des öffentlichen Dienstes einer neutralen und parteifernen Dienstauffassung verpflichtet. Obgleich das unpolitische Amtsethos längst als eine ideologische „Lebenslüge des Obrigkeitsstaates" (so die bekannte Formulierung des Weimarer Rechtslehrers Gustav Radbruch) enthüllt worden ist, hält sich diese Perzeption zäh bis in die Gegenwart. Es bedarf heutzutage nicht einmal mehr unbedingt der elitären Parteienskepsis intellektueller Vordenker, um die populäre Abneigung gegen eine „Parteipolitisierung" der öffentlichen Verwaltung lebendig zu halten. Nach jahrzehntelangem Bestehen der Bundesrepublik als Parteienstaat scheint es für die Mehrheit der Bevölkerung ausgemacht, dass Behörden und „Parteienfilz" eng miteinander verwoben sind (s. Abb. 14).

Dass Bürger auf ‚Injektionen' des Behördenapparats mit Personalwünschen politischer Parteien überwiegend allergisch reagieren, lässt sich nicht einfach als ein altmodischer lebensweltlicher Reflex abtun. Denn zum einen *gibt es* nachweisbar eine lang anhaltende und nicht nur in Deutschland weit verbreitete Tendenz, Stellen im öffentlichen Dienst nach parteipolitischen Auswahlkriterien zu besetzen. Dies ist seit langem auf allen Ebenen von Staat, Kommunen und parastaatlichen Institutionen wie Sparkassen und Stadtwerken, nicht zu vergessen den öffentlich-rechtlichen Rundfunkanstalten nachweisbar, die an sich staatsfrei sind. Und zum anderen errichtet das Verfassungsrecht der Demokratie des Grundgesetzes normative Schranken, die eine parteipolitisch motivierte Bevorzugung oder Benachteiligung von Bewerbern bei der Stellenbesetzung an sich grundsätzlich versperren. Beides macht es vergleichsweise schwierig, den wahren Kern des populistischen Filz-Warnrufs und dessen demagogische Überzeichnung klar voneinander zu trennen.

Abbildung 14: Wahrnehmung der Verbreitung von Filz von Seiten der Bevölkerung

„Filz" – Nahbild und Fernbild

Frage: „Wenn man von Filz redet, meint man ja, daß fast alle wichtigen Posten in Vereinen, Behörden und Unternehmen von Leuten mit demselben Parteibuch besetzt sind. Was meinen Sie, ist diese Art von Filz in Deutschland weit verbreitet, oder würden Sie das nicht sagen?"
„Wie ist es in Ihrer Gegend, in Ihrer Region: Ist Filz da weit verbreitet, oder ist das nicht der Fall?"
(Alle Angaben in Prozent)

	April/Mai 2002	
	Nahbild hier in der Gegend	Fernbild allgemein in Deutschland
Filz ist weit verbreitet	37	62
Würde ich nicht sagen	20	17
Unentschieden	43	21

Quelle: Institut für Demoskopie Allensbach

Quelle: FAZ vom 15.5.2002.

Das Schlüsselwort, das Kampfbegriff und analytische Kategorie gleichermaßen ist, heißt **„Patronage"**. Diese existiert im Sinne von persönlicher Förderung und Günstlingswirtschaft im Umfeld der politisch und gesellschaftlich Mächtigen, seitdem mit der Ausübung politischer Herrschaft die Möglichkeit eröffnet wird, über den Zugriff auf öffentliche Ressourcen, insonderheit auf Geld und Ämter, eigene Anhänger bzw. Parteigänger bevorzugt zu bedienen (vgl. Nohlen/Schultze/Schüttemeyer 1998: 472).

„Im wissenschaftlichen Sprachgebrauch [meint Patronage] ein Prinzip der Verteilung und Zuordnung begehrter Güter oder Positionen, wie z.B. politische Ämter, das auf schirmherrschaftlicher und günstlingswirtschaftlicher Vorteilsgewährung im Austausch für Loyalität und sonstige Unterstützung der Protegierten beruht." (Schmidt 1995: 34)

Bei Patronage handelt es sich also um Vorteilnahme auf Gegenseitigkeit und zwar zu Lasten der Geltung allgemein gültiger Normen der öffentlichen Moral. Zum Politikum werden Patronage-Praktiken dann, wenn sie in die staatliche Sphäre hineinspielen, wenn sie also bei der Vergabe öffentlicher Ämter, Mandate und Aufträge handlungsleitend sind. Dann nämlich wird bei solchen Do-ut-des-Geschäften das für Demokratien elementare Prinzip der Chancengleichheit gleich doppelt verletzt. Zum Einen kraft *parteiischer* oder willkürlicher, in jedem Fall *intransparenter Vergabe* dieser Ämter, Mandate und Aufträge und zum anderen durch deren erwartbar *parteiische Ausübung*, mit welcher der Geförderte oder Belohnte gegenüber dem „Patron" – der auch eine politische Partei sein kann – seinen Dank abstattet. Schon die reale Chance, dass ein öffentliches Amt nach sachfremden Erwägungen ausgeübt wird, kann das Vertrauen in die Überparteilichkeit der staatlichen Positionseliten untergraben. Die Einstellung und Beförderung von Personen in den bzw. im öffentlichen Dienst nach Kriterien der Parteizugehörigkeit bzw. der Parteiloyalität sind mit der Idee des demokratischen Rechtsstaates unvereinbar. Das Grundgesetz schreibt in Artikel 33 Absatz 2 vor, dass die Stellenbesetzung ausschließlich nach Maßgabe der persönlichen Eignung, Befähigung und fachlichen Leistung zu erfolgen hat. In Absatz 3 desselben Verfassungsartikels wird diese Vorschrift in einem ausschließenden Sinne noch dahingehend bekräftigt, dass niemand aus politischen Gründen bevorzugt oder benachteiligt werden darf.

Ämterpatronage im öffentlichen Dienst ist also zweifellos grundsätzlich verfassungswidrig. So gesehen, scheint jedwede populistische Brandrede gegen Parteien, die den öffentlichen Dienst als Geisel nehmen und bei Personalentscheidungen in der öffentlichen Verwaltung die eigenen Parteigänger begünstigen, eigentlich nur eine demokratische Wächterfunktion zu erfüllen. Eine mit der Verfassung schwer verträgliche „Parteibuchwirtschaft" ist nicht nur eine ständige Begleiterscheinung im gegenwärtigen politischen Alltag, sondern überdies auch kaum kontrollierbar, weil sie, wie der Staatsrechtler Hans-Peter Schneider ausführt, „zumeist verdeckt praktiziert wird und die Gerichte dem jeweiligen Dienstherrn bei der Einstellung von Beamten einen erheblichen, nur begrenzt nachprüfbaren Beurteilungsspielraum zugestehen" (Schneider 1990: 210).

In der Öffentlichkeit hat sich daher der Eindruck einer „Refeudalisierung" des öffentlichen Dienstes eingeprägt. Der Verwaltungswissenschaftler Hans-Ulrich Derlien beschreibt diese Sicht auf die Dienstklasse des Staates wie folgt:

„Die Parteien werden als Lehnsherren unterstellt, der Zugang zu höheren Positionen im öffentlichen Dienst wird in der öffentlichen und veröffentlichten Meinung stärker als früher von Parteimitgliedschaften abhängig gesehen. Zu diesem Bild, das der öffentliche Dienst bietet, trägt nicht zuletzt bei, dass im Bereich der Justiz Positionen in den Obergerichten und beim Bundesverfassungsgericht nach Parteiproporz vergeben werden."
(Derlien 2001: 325)

Solche Personalentscheidungen fallen im Bereich des *informalen Abwägens*. Inwieweit sie parteipolitisch geleitet waren, ist daher selten rekonstruierbar. Da Verursacher wie Begünstigte Fälle von Patronage schwerlich offen eingestehen, stoßen auch gängige sozialwissenschaftliche Erhebungsmethoden an ihre Grenzen. Über Umfragen unter den Verwaltungsbediensteten lassen sich konkrete Fälle von parteinaher Personalpolitik nicht verlässlich ermitteln. Dennoch gibt es

„Das ewige Gezerre um die Posten" oder der „Parteienfilz" 65

empirische Erkenntnisse darüber, dass sich das Innehaben einer Stelle in der öffentlichen Verwaltung und eine spezielle Parteizugehörigkeit oder Parteinähe in einen statistischen Zusammenhang bringen lässt. Untersuchungen belegen, dass der Anteil an Parteimitgliedern im deutschen öffentlichen Dienst überdurchschnittlich hoch ist. Dies lässt sich nicht unbesehen auf eine gezielte parteipolitische Einstellungspraxis der Behördenleitungen zurückführen. Denn ebenso plausibel wäre, dass Beamte – oder solche, die es werden wollen – ein hohes Interesse an Politik entwickeln und häufiger als andere Bürger einer Partei beitreten. Auch wäre denkbar, dass Beamte und Anwärter mit ihrem Parteibeitritt vermutete Patronage-Praktiken antizipieren und sich mit Erwerb einer Parteimitgliedschaft karrierestrategisch selbst frühzeitig entsprechend aufstellen.

Immerhin kann für Bundesländer, welche durch jahrzehntelange Vorherrschaft einer Partei geprägt sind, aufgezeigt werden, dass das Gros der (insbesondere höhere Ränge bekleidenden) Beamten in der Ministerialbürokratie, die ein Parteibuch besitzen, der regierenden Partei angehört. Sowohl in „Erbhofländern" der SPD wie der Unionsparteien waren dies in den siebziger Jahren jeweils rund 87 Prozent aller Ministerialbeamten mit Parteimitgliedschaft. Wer der Regierungspartei angehört, kann offenbar damit rechnen, die Stufen der Karriereleiter rascher zu durchmessen: Parteimitglieder in leitenden Positionen sind jünger als parteilose Kollegen. Und so genannte Außenseiter, also Quereinsteiger, die nicht über die übliche Beamtenlaufbahn kommen, gehören regelmäßig der Regierungspartei an (Grimm 1983: 362f.).

Hans-Ulrich Derlien wiederum hat in mehreren seiner empirischen Studien Daten vorgelegt, welche die Annahme erhärten, dass die Rekrutierung im öffentlichen Dienst oftmals parteipolitisch gesteuert wird:

> „Wir wissen zum einen, daß der Anteil der Bonner Verwaltungselite, die Mitglieder vor allem der jeweils herrschenden Regierungsparteien waren, zwischen 1970 und 1995 erheblich angestiegen ist; entsprechend machte der Anteil der Parteilosen in der Bonner administrativen Elite, unter Staatssekretären und Abteilungsleitern, 1970 noch 72 Prozent aus und fiel über 63 Prozent (1972), 48 Prozent (1981), 43 Prozent (1987) auf 40 Prozent (1995). Die Fluktuation infolge von Regierungswechseln stieg von 33 Prozent der Staatssekretäre und Abteilungsleiter 1969 über 37,5 Prozent (1982) auf 52 Prozent beim [..] Regierungswechsel 1998 an."
> (Derlien 2001: 325)

Auch eine *lange Dauer* bestimmter Regierungskonstellationen, wie etwa der SPD/FDP-Bundesregierung von 1969 bis 1982, wirkt sich offenbar verändernd auf die anteilige Zusammensetzung von Parteimitgliedern in der Bürokratie aus. Ebenfalls Derlien merkt hierzu an: „Unter jüngeren Jahrgangsstufen des öffentlichen Dienstes, die sozial der Unterschicht entstammen, steigt die SPD-

Mitgliedschaft auf 56,5 %; demgegenüber hatte in den Vorkriegsgenerationen der Beamtenschaft die CDU-Zugehörigkeit mit 73,3 % dominiert" (Derlien 1990: 361). Freilich ist auch hier nicht eindeutig, ob es sich um Effekte einer gezielten Rekrutierung SPD-naher Nachwuchsbediensteter handelt, oder ob die Bewerbergeneration als solche durch eine höhere Affinität zur Sozialdemokratie gekennzeichnet gewesen ist.

Auch bei den letzten Regierungswechseln im Bund erhielt die Personalpolitik offenbar einen besonderen Patronage-Schub. Über die Endzeit der Regierung Kohl schreibt DER SPIEGEL: „Allein in seinem letzten Amtsjahr 1998 verhalf dessen Regierung mehr als tausend Staatsdienern zu einem besser dotierten Job. Die meisten davon waren schwarze und gelbe Parteifreunde." (24/2005: 46). Im Juni 2005, in Sichtweite vorgezogener Bundestags-Neuwahlen, wurden Pläne der Bundesministerien bekannt, dass zwischen 100 und 140 Bedienstete in den Ministerien noch befördert werden sollten. Während die Opposition im Bundestag und auch der Bund der Steuerzahler monierten, diese Beförderungswelle („Aktion Abendsonne") rieche nach parteipolitischer Patronage, sah die Bundesregierung keinen Anlass, die geplanten Höhergruppierungen zu stoppen. Es handle sich um ganz normale Beförderungen, die durch die Beförderungsrichtlinie gedeckt seien.[1]

Wenn sich innerhalb der öffentlichen Verwaltung als eine Erfahrungsgröße festsetzt, dass Einstellungen und Beförderungen de facto nach Maßgabe von Parteizugehörigkeit und Parteitreue erfolgen, wirkt sich dies auf das Rollenverständnis der Bediensteten aus. In der Folge wird das Binnenklima in den Ministerien politisiert, und zwar sowohl von oben durch ein entsprechendes Leitungshandeln als auch von unten durch angepasstes Agieren der mittleren und unteren Ränge der Hierarchie. Der Verwaltungspolitologe Thomas Ellwein hat diesen Wandel so beschrieben:

„Das Aktivieren von Parteizugehörigkeit im Dienst oder die Parteizugehörigkeit als ein Auswahlkriterium bei der Einstellung und Beförderung von Beamten stellen Chancen dar, derart Einfluß zu nehmen. Die Chance wird genutzt. Sie führt nicht immer zum formalen Parteieintritt, da es auch andere Wege gibt, die ‚richtige' Gesinnung unter Beweis zu stellen, und sie schließt höchst vertrauensvolle Beziehungen zwischen Ministern und Beamten, die politisch anderswo stehen, nicht aus. Sie verändert jedoch schleichend auch die Organisation. [...]

Nachgeordneten Stellen kann man nicht Einstellungsrichtlinien verbindlich machen, um hinzuzufügen, im Übrigen sei Nähe zur Regierungspartei erwünscht. Man zieht deshalb die Einstellung ‚nach oben', so wie man überhaupt Entscheidungen nach

---

1 Vgl. <http://www.netzeitung.de/Deutschland/342434.html>, abgerufen am 6.6.2005.

oben zieht, die in einer bestimmten Weise konkret politisch sind."
(Ellwein/Hesse 1987: 190)

Auf das dienstliche Verhalten der Beamten und Angestellten färbt diese informale Praxis der Hausspitze sehr wahrscheinlich ab. Hierzu nochmals Ellwein:

„Individueller Erfolg hängt vom richtigen Umfang mit solchen Strukturen ab; das Motiv, möglichst korrekt zu arbeiten, kann erfolgsbehindernd sein; korrekte und effiziente Tätigkeit müssen nicht identisch sein, ja können sogar vielfach nicht identisch sein. Der Referent muß also abwägen, er muß ‚politisch' denken."
(Ebenda: 191)

Die Folgen sind absehbar: Eine Verwaltungskultur, die derart parteipolitisch überformt wird, wird mit dem Leitgedanken einer unparteiischen und überparteilichen, sachlich-korrekten Amtsausübung unweigerlich in Konflikt geraten.

Man sieht: Wenn nicht eine ‚harte' Beweislage, so aber zumindest eine begründete Vermutungslage für „Parteienfilz" in der öffentlichen Verwaltung scheint gegeben. Das populistische Stereotyp wüchse folglich auf empirisch solidem Boden. Dennoch ist die Moralgrenze nicht einfach zwischen „guter" parteienferner und „schlechter" parteinaher Personalpolitik im öffentlichen Dienst zu ziehen. Nachweisbar hängt die Funktionsfähigkeit gerade auch des demokratischen Parteienstaates wesentlich von der Möglichkeit ab, auf Personalentscheidungen in der Bürokratie Einfluss zu nehmen. Patronage ist folglich nicht nur ein Ärgernis, sondern auch ein *strukturelles Erfordernis* des ‚arbeitenden Parteienstaates'. Diese Einschätzung mag bei manchen Hütern der reinen Verfassungsrechtslehre Stirnrunzeln hervorrufen (vgl. Merten 1999: 58, 60), was jedoch nichts an ihrer systemfunktionalen Evidenz ändert.

Mit der strukturellen Dimension der Parteipolitisierung öffentlicher Ämter hat sich als erster systematisch der Soziologe Max Weber befasst. Weber löste das Handlungsmuster der Patronage aus seinem individuellen Motivhintergrund – des Potentaten (Machthabers), der sein personales Regime absichert – und stellte es in einen Zusammenhang mit der institutionellen Handlungslogik einer durch Parteien gesteuerten politischen Herrschaft. Patronage und *Patronagepartei* bildeten für Weber eine Einheit. Letztere sei typischerweise „nur auf Erlangung der Macht für den Führer und Besetzung der Stellen des Verwaltungsstabes durch ihren Stab gerichtet". Dabei sei „für die Haltung der Parteiführer und des Parteistabs das eigene (ideelle und materielle) Interesse an Macht, Amtsstellungen und Versorgung mit ausschlaggebend" (Weber 1976: 167f.).

Zweierlei verdient hierbei Beachtung. Zum einen unterscheidet Max Weber zwischen den beiden Unterformen der *Herrschafts*patronage und der *Versorgungs*patronage. Letztere zielt darauf ab, die materielle Existenz verdienter Parteigänger zu sichern oder aufzubessern (gemäß der legendären Schlagzeile in einem vor Jahren erschienenen Bericht der Wochenzeitung DIE ZEIT: „Wir müssen was für Richard tun"). Erstere dient der Durchsetzung eigener Machtinteressen mit personalpolitischen Mitteln. Auch dies bedeutet einen instrumentellen Umgang mit öffentlichen Ämtern. Das handlungsleitende Motiv dafür ist jedoch, und darauf weist Weber in seiner Typusbeschreibung andererseits auch hin, nicht nur in persönlichen Karriereerwägungen der herrschenden Politiker zu suchen, sondern typischerweise auch im Interesse an inhaltlicher Gestaltung, also in ideellen Antrieben, begründet.

Rückt man diese Seite der Parteipolitisierung mit in den Blick, wird der unvollständige und einseitige Eindruck einer Korrumpierbarkeit auf Gegenseitigkeit korrigiert. Dass Politik und Verwaltung keine *getrennten Gewalten* sind, sondern im Prozess modernen Regierens eng verknüpft sind, trägt dem legitimen Gestaltungswillen von Politik Rechnung. Deshalb untersteht der Beamtenapparat, wie David Putnam schon Mitte der siebziger Jahre lakonisch angemerkt hat, „überall der formalen und gesetzlichen Autorität einer nach politischen Gesichtspunkten gewählten Exekutive." (Putnam 1976: 24).

Dass in der Bundespolitik nach einem politischen Machtwechsel die Leitungspositionen an der Spitze der Ministerialverwaltungen überwiegend ausgetauscht werden, ist Teil dieses Vorgangs „einer nach politischen Gesichtspunkten gewählten Exekutive". Es ist Ausdruck des Prinzips der Wettbewerbsdemokratie, dass jene Partei, die aus den Wahlen als Sieger hervorgeht, einflussreiche staatliche Ämter mit Personen ihres Vertrauens (um)besetzt. Von der Idee her wird damit *Herrschafts*patronage im Grundsatz legitimiert. Es muss dem Wahlgewinner nämlich möglich sein, in der nachgeordneten staatlichen Administration die personellen Bedingungen dafür zu schaffen, dass „neue Politik" eine reale Chance erhält, vom Apparat loyal umgesetzt zu werden.

Das deutsche Beamtenrecht trägt diesem Erfordernis einer politischen Verwaltung durch die Einrichtung des „politischen Beamten" – übrigens seit den Zeiten des Kaiserreiches – Rechnung. Von diesen Spitzenbeamten wird erwartet, dass sie bei der Ausübung ihres Amtes „in fortdauernder Übereinstimmung mit den grundsätzlichen politischen Ansichten und Zielen der Regierung stehen" (so § 31 des Beamtenrechtsrahmengesetzes BRRG). Geraten diese Beamten mit der Regierung in einen Zielkonflikt, können sie jederzeit ohne Angabe von Gründen in den einstweiligen Ruhestand versetzt werden. Auf diese Weise, kommentiert Hans-Peter Schneider, solle gewährleistet werden, „daß jede Regierung auch nach einem Machtwechsel über einen Grundbestand an loyalem Führungspersonal verfügen kann". Die Mitgliedschaft in einer Regierungspartei sei dabei „zwar die Regel, aber von Rechts wegen nicht zwingend erforderlich" (Schneider 1990: 211).

„Das ewige Gezerre um die Posten" oder der „Parteienfilz" 69

Auf der Ebene des Bundes zählen zu der Kategorie des „politischen Beamten" unter anderem die beamteten Staatssekretäre und Ministerialdirektoren (Abteilungsleiter), der Chef des Bundespresseamtes sowie die Präsidenten der Nachrichtendienste, insgesamt ein eher eng gezogener Kreis. Auch das Institut des „politischen Beamten" zählt zu den so genannten hergebrachten Grundsätzen des Berufsbeamtentums, die von Kritikern der „Parteipolitisierung" dieses Standes regelmäßig beschworen werden. Die Kategorie des politischen Beamten ist freilich sinnvoll, und zwar um, so Derlien zutreffend, die „funktionale Integration des politischen mit dem administrativen System" herzustellen. Das legitime Bedürfnis, den *Primat der Politik* durchzusetzen, rechtfertige die „funktionale Politisierung zumindest des höheren Beamtentums" (Derlien 1988: 60).

Die nächste Frage ist nun: Wie weit nach unten, in die mittleren und unteren Ränge der Verwaltung, darf eine legitime Politisierung ausgreifen? – Verfassungsrechtler wie der bereits zitierte Dieter Grimm äußern Bedenken und argumentieren restriktiv: Gerieten auch nachgeordnete Ränge der Administration in den Sog einer parteipolitisch inspirierten Personalpolitik, so widerspräche dies dem Grundgedanken eines Systems, „das seine demokratische Substanz aus der Möglichkeit des Mehrheitswechsels zieht". Ein Mehrheitswechsel bedeute, so Grimm, „nicht nur einen Austausch des Führungspersonals, sondern vor allem des staatlichen Handlungsprogramms". Die Chance, dieses alternative Programm umzusetzen, hänge jedoch davon ab, „ob die Verwaltung als programmausführende Instanz sich nicht mit einem Parteiprogramm identifiziert". Andernfalls könne „eine mehrheitsverändernde Wahlentscheidung auf der Durchführungsebene schnell unterlaufen werden". Neutralität der Beamtenschaft sei deshalb „kein Relikt des Obrigkeitsstaates". Vielmehr bleibe diese „als Funktionsbedingung auch der Parteiendemokratie unverändert gültig" (Grimm 1983: 361f.).

Indes ist die moderne Verwaltung, jedenfalls in Gestalt der Ministerialbürokratie des Bundes und der Länder, auch unterhalb der Führungsebene von Ministern und politischen Beamten längst nicht mehr nur „programmausführende Instanz", sondern an der Programmformulierung, also etwa der Erstellung von gesetzesvorbereitenden Vorlagen, aktiv beteiligt. Die Trennlinien zwischen „politischer" und nur vollziehender Bürokratie sind unscharf geworden. Und dies bedeutet, dass die Grenze, welche die erlaubte von der illegitimen Parteipolitisierung des Behördenapparats scheiden soll, nicht einfach zwischen der Leitungsebene und der Arbeitsebene gezogen werden kann. Initiativen der Parteipolitik, auch mittlere und selbst untere Verwaltungsränge mit Personen ihres Vertrauens zu besetzen, entspringen demnach einem funktionalen Interesse. Folglich soll verhindert werden, dass sich die Steuerungskapazität der Administration nicht programmbildend verselbstständigt.

Letztendlich ist das Dilemma zwischen funktional begründbarer Parteipolitisierung und einer ebenso hoch anzusetzenden Neutralitätspflicht der vollziehenden öffentlichen Verwaltung nicht auflösbar. Indirekt kommt dieser Zwiespalt auch in Derliens Überlegung zum Ausdruck, dass „Parteimitgliedschaft lediglich als Zusatzkriterium in Frage käme". Herrschaftspatronage werde „sozusagen legal, wenn man das besondere politische Vertrauen zum Eignungskriterium zusätzlich zur fachlichen Qualifikation erhebt" (Derlien 1986: 128). Eine solche differenzierende Wahrnehmung der Wirklichkeit ist dem Populisten, der den „Parteienfilz" in der Verwaltung anprangert, dabei aber im Grunde einen prinzipiellen Anti-Parteien-Affekt verbal auslebt, naturgemäß fremd.

IV „... dass es nicht um die Menschen geht, sondern einzig und allein um Macht und Geld" oder „die kleben doch nur an der Macht!"

Der Generalverdacht persönlicher und parteipolitischer Vorteilsnahme

Zu den typischen Merkmalen der populistischen Agitation gehört, dass ein Gegensatz zwischen Regierenden und Bürgern behauptet wird. Diese Spaltung wird zugleich mit einer Wertung aufgeladen: Anders als eine korrupte und von selbstsüchtigen Interessen geleitete politische Amtselite denke und fühle „das Volk" moralisch lauter. Der in populistischen Aussagen transportierten *Rechtschaffenheit des kleinen Mannes* wird in Bezug auf das politische *Establishment* das Bild einer *politischen Klasse* gezeichnet (zum Begriff: Borchert 2000), die sich auszeichne durch eine zunehmende Entfremdung ihres Handelns von der normalbürgerlichen Lebenswirklichkeit, verbunden mit dem Verfall gutmenschlicher Sitten.

Die Gruppe der Berufspolitiker als ein handelndes Ganzes, nicht mehr die individuellen Verfehlungen einzelner Politiker rücken damit ins Visier der Attacken. Unermüdlich wird der Öffentlichkeit suggeriert, dass die politischen Akteure in Ausübung ihres Amtes oder Mandats berufstypische Deformationen durchliefen. Diese *déformation professionelle* setze die Hemmschwelle für rechtliche wie moralische Grenzüberschreitungen herab; individuelle Vorteilsnahme verdränge alsbald den gemeinwohlorientierten und persönlicher Integrität verpflichteten Amtsgedanken (Holtmann 2004). So beschrieben werden Pfründe und Privileg zum Synonym für die Kennzeichnung der Position des Politikers, die in der Tat – und zu Recht – in manchen Attributen, so beispielsweise dem Vorrecht der kostenlosen Nutzung des Öffentlichen Personennahverkehrs, herausgehoben ist. Geeint sei diese „politische Klasse" in ihrem alles andere überragenden Machtinteresse und ihrer findigen Selbstbedienung, Wahlen dahingegen seien kein Mittel, diesem Missstand abzuhelfen. Allenfalls werde die eine Gruppe von Profiteuren durch eine andere, genauso denkende und handelnde abgelöst. Von solchen Vertretern eines kollektiven Eigennutzes hat „das Volk" keine bürgerfreundliche Politik zu erwarten.

„Regierenden ist das Volk egal

Zwei Meldungen, die gut zusammenpassen. Die eine: Bewohnern von Altenheimen und Sozialhilfeempfängern wird wegen Geldmangels das Weihnachtsgeld gestrichen. Die andere: Die Abgeordneten des Landtages erhöhen sich zum 1.Januar 2006 kräftig die ohnehin schon üppigen Diäten. Von Geldmangel keine Spur. Nun, zumindest die Regierenden dürften ein schönes Weihnachtsfest gehabt haben. Und das einfache Volk ist denen ja scheinbar sowieso egal."
(Leserbrief in der MZ vom 14.1.2006)

Walter Ötsch (2002) führt die Dichotomie zwischen Wählern und Gewählten, derer sich die populistische Wähleransprache bedient, auf ein von ihm so genanntes „demagogisches Panorama" zurück. In diesem Bild wird einem konstruierten Kollektiv der „Wir", das als anständig und „brav" gilt, ein gänzlich negativ bewertetes „Anderes" gegenüber gestellt (vgl. Hellmuth 2002: 10). Mittels wertender Hervorhebung eines meist zwar nur ungenau definierten, aber grundsätzlich als homogen verstandenen Volkswillens erscheint das Ergebnis repräsentativ getroffener politischer Entscheidungen minderwertig. Die Problemwahrnehmung und Problembearbeitung seitens herrschender Eliten ist eben wirklichkeitsfern, weil von den „wahren Interessen des Volkes" abgehoben. Von der demagogischen Überzeichnung der Kluft zwischen Volk und Volksvertretern wird ein direkter Bogen geschlagen zu einem weiteren populistischen Dauerappell, nämlich der Forderung nach *mehr direkter Demokratie*.

Die gemeinschaftliche Formation aus Parlamentariern, Bürokraten und wahlweise auch gewerkschaftlichen Interessenvertretern oder dem „Kapital" wird von Populisten zum Feindbild erklärt. Diese Kaste agiere gegen den tatsächlichen Willen ihres „Volkes", da sie nicht willens noch in der Lage sei, eine Politik nach den wohlverstandenen Kriterien des gesunden Menschenverstandes zu betreiben. Stattdessen würden politische Entscheidungen nach Maßgabe eines vermeintlich ehernen Gesetzes *ökonomischer Sachzwänge* getroffen (ebenda). Dem „Volk", das keine Klassengegensätze kenne, sondern in dem das Prinzip der Gleichheit herrsche, wird demgegenüber eine gleichsam natürliche Fähigkeit zugesprochen, über „das Richtige" entscheiden zu können (ebenda). Und es ist der Populist, der als Sprachrohr *dieses* von ihm selbst ergründeten Volkswillens gerne gerufen sein will.

Die Einladung, die politisch-gesellschaftliche Gesamtsituation aus der Perspektive des politischen *Underdogs* (Kitschelt 2000: 170) – der „da unten" – wahrzunehmen, verleiht dem Populismus seinen volksnahen Charme. Von dieser Warte aus lassen sich sowohl der Verlust wohlfahrtsstaatlicher Besitzstände als auch vermeintlich mangelnde demokratische Mitwirkungsmöglichkeiten entrüstet beklagen. Die „Etablierten" hingegen nähmen, so der Vorwurf, die Zurücksetzung „des Volkes" im Interesse der Erhaltung ihrer eigenen Macht billigend in Kauf. Nur so seien liebgewordene Privilegien und Pfründe zu sichern. Diese populistische Elitenkritik kann durchaus eine grundsätzlich systemkritische – wenngleich nicht zwingend systemüberwindende – Stoßrichtung annehmen. Dies ist beispielsweise dann der Fall, wenn die Denunzierung derer, die Funktionen in Politik und Verwaltung bekleiden, als geld- und machtgierig an eine gerade in Deutschland traditionell fortwirkende Parteienstaatsskepsis anknüpft (vgl. Stöss 2001). Parteipolitik wird dann zur Chiffre für einen ungezügelten Alimentationsanspruch, der sich in überhöhten Diätenforderungen und der Begünstigung etablierter Parteien durch deren staatliche Kofinanzierung widerspiegele. Den Herausforderern des politischen Establishments hingegen, als die sich populistische Akteure in der Regel verstehen, würde durch unverhohlene Selbstbedienung der machthabenden Akteure in staatlichen „Futterkrippen" die Chance auf eine Veränderung der Politik im Interesse der Bürger vorsätzlich verwehrt. In dieser Interpretation wird „dem System" die Rolle des Exerzierplatzes und, schlimmer noch, des stummen Dieners des politisch-administrativen Machtkartells zugewiesen. Der Populismus vermag es, durchaus geschickt, strategisch zu variieren zwischen der Pose des beherzten Angreifers und der Rolle eines von den „Paten" des „Systems" ungeliebten Stiefkindes, dem öffentliches Mitgefühl und Rückenstärkung durch „das Volk" gebühre.

Solche Politikerschelte profitiert von grobkörniger Polemik, die bisweilen mit dem Anspruch der Wissenschaftlichkeit formuliert wird. Antipluralismus und Anti-Parteien-Affekte hatten in Repräsentanten der Staatsrechtslehre der Weimarer Republik, etwa Carl Schmitt und Arnold Koettgen, prominente und intellektuell scharfsinnige Fürsprecher, was sich damals verhängnisvoll auswirkte, weil es das demokratische Denken destabilisieren half. Auch heute ist diese Traditionslinie nicht gänzlich abgeschnitten (vgl. von Arnim 1993, 1996, 1997). Schon der Terminus „politische Klasse" ist im Grenzbereich zwischen wissenschaftlicher Analyse und pseudowissenschaftlicher Populärkritik angesiedelt, denn tendenziell wird mit diesem Begriff ein Typus des Berufspolitikers beschrieben, der als von Geldgier und Machthunger angetrieben und vorrangig durch kollektive Eigensucht gekennzeichnet erscheint. Die moralische Abstumpfung der Politischen Klasse manifestiere sich, so der gängige Verdacht, in der fortlaufend betriebenen finanziellen Besserstellung ihrer selbst, während der Lebensstandard der Bevölkerung aufgrund der Entscheidungen der Eliten stagniere oder sogar absinke. Die etablierten Parteien allesamt hätten sich in einer konzertierten Aktion den Staat zur Beute gemacht.

In diesem Zusammenhang wird die *Steuerpolitik* zu einem zentralen Angriffspunkt im populistischen Argumentationsrepertoire (siehe hierzu auch das folgende Kapitel). Mit der reißerischen Aufbereitung dieses Themas haben insbesondere die frühen skandinavischen Populisten – so unter anderem die Fortschrittsparteien Dänemarks und Norwegens unter ihren Führungspersonen Mogens Glistrup und Anders Lange – ihren politischen Erfolg begründen können. Zweifellos ist die Steuerpolitik ein bedeutsames Politikfeld – erscheint sie doch auch in der Logik liberaler Akteure als der Schlüssel für die Machtbalance zwischen Staat und Gesellschaft. An diesem Punkt indes gabelt sich die Route der Populisten in zwei Wege, die in unterschiedliche ideologische Richtungen führen. Das Standardargument des traditionellen *mittelständischen* Populismus lautet: Je mehr Geld die öffentliche Hand für sich beansprucht, umso üppiger wird die „Futterkrippe" für „Parteibonzen" gefüllt und umso weniger bleibt in den Taschen *der* Bürger, die das Steueraufkommen vornehmlich erwirtschaften. Hingegen setzt der Sozialpopulismus der „kleinen Leute" auf eine möglichst hohe Staatsquote, um genügend Finanzmasse zu haben für die Umverteilung von „oben" nach „unten". Beide Wege münden freilich in die Verdächtigung der etablierten Politik, ihren Auftrag, „Schaden vom Volk" abzuwenden, gröblichst zu missachten.

1 Geld- und Machtgier der herrschenden Elite – eine häufig variierte Metapher im Formelvorrat populistisch agierender Parteien

Die holzschnitthafte Gegenüberstellung von „sauberem Volk" und „verderbter Elite" ist eine Metapher, die aus dem Vorrat populistischer Sprachformeln bevorzugt von rechtsextremen Parteien entlehnt wird. Sowohl die Republikaner (REP) als auch die Deutsche Volksunion (DVU) brandmarken vermeintliche Verfassungsbrüche der etablierten Parteien und erklären es demgegenüber als ihre wesentliche Mission, die „oben" gefällten politischen Entscheidungen an den Willen der Bürger rückzubinden.

„Gemäß Artikel 20 Grundgesetz geht alle Staatsgewalt vom Volke aus. Nach 1949 ist dem Volk die Staatsgewalt jedoch Stück für Stück entwendet worden: Durch die Monopolisierung politischer Macht bei wenigen Parteien, Übertragung deutscher Hoheitsrechte auf die europäische Bürokratie und den demokratisch nicht legitimierten Einfluß der großen internationalen Konzerne."
(REP 2002: 5)

Was die DEUTSCHE VOLKSUNION (DVU) durchsetzen will, ergibt sich aus dem alle Politiker verpflichtenden Amtseid, wie er im Artikel 56 des Grundgesetzes für die Bundesrepublik Deutschland steht:

„Ich schwöre, dass ich meine Kraft dem Wohle des deutschen Volkes widmen, seinen Nutzen mehren, Schaden von ihm wenden, das Grundgesetz und die Gesetze des Bundes wahren und verteidigen, meine Pflichten gewissenhaft erfüllen und Gerechtigkeit gegen jedermann üben werde. So wahr mir Gott helfe." Dass deutsche Politik in Deutschland endlich wieder gemäß dieser Vorschrift des Grundgesetzes betrieben wird, ist das Hauptziel unserer Partei."
(DVU 1987: 1)

Geld- und Machtgier sind zwei der stereotyp wiederkehrenden Vorwürfe an „die Politiker". Die DVU hat diese Anwürfe schon in ihrem (seither nahezu unverändert gebliebenen) Parteiprogramm aus dem Jahre 1987 aufgenommen. In diesem Papier heißt es wörtlich:

„Unerträglich sind Steuergeldverschwendung und weitgehende Finanzierung von Parteien aus der Steuerkasse. Die Überversorgung von Parlamentsabgeordneten muss ein Ende haben. Der Abbau von Privilegien ist ein Gebot der Demokratie."
(DVU 1987: 3f.)

Die REP führen ihrerseits aus:

„Die Steuer- und Abgabenlast steigt immer mehr. Selbst die sogenannte Steuerreform hat keine wirkliche Entlastung gebracht. Die Lasten wurden nur umverteilt. Die derzeitige Staatsquote von mehr als 55 Prozent ist unerträglich und lässt den Bürgern und der Wirtschaft zuwenig von den erarbeiteten Erträgen. Kapitalflucht, Steuerhinterziehung, Schwarzarbeit, Korruption und Leistungsverweigerung sind die Folgen. Staatliche Akteure hingegen profitierten von der wachsenden Belastung des kleinen Mannes. Unerträglich sind Steuergeldverschwendung und weitgehende Finanzierung von Parteien aus der Steuerkasse. Die Überversorgung von Parlamentsabgeordneten muss ein Ende haben. Der Abbau von Privilegien ist ein Gebot der Demokratie."
(REP 2002: 27)[1]

Auch die „Wahlalternative Arbeit und Soziale Gerechtigkeit" (WASG) hat die Kritik an Selbstbedienung von Politikern zu einem Thema ihres Wahlkampfes gemacht. So hieß es im Manifest der WASG für die vorgezogene Wahl zum 16. Deutschen Bundestag:

---

1 Mit dieser Problembeschreibung schiebt sich der Populismus selbst als ein vornehmlich auf Wirkung zielendes und die Realitäten souverän ignorierendes Muster der Politikvermittlung in den Vordergrund. Die DVU argumentiert noch immer mit einem Parteiprogramm, das Veränderungen in der Entwicklung von Staats- und Steuerquote nicht mit vollzieht.

„Wir treten ein für ein Verbot aller bezahlten »Nebentätigkeiten« für Abgeordnete und die Beseitigung der Überversorgung bei politischen Funktions- und Mandatsträgern."
(WASG 2005: 7)

2 Geld- und Machtgier der Politik? Zur inhaltlichen Auseinandersetzung mit diesem Deutungsmuster

Wie ist nun mit dem typisch populistischen Vorwurf, Macht- und Geldgier seien die eigentlichen motivationalen Antriebsfedern von Berufspolitikern, umzugehen? Zunächst einmal ist es angebracht, auf das tatsächliche Amtsverständnis von Politikern hinzuweisen (2.1). Dies leitet über zu einer Betrachtung der empirisch messbaren Verflechtungen zwischen Politik und einflussreichen gesellschaftlichen Interessengruppen, die sich, wie vorweg festgestellt werden kann, mitnichten so einseitig ausnimmt, wie populistische Herolde dies glauben machen wollen (2.2).[2] Schließlich ist zu prüfen, wie die finanzielle Grundversorgung von Berufspolitikern tatsächlich geregelt ist. Als einen Vergleichsmaßstab schließlich, inwieweit die Politikerbezüge hierzulande aufgrund der jüngsten gesetzlichen Neuregelungen im Bund und in einigen Ländern als „üppig" oder angemessen eingeschätzt werden müssen, können die Durchschnittseinkommen anderer gesellschaftlich vergleichbar bedeutsamer Berufszweige herangezogen werden (2.3).

2.1 Das Amtsverständnis von Politikern. Missverständnisse und Wirklichkeit

Das Amtsverständnis deutscher Parlamentarier hat insbesondere der Dresdener Politikwissenschaftler Werner J. Patzelt in empirischen Untersuchungen wiederholt herausgearbeitet. Zu Recht weist Patzelt darauf hin, dass verstecktes Misstrauen und hartnäckige Vorurteile gegenüber der „Politischen Klasse" auf einem tönernen Fundament aufbauen, gründen sie doch in einer verbreitet unzureichenden Kenntnis über das Funktionieren von Parlamenten und die daraus abzuleitenden Anforderungen an die Abgeordnetentätigkeit. Dass der Deutsche Bundestag (und ebenso die Landtage) vor allem ein „Arbeitsparlament" und ein „Fraktionenparlament" ist, in dem die eigentliche Beratung und gesetzgebende

---

2 Basis der Ausführungen sind Selbstauskünfte befragter Abgeordneter. Solche Selbsteinschätzungen bergen freilich das Problem der sozialen Erwünschtheit in sich. Dies kann das Antworterhalten der Befragten durchaus beeinflussen. So würde wohl kaum ein Politiker die Vorwürfe des Machthungers und der Geldgier undifferenziert bejahen, da er um die öffentliche Reaktion fürchten muss.

„Die kleben doch nur an der Macht!"   77

Willensbildung in den Fachausschüssen der gewählten Körperschaft sowie in Arbeitskreisen und Plena der Fraktionen erfolgt, ist ein hinreichend belegter Sachverhalt (siehe Steffani 1965 und neuestens von Oertzen 2006), wird jedoch in oberflächlicher öffentlicher Wahrnehmung regelmäßig unterschätzt. Das Wirken von Parlamentariern beschränkt sich nämlich mitnichten auf körperliche Anwesenheit im Plenum. Doch eben auf das Ärgernis der „leeren Bänke" hochbezahlter Diätenempfänger wird die öffentliche Debatte häufig reduziert. In Wirklichkeit müssen Abgeordnete, wie das von Patzelt entwickelte Diagramm zeigt, eine Vielzahl verschiedener Aufgaben in Parlament, Wahlkreis und Partei jeweils rollenadäquat, und das heißt: sachangemessen *und* für die Wähler glaubwürdig, wahrnehmen.

Abbildung 15: Die Tätigkeitsfelder eines Abgeordneten

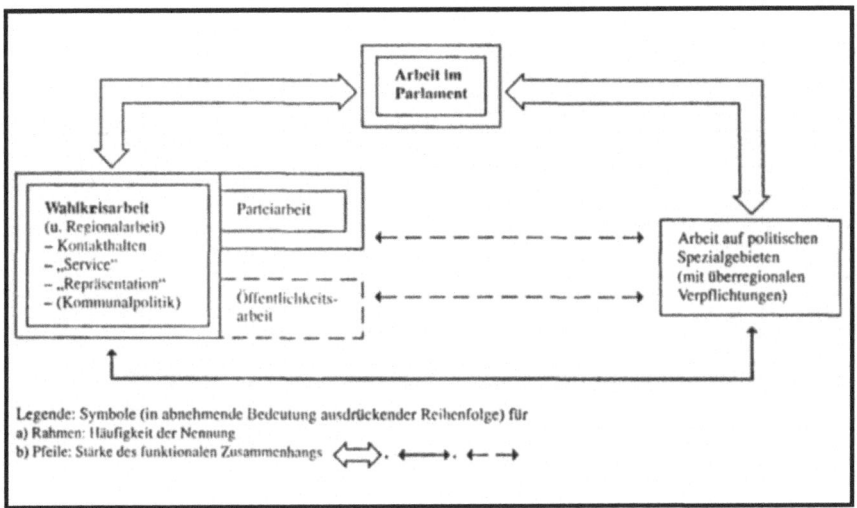

Quelle: Patzelt 1991: 28.

Betrachtet man die nach eigener Einschätzung wesentlichen Aufgaben eines Politikers, so werden materielle und machtbasierte Beweggründe nicht an erster Stelle genannt. Eindeutig steht das Bemühen um politische Gestaltung und die intensive Kontaktpflege mit Wählern im Vordergrund. Die Wahlkreisarbeit und die Funktion des Ombudsmannes, also das Wirken als Bindeglied zwischen Gesellschaft und Politik, prägen das Selbstverständnis bundesdeutscher Parlamentarier (Tabelle 2).

Tabelle 2: Das Amtsverständnis bayerischer Abgeordneter[3]

Genannte Kategorie	Alle*		CSU/SPD		GRÜNE	
	Rang	N**	Rang	N	Rang	N
Gesetzgebungs- und Ausschussarbeit	1	50	1	46	2***	3
Politische Führung ausüben	2	34	2,5	31	5	2
Information aus vielen Kontakten	3	33	2,5	31	8	1
Kontaktpflege zur Bevölkerung	4	30	4	29	8	1
Wünsche und Anliegen im Parlament umsetzen	5	28	5	26	5	2
Bürgerservice	6	24	6	24	13,5	0
Wahlkreisservice	7	22	7	22	13,5	0
Ombudsmann sein	8	21	8	21	13,5	0
Guten Informationstand erarbeiten	9	17	9	13	2	3
Verwurzelung in der Partei pflegen	10,5	13	10	12	13,5	0
Kontrolle der Regierung****	10,5	13	11	10	2	3
Konzeptuell arbeiten	12	10	13,5	8	5	2
Vertrauen sichern	13	9	12	9	13,5	0
Verantwortung für das Ganze übernehmen und sichtbar machen	14	8	13,5	8	13,5	0
Sich spezialisieren	15	4	15,5	3	8	1
Parlament und Staat „repräsentieren"	16	3	15,5	3	13,5	0
Überregionaler Einsatz	17	1	17	1	13,5	0
Anzahl der Antwortenden		129		119		7

Quelle: Patzelt 1991: 29.

---

3 Frage: „Was sind die wichtigsten Dinge, die ein Abgeordneter tun sollte?"
* Einschließlich der FDP-Abgeordneten
** Anzahl der Nennungen der jeweiligen Kategorie
*** Wenn auf mehrere Kategorien dieselbe Anzahl von Nennungen fällt, lässt sich eine Rangordnung zunächst einmal nicht herstellen. In diesem Fall erhalten die Kategorien das arithmetische Mittel der Rangplätze, die auf sie entfallen. Da hier die höchste Zahl der Nennungen auf drei Kategorien entfällt, welche folglich die Rangplätze 1 – 3 einnehmen, ist diesen Kategorien das arithmetische Mittel „2" zuzuweisen, die Rangziffer „1" fehlt folglich.
**** Bei MdEP: Kontrolle der Kommission

"Die kleben doch nur an der Macht!"

Noch immer ist die Quote derjenigen Bürger mit einer nachweislich überdurchschnittlich hohen Kenntnis über den Deutschen Bundestag verhältnismäßig gering (Patzelt 1994: 14). Darin liegt wiederum eine der wesentlichen Ursachen für die Tatsache, dass Erwartungen an die Politik vonseiten der Bürger häufig nur unpräzise formuliert werden können. Die Frustration gegenüber Abgeordneten ist nur selten die Folge konkret enttäuschter Hoffnungen, sondern tritt in aller Regel in Form von allgemein platzierten Unmutsbekundungen in die öffentliche Diskussion ein. Das diffuse Politikverständnis und ein nur bruchstückhaftes *Wissen um parlamentarische Politikabläufe* bieten dem Populismus somit einen aus seiner Sicht unverzichtbaren politischen Nährboden, den er im Falle einer begünstigenden thematischen Ausgangslage – insbesondere ökonomischen Krisensituationen – erfolgreich zu nutzen versteht. Gerade dann nämlich erscheint die *Konstruktion eines Gegensatzes zwischen Eliten und den kleinen Leuten* opportun.

2.2 Monopolisierung der Macht seitens der Politiker? Missverständnis und Wirklichkeit

Der populistische Vorwurf, „herrschende Politiker" neigten zu einer konspirativ betriebenen Monopolisierung der Macht, hebt in der Regel darauf ab, dass die Kontaktnahme von Parlamentariern mit gesellschaftlichen Gruppierungen angeblich vernachlässigt wird oder einseitig ausgeprägt ist. Während die Mächtigen auf diese Weise Entscheidungen zu ihren Gunsten absicherten, würden die Interessen der Schwächeren nicht berücksichtigt. Insbesondere große Wirtschaftsunternehmen würden ihren Einfluss durch personale Kanäle in der Politik geltend machen und Entscheidungen in ihrem Interesse lenken. Die folgende Tabelle zeigt, dass die Schwerpunkte der Kooperation mit Verbänden und gesellschaftlichen Gruppen bei einzelnen Parteien zwar unterschiedlich gesetzt werden. Jedoch wird insgesamt aber ein breiter Interaktionsrahmen unter Einbeziehung der verschiedensten gesellschaftlichen Interessenvertretungen abgesteckt. Eine selektive Bindung an hoch organisierte ökonomische Interessen (oder gar einzelne Wirtschaftsunternehmen) findet in der vom Populismus behaupteten Eindeutigkeit nicht statt.

Tabelle 3: Kontakte von Bundestagsabgeordneten mit Lobbyisten

	Insgesamt	CSU	CDU	FDP	SPD	GRÜNE
Kontaktzahl je Abgeordneten im Jahr	176,8	204,6	205,2	119,8	162,9	149,1
Darunter mit (in %)						
Industrieverbänden	14,1	16,4	16,5	22,5	11,3	3,0
Mittelstandsverbänden	9,1	12,0	13,2	15,7	3,7	0,6
Sonstigen Berufsverbänden	8,4	9,0	9,9	9,5	6,4	7,2
Landwirtschaftsverbänden	4,8	8,1	6,5	7,8	1,8	2,3
Religionsgemeinschaften	12,4	15,9	16,2	6,2	8,2	12,1
Gewerkschaften	18,4	5,3	11,2	17,1	31,5	11,9
Bürgerinitiativen	8,3	3,7	4,1	4,4	9,5	42,1
Soziale, kulturelle und Freizeitverbänden	24,4	29,6	22,4	16,8	27,5	20,7

Quelle: Rudzio 2003: 91.

2.3 Geld als Antriebsfeder politischen Engagements? Missverständnis und Wirklichkeit

In den oben aufgeführten Zitaten aus den Parteiprogrammen von REP und DVU wird nicht nur eine Monopolisierung der Macht durch etablierte Parteipolitiker behauptet. Vielmehr verlängert sich der Verweis auf die vorgebliche Entgegensetzung zwischen „anständigem Volk" und „korrupter Elite" in den Vorwurf der Geldgier. In der Tat wird man nicht völlig bestreiten können, dass die Motivation für ein Engagement als Berufspolitiker *auch* durch die gegebenen finanziellen Anreize geweckt wird. Die Entscheidung für eine parteipolitische Laufbahn auch aus persönlichen Karriereerwägungen erscheint jedoch als keineswegs ehrenrührig. Persönliche *rationale Motive* für ein politisches Engagement, die der *eigenen Ambition* folgen, sind mit dem Gemeinwohl prinzipiell durchaus vereinbar. Ein solches Nutzenkalkül muss der *Allgemeinwohlverträglichkeit* parlamentarischer Entscheidungen nicht im Wege stehen, jedenfalls solange nicht, wie kein unerlaubter individueller Vorteil angestrebt wird.

Im Übrigen sind instrumentell-nutzenorientierte Motive für ein parteipolitisches Engagement mitnichten vorherrschend oder gar allein ausschlaggebend. Das ist in empirischen Studien, die eine repräsentative Auswahl von Parteimitgliedern befragt haben, in den letzten Jahren wiederholt übereinstimmend ermittelt worden. Affektive und „altruistische", d.h. mit einem politischen Gestaltungswillen einhergehende Beweggründe spielen eine beachtliche Rolle. In Ostdeutschland erscheinen diese Motive sogar gewichtiger als das Geld- oder auch das Machtmotiv, wenn auch – wie in allen solchen Erhebungen, die subjektive Einschätzungen abfragen – der verzerrende Effekt der sozialen Erwünschtheit bei der Beantwortung der Fragen berücksichtigt werden muss. Eine repräsentative Parteimitgliederbefragung in Sachsen-Anhalt aus dem Jahr 1998 kommt zu folgenden differenzierten Ergebnissen:

Tabelle 4: Bindungsmotive von Parteimitgliedern in Sachsen-Anhalt

Motiv	B'90	CDU	FDP	PDS	SPD	Alle
a) Ich wollte politisch aktiv werden und mithelfen, gesellschaftliche Probleme zu lösen	95	73	68	77	89	80
b) Ich wollte gleichgesinnte Menschen treffen	83	75	79	79	77	78
c) Ich wollte mich besser informieren und politische Themen diskutieren	74	62	66	69	67	68
d) Ich erwartete, dass ich in der Parteiarbeit gut aufgehoben bin und mit netten Leuten zusammenkomme	43	49	47	45	44	46
e) Ich wollte die Partei mit meinen regelmäßigen Beiträgen finanziell unterstützen	27	20	13	35	21	25
f) Eine Parteimitgliedschaft wurde von mir erwartet	10	14	19	18	8	14
g) Ich strebe ein politisches Amt oder Mandat an	18	13	8	2	15	10
h) Es war für mich persönlich und beruflich von Nutzen, Parteimitglied zu werden	3	13	20	6	5	9

Quelle: Boll 2001: 23.

Die Ergebnisse der bundesweit im gleichen Jahr 1998 durchgeführten Potsdamer Parteimitgliederstudie bestätigen das differenzierte Bild der regionalen Motivlage in Sachsen-Anhalt. Zwar begründet eine Mehrzahl der Parteimitglieder ihren Beitritt durchaus mit der Stärkung des Parteieinflusses. Politische Ziele und die Stärkung des eigenen Ortsvereins spielen jedoch eine bedeutsame Rolle. Persönliche finanzielle Anreize werden hingegen als Motiv so gut wie gar nicht genannt (Abbildung 16).

Abbildung 16: Eintritts- und Bindungsmotive nach den Ergebnissen der Potsdamer Parteimitgliederstudie

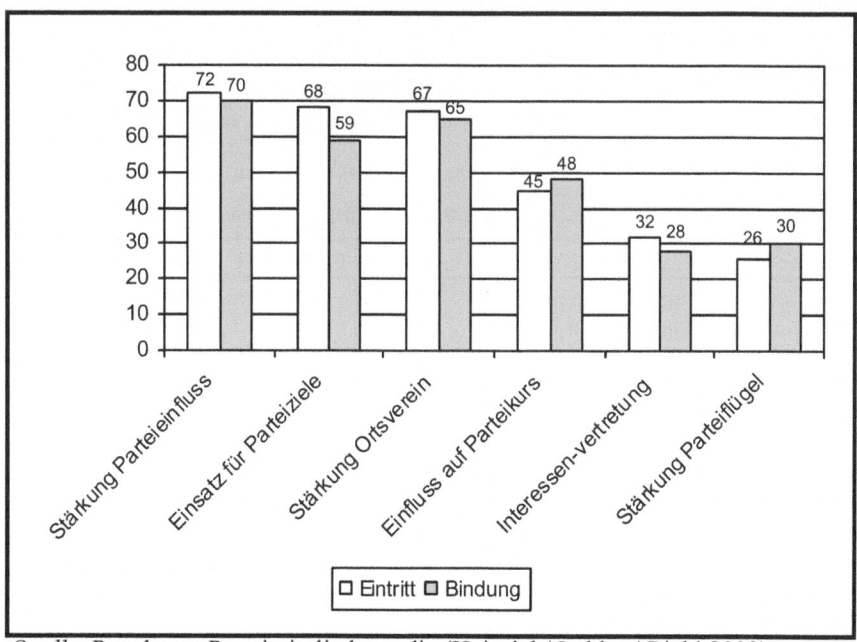

Quelle: Potsdamer Parteimitgliederstudie (Heinrich/ Lübker/ Biehl 2002)

Der Vorwurf eines allein auf zweckrationalen Beweggründen beruhenden politischen Engagements geht allein schon deswegen an der Realität vorbei, weil die parlamentarische Arbeit mit zeitlichen Entbehrungen und nicht zu unterschätzenden Einbußen an persönlicher Lebensqualität verbunden ist. In einer Studie, die im Rahmen des Sonderforschungsbereichs Transformationsforschung an der Universität Jena erstellt worden ist, wurde erfragt, welche Probleme und Belastungen Politikern mit ihrem Mandat verbinden. Einschnitte in das Privatleben werden ebenso beklagt wie der Mangel an individuellen Gestaltungsmöglichkeiten und der hohe Zeitdruck bei der Problembearbeitung (vgl. Tabelle 5). Andererseits besteht durchaus ein hohes Bedürfnis danach, dass die mit dem Mandat übernommene politische Arbeit angemessen erledigt und öffentlich akzeptiert wird.

Tabelle 5: Problemwahrnehmungen mit Bezug auf das Mandat

	Bundestag	Landtage	Dt. MdEP
Zu wenig Zeit für das Privatleben	64	65	70
Zu wenig Zeit, um über Probleme vertiefend nachzudenken	56	62	54
Frustration, da Probleme nur unzureichend gelöst werden können	21	43	19
Unzureichende Akzeptanz in der Öffentlichkeit	38	46	49
Kluft zwischen eigenen politischen Vorstellungen und dem, was man als Abgeordneter im politischen Alltag vertreten muss	21	30	16

Quelle: Best/Edinger u.a. 2005 (Projekt A3/ SFB 580 Universität Jena)

3 Glaubwürdigkeit und persönliche Integrität – Vertrauenskapital der Politik

Die oben bereits erwähnte Abgeordnetenbefragung des Wissenschaftszentrums Berlin von 2003 bestätigt im übrigen, dass die Mitglieder des Deutschen Bundestages durchaus kein rein auf den persönlichen Nutzen orientiertes oder gar zynisches Verhältnis zu ihrem Amt haben, wie das im wertenden Begriff der Politischen Klasse tendenziell unterstellt wird. Auf die Frage, welche Faktoren sich innerhalb der letzten 15 bis 20 Jahre negativ auf das Vertrauen der Wähler in Politiker und Parteien ausgewirkt hätten, nannten 88,5 Prozent „überzogene Versprechungen von Politikern" sowie fast drei Viertel (71,8 %) die „Schwierigkeiten der Politiker, die Wählerwünsche zu erfüllen" (Weßels 2005: 15). „Affären und Skandale, in die Politiker verwickelt waren", nannten 78,4 Prozent. Die Umfrage zeigt zweierlei: Zum einen haben gewählte Abgeordnete sehr wohl ein Gespür für die vertrauensbildende Bedeutung von *Responsivität*, also der Rückbindung an Bedürfnisse und Forderungen von Wählern und Bürgern, und sie sind sich der für die parlamentarische Demokratie nachteiligen Folgen einer Minderung dieses Vertrauenskapitals bewusst. Zum anderen wissen Abgeordnete sehr wohl auch, „daß Glaubwürdigkeit und Integrität die zentrale Ressource von Politikern ist" (ebenda).

Affären und Skandale, die mit Geldleistungen an Parteien oder einzelne Politiker verbunden waren, haben auch die Bonner und sodann die Berliner Republik mehrfach heimgesucht. Die spektakulärsten Fälle waren die Flick-Spendenaffäre in den achtziger Jahren sowie die CDU-Spendenaffäre in Hessen und im Bund um die Jahreswende 1999/2000. Mit der Flick-Affäre ist der Tatbestand umschrieben, dass seitens des Flick-Konzerns und mit Hilfe namhafter Adressen von Industrie und Banken in den 1970er Jahren über Jahre hinweg Spenden in beträchtlicher Größenordung an politische Parteien zur „Pflege der politischen Landschaft" (so die schnell zum geflügelten Wort gewordene vornehme Umschreibung) geflossen sind (siehe hierzu den Bericht des Bundestags-Untersuchungsausschusses Flick/Lambsdorff, BT-Ds. 10/5979 vom 21.2.1986).

In die jüngere Spendenaffäre der CDU waren vor allem deren hessischer Landesverband sowie der damalige Bundesvorsitzende Helmut Kohl verwickelt. Hier ging es einmal um die illegale Finanzierung von Wahlkämpfen mit Hilfe von Parteigeldern, die verdeckt ins Ausland geschafft und ebenso rücktransferiert worden waren, und zum anderen um eine Art Reptilienfonds, in dem Kohl selbst akquirierte (und bis heute anonym gebliebene) Privatspenden an der offiziellen Rechnungslegung der Partei vorbei gesammelt und verteilt hatte.

In populistischer Wahrnehmung werden derartige Verfehlungen üblicherweise als Ausdruck moralischer Verkommenheit „des Systems" oder „der Politiker" gewertet und zu einer Krise des Parteienstaates oder gar einer Staatskrise hochstilisiert. Es gibt wahrlich keinen Grund, derlei dunkle Flecken auf der dann gar nicht mehr so weißen Weste des Parteienstaates wegzuretuschieren. Bestätigt sich der Verdacht, dass politische Entscheidungen „gekauft" werden, ist der Reputationsverlust der beteiligten politischen Akteure und möglicherweise auch des politischen Systems gravierend. Die Untersuchung der mit der Bezeichnung Flick-Affäre verbundenen „politischen Landschaftspflege" brachte unter anderem zutage, dass Spitzenpolitiker Bargeldspenden angenommen, Schatzmeister politischer Parteien Wege der Umwegfinanzierung über Geldwaschanlagen ersonnen und alle damaligen Bundestagsparteien gegen die Rechenschaftspflicht bei Großspenden verstoßen hatten (ebenda).

Andererseits hatten sich, wie der Mehrheitsbericht des Untersuchungsausschusses feststellte, die schwerwiegenden Vorwürfe einer „gekauften Republik" nicht bestätigt (ebenda: 271). Und an diesem Fallbeispiel wie auch bei späteren Skandalen erwies sich, dass die Institutionen des Verfassungsstaates der Bundesrepublik Deutschland, im Zusammenwirken mit einer kritischen Medienöffentlichkeit, durchaus zur wirksamen Steuerung solcher Fehlentwicklungen imstande waren und sind. Eine solche *strukturelle Fähigkeit zur Selbstkorrektur* wird der deutschen Demokratie auch von der überwiegenden Mehrheit der Bürgerinnen und Bürger bescheinigt:

"Die kleben doch nur an der Macht!"

Abbildung 17: Wahrnehmung der Aufdeckung von Affären vonseiten der Bevölkerung

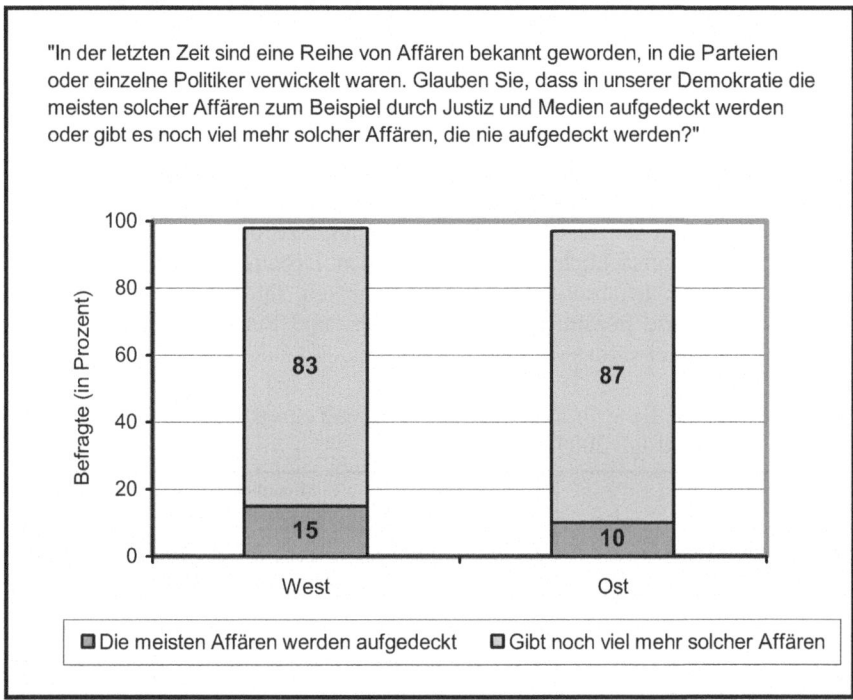

Quelle: Infratest dimap, Januar/Februar 2000.

Wenn Parlamente einen Anlauf machen, die Bezüge ihrer Abgeordneten neu zu regeln, löst dies reflexhafte öffentliche Entrüstung und Häme aus. Unter der treffenden Überschrift „Empörung auf Knopfdruck" schreibt der Journalist Heribert Prantl in der Süddeutschen Zeitung:

> „Das Wort „Diäten" oder gar „Diätenerhöhung" funktioniert im öffentlichen Diskurs wie das Klingelzeichen beim Pawlowschen Experiment: Es stellt sich unmittelbar Abscheu und Empörung ein."
> (Süddeutsche Zeitung vom 29.11.2005)

Der immer wieder geäußerte Vorwurf übersteigerter Geldgier und überzogener Bezahlung von Politikern lässt sich nicht nur konkret größtenteils entkräften (allenfalls die Höhe von Übergangsgeldern und die teilweise üppigen Zulagen und Pensionsregelungen sind zu Recht kritisiert worden), sondern ist auch prinzipiell gegen das öffentliche Interesse an der sachorientierten Ausübung des freien Mandats abzuwägen. Es erscheint zwingend notwendig, dass in Demokratien die gewählten Volksvertreter eine Vergütung erhalten, die einesteils der zeitlichen und physischen Belastung sowie dem mit der Übernahme eines Wahlmandats verbundenen privaten beruflichen Unsicherheit angemessen und andererseits so dotiert ist, dass die Hemmschwelle für Korruption möglichst hoch gelegt wird. Schon Friedrich dem Großen war bei aller preußischen Sparsamkeit geläufig, dass die Loyalität von Staatsdienern nicht zum Niedriglohn zu haben ist.

Ein Blick auf die tatsächlichen Vergütungssätze deutscher Abgeordneter sollte zu einer Versachlichung der aufgeregten Debatte um Politikergehälter beitragen können. In absoluten Beträgen gemessen, fällt die in nachstehender Tabelle aufgeführte Bezahlung der Bundestags- und Europa-Abgeordneten für Bürger, die weniger verdienen, gewiss üppig aus.

Tabelle 6: Monatliche Grunddiäten deutscher und europäischer Parlamentarier (Stand Juli 2005)

	Monatliche Grunddiät in €	Monatliche Kostenpauschale in €	Monatlicher Bezug in €
Baden-Württemberg	4.750	911	5.661
Bayern	5.990	2.760	8.750
Berlin	2.951	870	3.821
Brandenburg	4.399	872	5.271
Bremen	2.485	421	2.906
Hamburg	2.280	333	2.613
Hessen	6.490	517	7007
Mecklenburg-Vorpommern	3.980	1.098	5.078
Niedersachsen	5.403	1.027	6.430
Nordrhein-Westfalen	9.500	0	9.500
Rheinland-Pfalz	5.070	1.125	6.195
Saarland	4.624	1.088	5.712
Sachsen	4.284	1.161	5.445
Sachsen-Anhalt	4.212	997	5.209
Schleswig-Holstein	3.927	818	4.745
Thüringen	4.413	1.084	5.497
Bund	7.009	3.589	10.598
Deutsche Europaabgeordnete	7.009	3.620	10.629

Quelle: Bund der Steuerzahler Mecklenburg-Vorpommern e.V.

Doch sind zum einen die Entgelte für Mitglieder der Landesparlamente zum Teil erheblich geringer. Zum anderen ist auf die beträchtlichen regionalen Unterschiede der Diäten zu verweisen. Insbesondere Abgeordnete in den Stadtstaaten Bremen, Hamburg und Berlin erhalten keineswegs Vergütungen, die das von Populisten vorgetragene Klischee der Selbstbedienung gerechtfertigt erscheinen lassen. Vergleicht man schließlich die durchschnittliche Grunddiät eines Abgeordneten mit anderen Berufszweigen, für die in der Regel zwar eine vergleichbare formale Qualifikation erforderlich ist, aber der Aufwand an physischer und psychischer Belastung und, vor allem, an öffentlicher Verantwortung höher ausfällt, so relativiert sich der Eindruck, unsere Parlamentarier seien überbezahlt, sehr rasch. Um es an einem Beispiel zu veranschaulichen: Ein Geschäftsführer im deutschen Einzelhandel mit einer rund 10jährigen Berufserfahrung kommt durchschnittlich auf Jahresbezüge von insgesamt ca. 72000 Euro (Stand September 2005).[4] Die Grunddiäten eines Bundestagsabgeordneten liegen mit rund 84000 Euro nicht sehr viel höher. Darüber hinaus ist darauf hinzuweisen, dass die Gehälter von Angestellten sowie die Löhne von Arbeitern im produzierenden Gewerbe im Verlaufe des letzten Jahrzehnts nominal deutlich gestiegen sind. Die durchschnittlichen Angestelltengehälter bewegen sich auf einem vergleichbaren Niveau zur Abgeordnetengrunddiät in den Stadtstaaten.

Die Höhe der Diäten berücksichtigt auch das Bildungsniveau eines Abgeordneten. Die formale Qualifikation deutscher Berufspolitiker ist vergleichsweise hoch. Somit hätten Abgeordnete auch in ihren erlernten Berufen bzw. mit ihren Ausbildungsabschlüssen wenigstens prinzipiell die Möglichkeit einer überdurchschnittlichen finanziellen Entlohnung. Gleichwohl sind die *Modalitäten* der Diätenfestsetzung ein Politikum, denn:

> „Ein Grundproblem bleibt: Die Abgeordneten entscheiden über Umfang und Struktur ihrer Bezüge selbst, was ihnen regelmäßig den Vorwurf der Selbstbedienung einträgt. Dafür können die Parlamentarier aber nichts, das ist verfassungsrechtlich so vorgeschrieben: In Artikel 48 Absatz 3 des Grundgesetzes steht nicht nur, daß sie „Anspruch auf eine angemessene, ihre Unabhängigkeit sichernde Entschädigung haben", sondern auch, daß darüber durch Gesetz befunden werden muß. Ein Gesetz wird aber nun einmal von den Abgeordneten selbst gemacht."
> (Heribert Prantl, Süddeutsche Zeitung vom 29.9.2005)

Schwieriger als dem Vorwurf der Überbezahlung von Abgeordneten zu begegnen erscheint die Rechtfertigung ungenügend transparenter Nebenverdienstmöglichkeiten sowie der monatlichen Kostenpauschalen, für die bisher kein detaillierter Verwendungsnachweis erbracht werden musste. Zusätzliche Einkünfte

---

4 Angaben nach FAZ vom 3.9.2005, S. V 36.

"im Schatten" des Mandats neben Grunddiät und Kostenpauschale schwächen das eben dargelegte Argument der finanziellen Sicherstellung politischer Unabhängigkeit zwangsläufig ab. Im Interesse der politischen Hygiene ist es daher zwingend geboten, eventuelle Interessenverflechtungen zwischen Politik und privaten Dritten transparent zu machen.[5] Debatten über (moralisch) ungerechtfertigte und politisch bedenkliche Nebenverdienste von Abgeordneten sind, wenn wie in der jüngsten Vergangenheit Zahlungen namhafter Unternehmen an Abgeordnete ohne erkennbare berufliche Gegenleistung ruchbar werden, ein willkommenes Biotop für populistische Agitation.

Nachweisbar verfügt ein beachtlicher Teil der Abgeordneten in Bund und Ländern über zusätzliche Einkünfte aus Tätigkeiten neben dem Mandat. Die bereits erwähnte Studie der Universität Jena belegt dies ebenfalls. Rund ein Viertel aller Landtagsabgeordneten und ein Drittel aller Bundestagsabgeordneten geht einer bezahlten Nebentätigkeit nach (Tabelle 7). Zwischen den einzelnen Parteien lassen sich Unterschiede veranschaulichen (Abbildung 18):

Tabelle 7: Nebentätigkeiten von deutschen Bundestagsabgeordneten

Bundesebene (N=156)		*Analyseebene*	Landesebene (N=765)	
Anteil der Bundestagsabgeordneten mit Nebentätigkeiten (in Prozent)	Zeitaufwand für Nebentätigkeiten (in Stunden)		Anteil der Landtagsabgeordneten mit Nebentätigkeiten (in Prozent)	Zeitaufwand für Nebentätigkeiten (in Stunden)
23,1	8,4	**Abgeordnete insgesamt**	31,0	19,1
7,3	-[6]	**Ostdeutsche Abgeordnete**	21,4	17,5
28,7	9	**Westdeutsche Abgeordnete**	37,0[7]	17,6
Frageformulierungen: 1. Üben Sie neben Ihrem Mandat noch eine Erwerbstätigkeit aus? 2. Wie viele Stunden in der Woche verwenden Sie im Allgemeinen auf diese berufliche Tätigkeit?				

Quelle: Best/Edinger u.a. 2005 (Projekt A3/ SFB 580 Universität Jena)

5　So die Stellungnahmen von Transparency International unter: http://www.transparency.de/ Stellungnahme_Nebentaetigkeite.698.0.html.
6　Aufgrund der zu geringen Fallzahl keine repräsentative Aussage möglich.
7　Die untersuchten Landesparlamentarier Westdeutschlands stammten aus den Landtagen Baden-Württemberg, Hessen, Saarland, Schleswig-Holstein.

"Die kleben doch nur an der Macht!" 89

Abbildung 18: Ausübung bezahlter Nebentätigkeiten nach Parteizugehörigkeit[8]

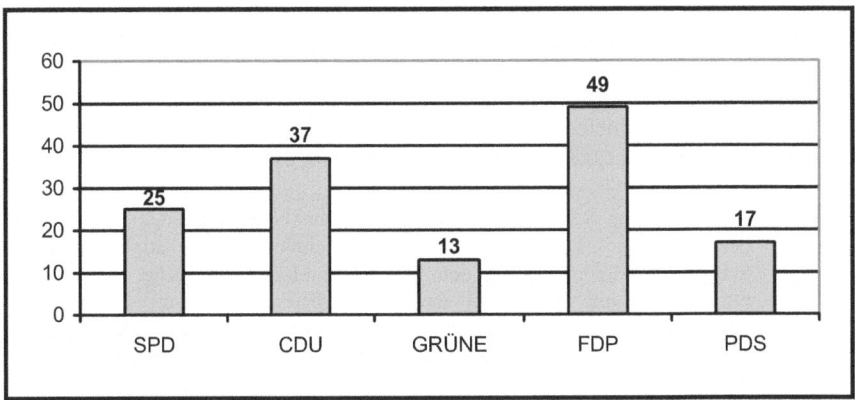

Quelle: Best/Edinger u.a. 2005 (Projekt A3 / SFB 580 Universität Jena)

Zwar muss darauf verwiesen werden, dass sich zahlreiche Abgeordnete bereits vor ihrer Parlamentszugehörigkeit eine freiberufliche Existenz aufgebaut haben und diese aus nachvollziehbaren Gründen nicht durch ein zeitlich befristetes Mandat aufgeben wollen. Wichtig erscheint dennoch, auf eine erhöhte Transparenz von Nebenverdienstmöglichkeiten von Parlamentariern hinzuwirken. Dazu gehört es auch, die Verbindungen von Inhabern politischer Mandate mit gesellschaftlichen und wirtschaftlichen Akteuren offen zu legen, um etwaige Interessenabhängigkeiten abzustellen. Unter dem Eindruck der zu Beginn des Jahres 2005 heftigen öffentlichen Debatte um einige Bundestagsabgeordnete, die auf diskreten Lohnlisten namhafter Unternehmer weitergeführt wurden, ist die Politik aktiv geworden. Der 15. Deutsche Bundestag hat im Sommer 2005 gesetzliche Änderungen vorgenommen. Verabschiedet wurde ein Gesetzentwurf der Regierungsfraktionen von SPD und Bündnis 90/GRÜNE, mit dem die Veröffentlichungspflicht bei Nebenverdiensten für Abgeordnete deutlich verschärft worden sind. Wesentliche Neuerungen lauten wie folgt (vgl. BT-Drs. 15/5671):

„Gesetzlich soll nunmehr klargestellt werden, dass [...]
- die Wahrnehmung des Amtes im Mittelpunkt der Tätigkeit eines Abgeordneten steht,
- Abgeordnete außer Spenden keine entsprechenden Zuwendungen ohne entsprechende Gegenleistung entgegennehmen dürfen, die Anzeigepflichten gegenüber dem Bundestagspräsidenten insofern erweitert werden, als fortan die

---

8 Frageformulierung: Üben Sie neben Ihrem Mandat noch eine Nebentätigkeit aus? (Befragte: Abgeordnete aus Europaparlament, Bundestag und deutschen Landesparlamenten).

bisherige Unterscheidung von mandatsbegleitender Berufstätigkeit und Nebentätigkeit aufgehoben wird,
- die Angaben in pauschalierter Form veröffentlicht werden,
- ein Sanktionssystem in Form von Ordnungsgeldern vorgesehen wird."

Im § 44a des Abgeordnetengesetzes, zuletzt geändert durch Artikel 1 des Gesetzes vom 21. Dezember 2004 (BGBl I, S. 3590), heißt es nunmehr:

1. „Die Ausübung des Mandats steht im Mittelpunkt der Tätigkeit eines Mitglieds des Bundestages. Unbeschadet dieser Verpflichtung bleiben Tätigkeiten beruflicher oder anderer Art neben dem Mandat grundsätzlich zulässig.
2. Für die Ausübung des Mandats darf ein Mitglied des Bundestages keine anderen als die gesetzlich vorgeschriebenen Zuwendungen oder andere Vermögensvorteile annehmen. Unzulässig ist insbesondere die Annahme von Geld oder von geldwerten Zuwendungen, die nur deshalb gewährt werden, weil dafür die Vertretung und Durchsetzung von Interessen des Leistenden im Bundestag erwartet wird. Unzulässig ist ferner die Annahme von Geld oder von geldwerten Zuwendungen, wenn diese Leistung ohne angemessene Gegenleistung des Mitglieds des Bundestages gewährt wird. Die Entgegennahme von Spenden bleibt unberührt."

Eines ist gewiss: Eine auch noch so ausgefeilte Perfektionierung gesetzlicher Regelungen wird dem populistischen Argumentationsmuster eines vermeintlich unstillbaren persönlichen Machthungers und übersteigerter Geldgier von etablierten Politikern den Boden nicht völlig entziehen. Individuelle Verfehlungen und Verstöße von Trägern öffentlicher Ämter und Mandate werden auch künftig nicht auszuschließen sein und den Stoff für verallgemeinernde Politikerschelte abgeben. Auch die nach wie vor großzügige Altersversorgung von Abgeordneten bietet auch weiterhin Anlass für populistische Stimmungsmache. In Anbetracht der den Bürgern angeratenen privaten Vorsorge für Krankheit und Alter, die höhere finanzielle Selbstbeteiligung nach sich zieht, werden andere Parlamente dem Vorbild Nordrhein-Westfalens[9] mit hoher Wahrscheinlichkeit nachfolgen. Solange dies nicht geschieht, wird der latent verbreitete Neidkomplex immer wieder leicht belebt werden können.

---

9 Am 17. März hat der Landtag von NRW eine Diätenreform verabschiedet, derzufolge einerseits die Bezüge der Abgeordneten nahezu verdoppelt werden, andererseits aber die steuerfreien Pauschalen sämtlich gestrichen sind. Außerdem müssen die Landtagsmitglieder hinfort selbst für ihre Altersversorgung sorgen, erhalten nach dem Ausscheiden aus dem Parlament weniger Übergangsgeld und sind gehalten, Nebeneinkünfte offen zu legen. Vgl. Abgeordnetengesetz Nordrhein-Westfalen (AbgG NRW) vom 5.4.2005 (http://sgv.im.nrw.de/gv/frei/2005/Asug16/AGV16-1.pdf).

V „An das Volk denken sie zuletzt – wenn überhaupt!"

Politiker als „abgehobene Clique", Parteienfinanzierung als „Verschwendung von Steuergeldern"

1 Die populistische Ansprache

Zum populistischen Muster der Politikvermittlung gehört es, einem vehementen Affront gegen Politiker der etablierten Parteien Stimme und Ausdruck zu verleihen. Dabei werden regierungsverantwortliche Politiker, aber auch einfache Bundestagsabgeordnete mit dem Vorwurf überzogen, vorsätzlich zuungunsten „des Volkes" zu entscheiden.

Einen Nährboden für diese Stoßrichtung der populistischen Argumentation bietet die soziodemografische Herkunft der Politiker. Von der Klage, dass die politische Elite Deutschlands nicht mehr „aus der Mitte des Volkes" stamme, leiten Populisten unmittelbar die Schlussfolgerung ab, dass „Parteien immer weniger die Interessen der Mehrheit der Bevölkerung [vertreten]" (WASG 2005:

1). Mit diesem elitenkritischen Argumentationsmuster wird eine Art Wir-Gruppe konstruiert, die alle enttäuschten, sich von der abgehobenen „politischen Klasse" nicht mehr hinreichend repräsentiert fühlenden Wähler bzw. Bürger umfasst. Somit bekommt diese Wir-Gruppe einen einladenden Bezugspunkt, der in dem Moment identitätsstiftend wirkt, wenn Populisten gegen „die-da-oben" – gemeint sind Politiker, deren sozial einseitige Interessenvertretung angeblich dem Volkswillen zuwiderläuft – verbal Front machen. Bedient wird dabei zugleich ein unterschwelliger Minderwertigkeitskomplex, wenn beispielsweise die „Hilflosigkeit gegenüber politischen Entscheidungen" beschworen wird (DVU 1987: 2). Unterstellt wird, dass politische Entscheidungen nicht mehr „vom Volk" kontrolliert werden können – der mündige Bürger wird nach populistischer Lesart von den Politikern übergangen.

Das Arsenal des Populismus hält noch weitere Vorwürfe an die Adresse der herrschenden Politiker vor. Der etablierten politischen Machtelite wird vor allem von linkspopulistischer Seite *Inaktivität* vorgeworfen, aktuell insbesondere in Bezug auf beschäftigungspolitische Maßnahmen. Dabei wird den Regierenden (wie auch den „neoliberalen" Kräften im Parteiensystem) ein „geradezu […] missionarisches Verständnis von gesellschaftlicher Modernisierung als Staatsaufgabe" unterstellt (WASG 2005: 3). Hier verstrickt sich die populistische Argumentation freilich in Widersprüchen – denn wie kann politische *In*aktivität mit der gleichzeitigen Fülle an Reformen des Sozialstaates einhergehen, die wiederum an anderer Stelle von denselben Populisten heftigst kritisiert werden (Vgl. Kapitel VIII)?

Eine weitere Facette populistischer Stimmungsmache ist der permanente Versuch, jedwede staatliche *Parteienfinanzierung* als unanständigen „Griff in die Taschen der Steuerzahler" und als Mittel indirekter Bereicherung von Politikern zu denunzieren. Unermüdlich fordern Populisten, die finanzielle Bezuschussung der Parteien durch öffentliche Gelder abzuschaffen. Beispielsweise kritisiert die Deutsche Volksunion (DVU) die „weitgehende Finanzierung von Parteien aus der Steuerkasse". Pathetisch heben die Autoren des Parteiprogramms hervor: „Der Abbau von Privilegien ist ein Gebot der Demokratie." (DVU 2003: 3f.). Von anderen Akteuren des rechten Saums wird eine „unerträgliche Steuergeldverschwendung" (REP 2002: 28) auf Kosten des „kleinen Mannes" suggeriert, die eine Bestrafung mit Mitteln des Strafrechts unabdingbar mache.

Gemeinsam ist solchen Unterstellungen und Vorwürfen, dass demokratische Parteien und ihre Führungsgruppen moralisch abgewertet werden. Der Wähler hat, so lautet die Botschaft, im Grunde nur die „Wahl zwischen zwei Übeln"; nach den Wahlen wird er von den etablierten Parteien, die immer von diesen gewinnen mögen, ohnehin betrogen. Demgegenüber nehmen die Herolde populistisch argumentierender Parteien für sich in Anspruch, den „wahren Willen des Volkes" zu kennen und diesem Volkswillen als einzig authentisches Sprachrohr Ausdruck zu geben. Wie viele solcher parlamentarischen „Volksanwälte" sich „das Volk" leisten will, soll es unmittelbar selbst bestimmen. Als logische Konsequenz einer derart aufbereiteten Identität von Regierenden und Regierten erscheint dann die „Reduzierung der Zahl der Abgeordneten entsprechend der Wahlbeteiligung" (REP 2002: 5). Das hätte dann obendrein einen von Populisten stets gerne hervorgehobenen geldwerten Vorteil, die Zahl der „Kostgänger des Volkes" gegebenenfalls zu verringern.

Solche populistischen Vorurteile und Ressentiments gegenüber Politikern finden beträchtliche Resonanz in der Bevölkerung. Empirisch messbar wird dies darin, dass bei Umfragen zum Vertrauen in die politischen Institutionen insbesondere den Parteien und Abgeordneten seitens der Bürgerinnen und Bürger ausgesprochen schlechte Noten gegeben werden (vgl. Kapitel I). Dieses geringe öffentliche Ansehen wird durch diverse Parteispendenaffären oder Skandale um die Nebentätigkeiten einzelner Politiker immer wieder bestätigt (vgl. Kapitel IV). Populisten nutzen diese Stimmung und schüren das in der Bevölkerung latent vorhandene Misstrauenspotenzial nach Kräften. Der demokratischen politischen Kultur ist dies zweifellos abträglich. Ein stabiles wechselseitiges Grundvertrauen zwischen Wählern und Gewählten – auch letztere sind ja auf Vertrauen, nämlich das ihrer Wähler, elementar angewiesen – ist für eine funktionierende Konkurrenzdemokratie notwendig. Nur dann, wenn die Bürger das Gefühl haben, dass ihre gewählten Repräsentanten nach besten Kräften bemüht sind, dem Gemeinwohl zu dienen und „Schaden vom Volke abzuwenden", sind Bedingungen gegeben, um eine kontinuierliche und stabile Politik betreiben zu können, die „nicht auf jeden politisch-konjunkturellen Ausschlag hektisch reagieren" muss (Weßels 2005: S. 13).

2 Kritik der populistischen Deutung

Die oben erwähnten populistischen Behauptungen und Deutungen halten kritischer Prüfung nicht stand. Dies lässt sich zuvörderst veranschaulichen an der Behauptung, die Parlamente bildeten den Volkswillen nicht angemessen ab, weil der an seinen sozialstrukturellen Merkmalen kenntliche Durchschnittsbürger, und zumal die „arbeitende Bevölkerung", nicht angemessen oder gar nicht vertreten sei. Tatsächlich zeigt das soziale Profil der Abgeordneten nicht nur des Deutschen Bundestages, sondern aller vergleichbaren demokratisch gewählten Vertretungskörperschaften, dass Personen mit formal höherer Bildung, höheren Einkommen, gehobener Stellung in der Gesellschaft und mittleren bis älteren Alters regelmäßig überrepräsentiert sind.

Die Parlamentsstatistik zeigt uns, dass der Bundestag tatsächlich kein Spiegelbild des sozialen Querschnitts der Bevölkerung darstellt. Wie in Abbildung 19 erkennbar, setzte sich der 15. Deutsche Bundestag mehrheitlich aus Abgeordneten mit Fach- und Hochschulreife zusammen. Der Vergleich der Daten zeigt, dass dieser *Grad der (Aus)Bildung* nur bei ungefähr einem Fünftel innerhalb der Bevölkerung vorhanden ist.

Abbildung 19: Anteil der Schulabschlüsse[1] von Bundestagsabgeordneten des 15. Bundestages im Vergleich zur Bevölkerung in Prozent[2]

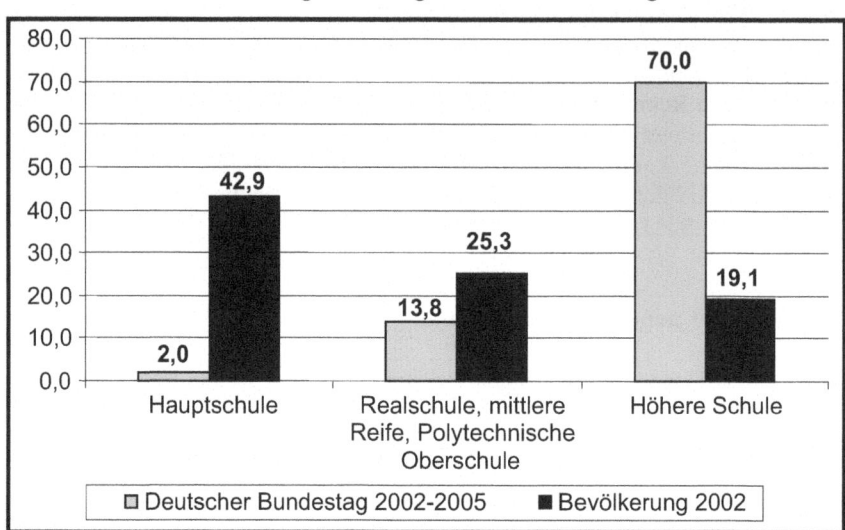

Quelle: Deutscher Bundestag, Bevölkerungsdaten: Statistisches Bundesamt

Eine Aufschlüsselung nach *Berufsgruppen* der Abgeordneten lässt zudem erkennen, dass sich der Deutsche Bundestag zwar überwiegend aus Abgeordneten zusammensetzt, die vor ihrem Bundestagsmandat *nicht* selbständig oder verbeamtet waren. Dennoch übersteigen die Mitglieder dieser Berufsgruppen im Bundestag bei weitem die Anteile derselben Berufsgruppen in der Bevölkerung. Selbstständige und Angehörige des öffentlichen Dienstes stellten im Bundestag während der 15. Wahlperiode jeweils etwa ein Viertel der Abgeordneten (vgl. Abbildung 20).

---

[1] In den Statistiken des Bundestages ist zu den genannten Schulabschlüssen auch die Berufsfachschule angeführt. Dieser Bildungsabschluss wird hier nicht berücksichtigt, da auf der Basis der Angaben des Bundestages für diesen Bildungsabschluss keine Differenzierung zwischen Haupt-, Realabschluss und Abitur möglich ist.

[2] Da bis zum Zeitpunkt des Redaktionsschlusses noch keine Daten zu den Bildungsabschlüssen des 16. Deutschen Bundestages vorlagen, wurde auf die Daten der vorangegangenen Legislaturperiode zurückgegriffen. Zudem ist somit ein Vergleich mit aktuellen Daten des Mikrozensus von 2002 möglich. Gleiches gilt für die nachfolgend abgebildete Berufsgruppengrafik.

Abbildung 20: Anteil der Berufsgruppen³ von Bundestagsabgeordneten des 15. Bundestages im Vergleich zur Bevölkerung in Prozent

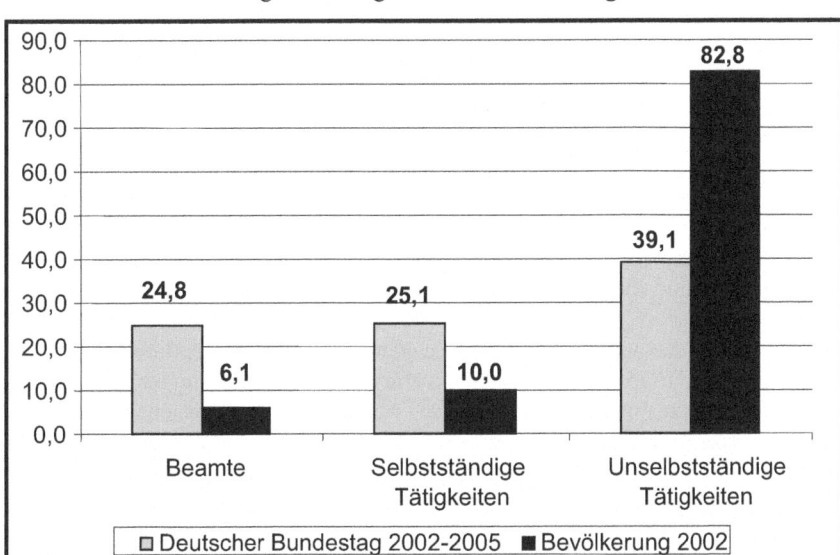

Quelle: Deutscher Bundestag; Bevölkerungsdaten: Statistisches Bundesamt

Vergleicht man den *Arbeitnehmeranteil* in Bundestag und Bevölkerung, so trifft das populistische Argument der Unterrepräsentation der „breiten Schichten des arbeitenden Volkes" im Bundestag auf den ersten Blick zu (Hübner 2000, Korte 2000). Dem im Oktober 2005 vorzeitig gewählten 16. Deutschen Bundestag gehört nunmehr eine knappe Handvoll Arbeiter an. Im Übrigen weist die jüngste Statistik insgesamt gut die Hälfte 346 aller 614 MdB der Berufsgruppe „administrativ entscheidender Berufstätiger", also den Verwaltungen der öffentlichen Hände und privater Unternehmen, zu. Hinzuzurechnen sind außerdem 58 Abgeordnete, die im Rechts- und Vollstreckungswesen, also in Justiz, Justizvollzug und Polizei, tätig sind, sowie 61 Lehrerinnen und Lehrer. Auch in der Gruppe „Geistes- und naturwissenschaftliche Berufe" dürften öffentlich Bedienstete, zum Beispiel Lehrende an Universitäten und Hochschulen, vertreten sein.⁴ Auch

---

3 Unter der Rubrik „unselbstständige Tätigkeiten" sind die Berufsgruppen der Arbeiter und Angestellten zusammengefasst, da das Datenmaterial des Bundestages auch hier keine differenzierteren Analysen zulässt.
4 Angaben nach Blickpunkt Bundestag Nr.7/2005, S.22 f.

der jüngste Bundestag schreibt also das traditionelle Sozialprofil des „Beamtenparlaments" weiter fort.

Zwei Fragen stellen sich damit. Erstens: was sind die Gründe einer solchen sozialen Verzerrung? Und zweitens: Entstehen daraus Vertretungsdefizite für bestimmte Gruppen und Schichten der Bevölkerung?

Zur ersten Frage ist grundsätzlich darauf hinzuweisen, dass Parlamente allüberall grundsätzlichen Anforderungen unterliegen, die mit dem Begriff *Professionalisierung* umschrieben werden. Einfach ausgedrückt, meint dies, dass gewählte Repräsentanten (wie auch hauptamtlich öffentliche Ämter Bekleidende) hinreichende Fähigkeiten und Fertigkeiten erwerben und erweitern müssen sowie ferner besonderen Belastungen ausgesetzt sind, um die Aufgaben des einzelnen Abgeordneten und die Funktionen des Parlaments als Ganzes sachgerecht erfüllen zu können.[5]

Zu diesen besonderen Belastungen gehört ein außerordentlich hohes *Zeitbudget*. Schon 1975 hat das Bundesverfassungsgericht festgestellt, dass der „Umfang der Inanspruchnahme durch das Mandat so stark gewachsen [ist], dass der Abgeordnete in keinem Fall mit der im Arbeitsleben sonst üblichen und allgemein als Fortschritt empfundenen Regelarbeitszeit von 40 Stunden seine Verpflichtungen bewältigen kann." (Entscheidung des Bundesverfassungsgerichts Nr. 40 (296) vom 5. November 1975). In der Begründung seiner Entscheidung haben die Karlsruher Richter die Vielschichtigkeit der Aufgaben eines Bundesparlamentariers wie beschrieben: „Er wird im Parlament durch Plenar- und Ausschusssitzungen, in der Fraktion und Partei durch Sitzungen und Arbeiten sowie im Wahlkreis durch Veranstaltungen der verschiedensten Art, nicht zuletzt durch Wahlvorbereitungen und Wahlversammlungen in Anspruch genommen." (ebenda). Dieses Tätigkeitsprofil wird durch aktuelle Untersuchungen bestätigt. Der Politikwissenschaftler Jürgen von Oertzen (2006: 256) porträtiert in seiner Studie über das „Expertenparlament" die einfachen Abgeordneten ohne herausgehobene Positionen als „typischerweise fleißige, wohl informierte, oft erfahrene, fachlich mehr oder weniger versierte Sacharbeiter, die parlamentarische Vorlagen erarbeiten und bewerten."

Schon vor fast 100 Jahren hat Max Weber festgestellt, dass die finanziellen Risiken und zeitlichen Anforderungen an ein Mandat mit hoher Wahrscheinlichkeit nur derjenige übernehmen kann, der „abkömmlich" ist. Das *Erfordernis der Abkömmlichkeit* führt zwangsläufig zu einer sozialen Selektion derer, die sich um ein Abgeordnetenmandat bewerben. Für Weber waren dies zu seiner Zeit typischerweise der selbständig wirtschaftende Unternehmer (entrepreneur) und der Agrarier mit Großgrundbesitz. Beide konnten sich für die Zeit ihrer Abwe-

---

5 Vgl. Borchert 2000, Burmeister 1993, Eliassen/Perdersen 1978

senheit vom Betrieb durch den „Betriebsleiter" oder den „Verwalter" vertreten lassen. Nicht nur unter den damaligen Bedingungen der Honoratiorenparlamente, sondern auch heutzutage wirkt sich das Kriterium der Abkömmlichkeit als größere parlamentarische Zugangschance für bestimmte Berufsgruppen aus. Selbständige sind, jedenfalls in einer Reihe von Sparten, zu einem vergleichsweise flexiblen Zeitmanagement zwischen Beruf und Mandat imstande. Angehörige des öffentlichen Dienstes können sich (oder müssen sich wie Richter und Hochschullehrer) bei Wahrung ihrer Beschäftigungs- und Beförderungsansprüche beurlauben lassen. Umgekehrt schrecken Angestellte und Arbeiter, die den Zwängen des so genannten Normalarbeitstages unterliegen, überwiegend davor zurück, ein mit einer 70-Stunden-Woche und erheblichen Einschränkungen im Privatleben verbundenes Mandat anzustreben.

Die populistisch als „Privileg" oder als eine unanständig exklusive Durchsetzungschance von Besserverdienenden und Beamten verketzerte Schieflage in der sozialen Zusammensetzung gewählter Parlamente erklärt sich folglich wesentlich aus dem Zusammenhang zwischen den besonderen Parlamentsfunktionen einerseits und der spezifischen gesellschaftlichen Lage großer Sozialgruppen andererseits. Die professionelle Erfüllung der Aufgaben, die von Parlamentariern allgemein erwartet wird, verstärkt einen Prozess sozialer Auslese mit dem Ergebnis, dass die unteren Schichten der Bevölkerung in den Parlamenten unterdurchschnittlich vertreten sind.

Doch wie ist es dann um eine ausgewogene *Vertretung der Interessen* im Parlament bestellt? Hat der Populist nicht recht, der beklagt, dass Abgeordnete von den „wahren" Bedürfnissen und Gefühlen der Mehrheit des Volkes längst „abgehoben" sind? Die Parlamentarismusforschung ist sich im Prinzip darin einig, dass die nachweisbar asymmetrische soziale Zusammensetzung gewählter Parlamente faktisch unvermeidlich ist und für sich genommen keine ernste Beschädigung des Demokratieprinzips anzeigt. Die in der auf Rousseau zurückgehenden Richtung der Demokratietheorie betonte Forderung der Identität von Regierenden und Regierten lässt sich primär nicht durch eine größtmögliche Übereinstimmung der sozialen Herkunft und sozialen Lage von Wählern und Gewählten sichern. Wichtiger ist das gewährleistete Maß an *materieller Repräsentation*, d.h. an der Berücksichtigung und Umsetzung inhaltlicher Interessen.

Nimmt man die oben bereits dargestellten Umfrageergebnisse, die dokumentieren, dass das Vertrauen in Parlamente, Abgeordnete und Parteien, also in Kerninstitutionen des politischen Systems, sehr niedrig ausfällt (vgl. Kapitel I), so tut sich unzweifelhaft eine Repräsentationslücke auf. Andererseits lässt sich dies wohl nicht mit dem Überwiegen – oder der Unterrepräsentanz – bestimmter sozialer Herkunfts- und Statuseigenschaften der Politiker erklären. Institutionenvertrauen und *Performanz*, also das wahrgenommene Leistungsvermögen der

Politik, hängen eng miteinander zusammen. Politische Leistung wird in den Augen der Bürgerinnen und Bürger an konkreten Ergebnissen („output"), an Entscheidungen oder auch *Nicht*entscheidungen, gemessen. Wenig spricht dafür, dass die Bewertung der Problemlösungsfähigkeit von Politik und Politikern in bewusster Verbindung mit sozialen Attributen der Entscheider in Regierung, Parlament und Verwaltung vorgenommen wird. Dass sich die Vertrauenswerte durch eine gesellschaftlich „nach unten" verbreiterte soziale Basis der Rekrutierung verbessern, erscheint mehr als fraglich, denn auch dann dürfte die Evaluation der Politik eher *leistungs*abhängig und weniger *sozial*abhängig erfolgen.

Welches Verständnis von ihrem Amt und Mandat haben die Parlamentarier selbst? Spiegelt dieses Verständnis eine Orientierung am Wohl der Gesamtheit wider oder die gesellschaftlichen Sonderinteressen derer, die in Ämter und Mandate bevorzugt einrücken? Der Berliner Politikwissenschaftler Bernhard Weßels hat in seiner bereits erwähnten Umfrage unter Bundestagsabgeordneten aus dem Jahr 2003 (siehe Kapitel IV) herausgearbeitet, dass die Berliner Parlamentarier in erster Linie die Kontrolle der Regierung (99% der Befragten) und die Mitwirkung an der Gesetzgebungsarbeit (99%) für wichtig erachten6 (vgl. auch hierzu Patzelt 1996). Ferner sehen es Abgeordnete zu 95,5% als ihre Aufgabe an, Entscheidungen „zur allgemeinen gesellschaftlichen Entwicklung zu treffen" (Weßels 2005). An dieser Stelle soll nicht eine Wertigkeit der verschiedenen Aufgaben von Abgeordneten vorgenommen werden. Zudem rangiert auf einer Wichtigkeitsskala die Vertretung der Wählerinteressen mit 96% noch vor der parteipolitischen Repräsentation der Abgeordneten (93,6%) (ebenda).

Dieselbe Studie belegt übrigens ein weiteres Mal, dass die populistische Behauptung der Inaktivität, der „Faulheit" der Politiker der Boden entzogen wird, beachtet man das immense Wochenstundenbudget von Berufspolitikern. Verschiedene Abgeordnetenstudien bestätigen eine durchschnittliche Wochenarbeitszeit von ca. 70 Stunden (vgl. Best/Edinger/Jahr/Schmitt 2004, Patzelt 1996, Herzog/Rebenstorf/Werner/Weßels 1990). Auch die angebliche „Abgehobenheit" und Bürgerferne der Politiker, mit denen Populisten die Mandatsträger diffamieren, widerspricht der Realität. Wie Weßels herausfand, pflegen Abgeordnete zwischen 400 bis 500 Kontakte pro Jahr (Weßels 1991: 350). Diese intensive Kommunikation umschließt in erster Linie Kontakte zu Bürgern, des Weiteren aber auch zu Unternehmen sowie zu lokalen Interessenorganisationen oder Behörden im jeweiligen Wahlkreis.

Festzuhalten bleibt: Professionelle Kontrolle der Regierung, Gesetzgebungsarbeit und Entscheidungsfindung im Sinne des Gemeinwohls, also zentrale Aufgaben von Parlamenten, lassen sich nicht unmittelbar von breiten Bevölke-

---

6   Kategorien „sehr wichtig" und „ziemlich wichtig" zusammengefasst.

rungsschichten sachangemessen erfüllen. Die notwendige Professionalisierung der Berufspolitiker begünstigt andererseits unübersehbar eine soziale Selektion der Bewerber und Mandatsinhaber, die in der Tendenz bei den Führungsgruppen einen „Mittelstandsbauch" – mit aufgesetzter Oberschichtschärpe – hervorbringt. Ein inhaltliches Repräsentationsdefizit breiter Bevölkerungsschichten lässt sich allein daraus nicht ableiten. Ob sich durch eine verbreiterte soziale Zusammensetzung der Parlamente die Vertrauenslücke wieder mehr schließen ließe und ob sich die materielle Repräsentation der allgemeinen Interessen verbessern würde, ist eine offene Frage. Gerade jüngste Erfahrungen mit politischen Skandalen lassen dies allerdings nicht zwingend erscheinen. Denn die Gehälteraffären und betrieblichen Begünstigungskartelle um Abgeordnete in Bund und Land, die ihren Ausgangspunkt in einem bekannten niedersächsischen Automobilhersteller nahmen und insbesondere auch der Arbeitnehmerschaft entstammende Repräsentanten ins Zwielicht persönlicher Vorteilsnahme gerückt haben, zeigen exemplarisch, dass einfache Herkunft nicht zuverlässig für eine sozial responsive Interessenvertretung oder ein uneigennütziges Amtsverständnis bürgt.

Die einfache sozialpopulistische Formel „sozial handelt, wer aus dem Volke kommt" geht mithin nicht auf. Dennoch ist die moderne repräsentative Demokratie an einem kritischen Punkt angelangt. Im Gefolge der unabweisbaren Professionalisierung des politischen Personals hat sich in Parteien, Parlamenten, Regierungen und partiell auch in der politischen Administration ein bestimmter Politikertypus herausgebildet, der als **„politische Klasse"** bezeichnet wird. Anders als bei anderen Stereotypen im Kanon politischer Vorurteile, handelt es sich hierbei nicht um ein bloßes populistisches Artefakt, denn der Begriff „politische Klasse" hat längst auch in die vergleichende Politikwissenschaft Eingang gefunden (vgl. Borchert 2000, kritisch Holtmann 2004).

Fest steht: Für heutige Berufspolitiker, insbesondere den der nachwachsenden jüngeren Generation, ist ein Karrierepfad typisch, der nach derselben „road map", d.h. parteiübergreifend nach einem Wegeplan beschritten wird, der einen frühen Parteibeitritt, eine akademische Ausbildung, die frühzeitige Übernahme von Funktionen und Ämtern in Partei und (kommunalen) politischen Organen häufig mit dem Verzicht auf eine außerpolitische berufliche Tätigkeit kombiniert. Dass dieser Karrierepfad längst zur Hauptverkehrsader in Führungspositionen geworden ist, zeigt die große – und fast ehrfürchtige – öffentliche Aufmerksamkeit, die so genannten Seiteneinsteigern stets zuteil wird. In einer Eigenpublikation des Deutschen Bundestages wird dieser Typus an zwei persönlichen Beispielen anschaulich beschrieben:

"Zumindest bei den beiden großen Fraktionen läßt sich oft das gleiche Karrieremuster feststellen: Arbeit in der Nachwuchsorganisation wird mit der Kandidatur für Kommunalparlamente gekoppelt. Exemplarisch ist der Weg, den Peter Ramsauer (CDU) genommen hat: Der Diplom-Kaufmann, Müllermeister und Unternehmer tritt 1972 als 18-Jähriger in die Junge Union ein, ein Jahr später in die CSU. Er wird nacheinander Orts-, Kreis-, stellvertretender Bezirks- und stellvertretender Landesvorsitzender der Jungen Union. Außerdem ist er CSU-Ortsvorsitzender, Mitglied des CSU-Parteivorstands, Stadtrat und Kreistagsmitglied. 1990 wird er erstmals in den Bundestag gewählt. 1998 wird er Parlamentarischer Geschäftsführer seiner Fraktion.

Auch bei der SPD bietet vielen die Kommunalpolitik den Einstieg, die Mitgliedschaft bei der Jugendorganisation spielt aber eine etwas geringere Rolle als in der CDU/CSU. Arbeiter wie der gebürtige Kroate Josip Juratovic kommen oft über ein Gewerkschaftsengagement politisch nach vorn. Nach Abschluß einer Lehre als Kfz-Mechaniker tritt er 1982 der SPD bei, ein Jahr später der IG Metall. Er wird Vertrauensmann bei Audi, später Betriebsrat. Seit 2001 arbeitet er beim Bundesvorstand seiner Gewerkschaft. Seine politische Laufbahn beginnt 1986 mit der Wahl zum stellvertretenden Juso-Kreisvorsitzenden. 1993 wird er stellvertretender Vorsitzender des SPD-Kreisverbands, 1997 Mitglied des Landesvorstands der SPD. Der Einzug in den neuen Bundestag stellt den bisherigen Höhepunkt seiner politischen Karriere dar. Eine solche – vor allem für die beiden größeren Fraktionen – typische „Ochsentour" versuchen jüngere Akademiker abzukürzen, indem sie das politische Geschäft als Mitarbeiter einer Fraktion, einer Partei, eines Abgeordneten oder als Referent eines Ministers lernen" (Blickpunkt Bundestag 7/2005, S. 22f.)

Unter den Anforderungen der Professionalisierung des politischen Sektors formt sich offenkundig ein besonderer Typus der politischen Positionselite heraus, für den bestimmte Merkmale charakteristisch sind. Diese Konstellation lädt geradezu dazu ein, den alteingesessenen Oligarchieverdacht neu zu beleben. Offensichtlich wird damit der populistischen Parteien- und Parlamentskritik ein nachwachsender Rohstoff frei Haus geliefert: es reproduziert sich nach populistischer Meinung eine Kaste, die sich „nach unten" sozial abschottet, den Karrierepfad hinter sich blockiert, die politischen Ämter unter sich aufteilt in steter Verfolgung dieser Eigeninteressen einen egoistischen Corpsgeist herausbildet und ein rein nutzengeleitetes Verhältnis zur Wählerbasis hin unterhält. In der Diskussion um die „Kartellpartei" (cartel party) hat dieser Topos auch Anschluss an die seriöse Parteienforschung und damit einen Weg in die wissenschaftliche Literatur gefunden (vgl. Katz/Mair 1995) – ohne freilich auf empirisch solider Grundlage zu stehen.

Diese Mésalliance zwischen Wissenschaftsdiskurs und oberflächlichem Populismus ist in ihrer Wirkung auf den öffentlichen Diskurs nicht zu unterschätzen. Umso mehr bedarf es der kritischen Korrektur durch die Empirie. Schon die beiden oben geschilderten Abgeordnetenbiographien deuten an, dass eine gewisse Varietät der Karrieremuster zweifellos gegeben ist. Der typisierte Hauptpfad einer Abgeordneten- und Parteilaufbahn hat etliche Nebenwege, die zum gleichen Ziel führen. Nicht jeder Abgeordnete beginnt seinen beruflichen Weg als Berufspolitiker, und nicht jeder hat einen akademischen Abschluss. Und keineswegs dominieren innerhalb der „Politischen Klasse" vorgebliche Regeln strikter sozialer Exklusion: Es ist, bisher jedenfalls, immer noch so, dass ambitionierte Angehörige der unteren Schichten über die Partei den sozialen Aufstieg in höhere öffentliche Ämter erfolgreich schaffen.

Überdies sind die Inhaber politischer Spitzenpositionen offenbar *nicht* kollektiv darum bemüht, sich gegenüber den unteren Ebenen der politischen Willensbildung fortwährend abzuschotten. Neueren empirischen Untersuchungen unter Parteimitgliedern zufolge, wird den Parteiführungen von der mittleren Ebene der Funktionsträger und auch den einfachen Mitgliedern attestiert, dass sie für Einflussnahme und Mitwirkungsversuche „von unten" durchaus offen sind. Nicht zuletzt diese durchaus positive Erfahrungen mit der Praxis innerparteilicher Willensbildung dürfte die Erklärung dafür sein, dass erweiterte Möglichkeiten für parteiinterne Urabstimmungen seitens der mittleren und unteren Mitgliederebenen für nicht erforderlich gehalten werden (vgl. Boll/Holtmann 2001, Hofmann 2001, Heinrich/Biehl/Lübker 2002). Die funktionale Hierarchisierung der politischen Willensbildung wird in den politischen Parteien offenbar nicht mit einer elitären Ausschließung von Mitgliederinteressen und einer gezielten Verengung der sozialen Durchlässigkeit der Organisation in Verbindung gebracht.

Dennoch zeichnet sich ein ernstes Repräsentationsproblem ab, für das allerdings nicht ursächlich die Positionseliten verantwortlich sind. Wie Heiko Biehl in seiner kürzlich erschienenen, vorzüglichen Studie nachgewiesen hat, hat sich die Sozialstruktur insbesondere der beiden großen Volksparteien CDU/CSU und SPD merklich verschoben: Mehr und mehr dominieren in der Union wie bei den Sozialdemokraten so genannte *ressourcenstarke* Mitglieder, also solche, die überdurchschnittlich gebildet sind und eine gehobene Stellung im Erwerbsleben einnehmen. Nicht nur für die Parteien, sondern auch für die Teilhabechancen *ressourcenschwacher* Bürger im Wettbewerb um öffentliche Ämter kann diese Tendenz gravierende Folgen haben. Denn zum einen war es – und ist es immer noch – die historische Funktion gerade der Volksparteien, Minderheiten und sozial Benachteiligte in das politische System zu integrieren. Zum anderen werden Parteimitglieder, die formal niedrig gebildet und auf den unteren Stufen der sozialen Leiter angesiedelt sind, nach eigener Aussage bei der Vergabe innerparteilicher Positionen *nicht* benachteiligt (Biehl 2005). Das aber hat bisher sichergestellt, dass auch die Rekrutierung für staatliche Ämter und Parlamentsmandate in Deutschland sozial vergleichsweise durchlässig geblieben ist.

Sollte sich die beschriebene soziale Selektion bei den Neumitgliedern der Parteien weiter fortsetzen, wird sich auch die soziale Schieflage der Gesamtheit der Berufspolitiker stärker ausprägen. Denkbar ist, dass dann ein Zustand einträte, in dem die bisher nur moderat einseitige soziale Zusammensetzung der Positionseliten in ein materielles Repräsentationsdefizit umkippt. Dann allerdings gewänne die populistische Redewendung von der „volksfernen Politikerkaste" einen Wahrheitsgehalt. Es hängt also viel davon ab, ob die Parteien imstande sein werden, die Auswanderung sozial schwacher Mitglieder zu stoppen oder umzukehren. Doch einer solchen Festigung des parteipolitischen Faktors in der Gesellschaft arbeitet der Populismus aller Schattierungen, auch in seiner akademisch ‚veredelten' Form, entgegen, indem er die sattsam bekannten Anti-Parteien-Affekte nach Kräften nährt.

Nicht nur wegen ihrer vermeintlichen elitären Verkrustung, sondern auch wegen der angeblich „zu weit gehenden" Alimentierung aus der Staatskasse stehen die politischen Akteure unter öffentlichem Dauerbeschuss. Aus der Perspektive des Populismus erscheinen Parteien und Abgeordnete als Teil und Nutznießer desselben parlamentarisch-parteipolitischen Komplexes, dem parasitäre Züge eigen sind. Neben der reflexhaften Kritik an den Abgeordneten-Diäten (vgl. Kapitel IV) bietet die Finanzierung der Parteien durch öffentliche Gelder stellt einen bevorzugten Kritikpunkt für populistische Parteienschelte dar. Unterstellt wird eine Verschwendung von Steuergeldern zugunsten der Parteien. Im Brennpunkt der Vorwürfe, auch seitens etlicher ihrer Mitbewerber, stehen die etablierten Parteien, da diese, gemäß den Vergabekriterien des Parteiengesetzes (PartG) aufgrund ihrer Wähleranteile und ihres eingeworbenen Spendenaufkommens auch die höchsten staatlichen Zuwendungen erhalten.

Zweifellos bilden politische Parteien eine *strukturelle Begehrlichkeit* nach mehr „Staatsknete" aus. Diese Begehrlichkeit ist jedoch Ausdruck der Handlungslogik der Parteiendemokratie, die den Parteien eine Reihe öffentlicher Aufgaben zuweist, die unter Bedingungen des Parteienwettbewerbs erfüllt werden müssen. Das daraus entstehende Bestreben nach staatlicher Mitfinanzierung ist folglich *dynamisch und ungebremst*. Nach aller bisherigen Erfahrung kann es allein durch korrigierende Eingriffe des Bundesverfassungsgerichts, dessen Entscheidungen sich der Gesetzgeber eher unwillig anpasst, leidlich im Zaum gehalten werden. Und es stimmt auch, dass noch so feingliedrige und engmaschige Novellierungen des Parteiengesetzes nicht definitiv ausschließen können, dass findige Schatzmeister von Parteien neue Wege der Schatten- und Umwegfinanzierung entdecken.

Andererseits haben die mehrfachen, unter Druck der Verfassungsrichter zustande gekommenen Änderungen der staatlichen Parteienfinanzierung dafür gesorgt, dass das Finanzgebaren der deutschen Parteien zu den weltweit transparentesten gehört. In der öffentlichen Darlegung der Finanzquellen der Parteien

"An das Volk denken sie zuletzt – wenn überhaupt!" 103

(Abbildung 21) wird ersichtlich, dass die anteilige Finanzierung der Parteien im Vergleich zu anderen Finanzquellen wie Spenden oder Mitgliedsbeiträgen nur zu etwa einem Drittel aus öffentlichen Mitteln erfolgt. Laut Gesetz darf der Staatsanteil an den Parteieinnahmen 50 Prozent nicht überschreiten. Jede eingeworbene Spenden- und Beitragseuro wird staatlicherseits aufgestockt. Diese Regelung soll die gesellschaftliche Verwurzelung der Parteien bzw. deren Staatsfreiheit gewährleisten. Außerdem ist der Gesamtbetrag der jährlichen Staatsausschüttung durch einen vorgeschriebenen Höchstbetrag „gedeckelt". Die vorgeworfene „unstillbare Gier" der Parteien stößt also an absolute Grenzen.

Abbildung 21: Parteifinanzen 2000

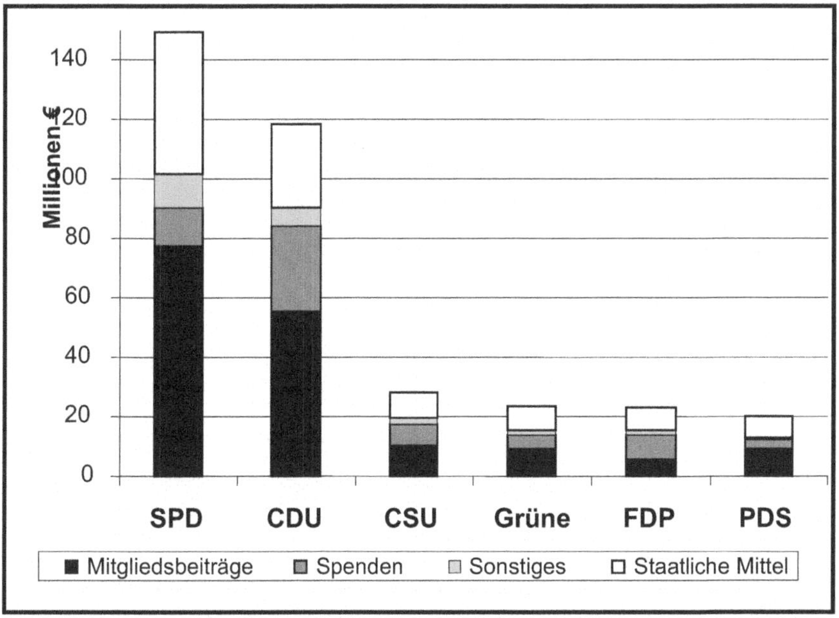

Quelle: Informationen zur politischen Bildung aktuell: Bundestagswahlen 2002

Auch die von Bundespräsident Rau eingesetzte Parteienfinanzierungskommission unter Federführung der Bundesrechnungshof-Präsidentin Hedda von Wedel hat keine radikalen Änderungen im System der Parteienfinanzierung vorgeschlagen. Ihrem im Juli 2001 vorgelegten Bericht zufolge, sollen lediglich gewisse Mängel im Parteiengesetz behoben werden. So sollen Parteien beispielsweise eine kaufmännische Gewinn- und Verlustrechnung inklusive Bilanzführung für ihren Rechenschaftsbericht erstellen und die Rotation der Wirtschaftsprüfer der Parteien alle 5 Jahre vornehmen (Süddeutsche Zeitung vom 19.7.2001, S. 10). Mit den Mitteln der staatlichen Parteienfinanzierung soll nach dem Willen des Gesetzgebers ein „gerechter" politischer Wettbewerb gewährleistet werden. Somit wird es auch kleineren Parteien ermöglicht, die eventuell nicht über vergleichbar üppige private Finanzquellen verfügen, am politischen Wettbewerb zu partizipieren. In der Theorie soll durch die staatliche Zuwendung wiederum auch die Abhängigkeit der Parteien von privaten Spenden, die als Ausdruck gesellschaftlicher Bindung der Parteien grundsätzlich gewünscht wird, gemindert werden. Doch private Spenden, insbesondere so genannte Großspenden, sind immer ein potentielles Einfallstor für Versuche wirtschaftlich potenter Interessenten, die politische Willensbildung in ihrem Sinne zu beeinflussen. Nicht nur die im Zuge der Flick-Spenden-Affäre in den siebziger Jahren zutage geförderte Praxis der spendengestützten „Pflege der politischen Landschaft" (vgl. Kapitel IV), sondern etwa auch die regionale „Müllaffäre" im Dunstkreis des berüchtigten „Kölner Klüngels" im Jahr 2005 belegen eine derartige Anfälligkeit. Daher fordert auch die Parteienfinanzierungskommission „einen speziellen Straftatbestand der vorsätzlich falschen Rechenschaftsleistung" einzuführen (ebenda).

Tabelle 8: Wahrnehmung des Einflusses von Korruption in ausgewählten Institutionen und Bereichen

	korrupt und sehr korrupt (Zustimmung in Prozent)
Polizei	12
Erziehungssystem	14
Nichtregierungsorganisationen	14
Religionsgemeinschaften	15
Rechtswesen	21
Gesundheitswesen	25
Steuerwesen	28
Parlament	34
Wirtschaft und privater Sektor	37
Medien	41
Parteien	59

Quelle: Transparency Deutschland.[7]

---

7 <http://www.transparency.de/fileadmin/pdfs/Korruptionsindices/ Vergleiche_GCB_05_Deutschland.doc>

„An das Volk denken sie zuletzt – wenn überhaupt!"

Das bereits angesprochene, durch singuläre Spendenaffären bestärkte geringe Vertrauen der Bürger in Politiker und Parteien widerspiegelt sich in der Einschätzung der *Korruption* bei politischen, wirtschaftlichen und gesellschaftlichen Institutionen. Parteien stehen demnach bei den Bürgern unter Generalverdacht, was die Hinterziehung von Geldern angeht (vgl. Tabelle 8). Die Nichtregierungsorganisation Transparency Deutschland ordnet dies jedoch ausdrücklich so ein, dass die „Fixierung auf den politischen Raum andere Korruptionsgefahren in den Hintergrund treten lässt".[8]

Die Abgeordneten selbst nehmen die kritische Haltung der Bevölkerung ihnen gegenüber durchaus selbstkritisch wahr. Jedoch – oder immerhin – sehen Mitglieder des Bundestags die Ursache des Vertrauensverlusts „nicht nur, sondern auch in Affären und Skandalen, in die Politiker verwickelt waren", begründet (Weßels 2005: 14). Als weitere wichtige Faktoren, die den Vertrauensverlust der Bürger gegenüber der Politikbefördern, nennen die Volksvertreter die politische Berichterstattung der Journalisten, überzogene Versprechungen von Seiten der Politiker sowie eine zunehmenden Austauschbarkeit der etablierten Parteien in ihren Zielen und Inhalten (vgl. Tabelle 9).

Offensichtlich kommt es zu Vermittlungs- und Verständigungsschwierigkeiten zwischen den „Anbietern", den Politikern, und den „Abnehmern", den Journalisten und Bürgern. Zudem stellt Weßels treffend fest, dass „Vertrauen schnell verloren gehen, aber nur langsam (wieder-)gewonnen werden [kann]. Die Zeitdimension von Vertrauensgenerierung macht existierendes Vertrauen für Politiker so kostbar, weil sie wissen, dass sie eine längere Zeit brauchen, verlorenes Vertrauen wieder aufzubauen. Die politische Konsequenz aus dieser Diagnose liegt auf der Hand: Es ist nötig, Vertrauensverluste zu vermeiden und zugleich kontinuierlich an der Generierung von Vertrauen zu arbeiten." (Weßels 2005: 15). Berufspolitiker, die diesen Zusammenhang leichtfertig ignorieren oder zynisch leugnen, untergraben ihre eigene Autorität und Existenz. Entgegen anders lautenden Parolen von Populisten, die hingebungsvoll das Bild einer „selbstreferentiell" abgeschotteten „politischen Klasse" malen, ist dies aber hierzulande den Abgeordneten sehr wohl bewusst.

---

8   <http://www.transparency.de/fileadmin/pdfs/Korruptionsindices/PM_Anti-Korruptionstag Deutschl2005.doc>

Tabelle 9: „In welchem Ausmaß haben sich in den letzten 15 bis 20 Jahren die folgenden Faktoren negativ auf das Vertrauen der Wähler in Politiker und Parteien ausgewirkt?"

	Zustimmung in Prozent [9]
Angebotsdarstellung und -wahrnehmung	
Die Art, wie Journalisten über Politik berichten	**96,6**
Überzogene Versprechungen von Politikern	**88,5**
Es fällt den Wählern schwerer, klare Unterschiede zwischen den Parteien zu erkennen.	**79,8**
Repräsentationsprobleme	
Schwierigkeiten der Politiker, die Wählerwünsche zu erfüllen	71,8
Zu wenig Übereinstimmung zwischen den Meinungen von Abgeordneten und Wählern	30,9
Die geringe soziale Repräsentativität von Politikern	25,5
Politikerverhalten und -eigenschaften	
Affären und Skandale, in die Politiker verwickelt waren	**78,4**
Mehr „Berufspolitiker" ohne Erfahrung in anderen Arbeitsbereichen	55,2
Die Diäten der Politiker	41,3
Weniger fähige Politiker	27,6

Quelle: Projekt „Abgeordnetenbefragung 2003" des WZB (Weßels 2005)

---

[9] Zusammenfassung der Kategorien „sehr stark" und „ziemlich stark"

VI „Deutsches Geld für Deutsche Aufgaben!" und „Arbeit zuerst für Deutsche!"

Ausländerfeindlichkeit als Vehikel für Wohlstandschauvinismus

1 Das populistische Propagandamuster

Zu den prägenden Stereotypen des Populismus, derer sich insbesondere rechtsextreme Parteien bedienen, zählen die Forderung nach „Befreiung" Deutschlands von Zahlungen im Rahmen der Entwicklungspolitik sowie die Propagierung eines von ausländischen Arbeitnehmern 'bereinigten' deutschen Arbeitsmarktes. Beide Projektionen greifen populäre Einstellungen auf und werden als „national orientierte Sachpolitik" verbrämt. Dass „deutsches Geld" vorrangig für „deutsche Aufgaben" zu verwenden und „Arbeit zuerst für Deutsche" anzubieten sei, wird geschickt mit der Sorge um die gefährdete Aufrechterhaltung geltender Wohlfahrtsstandards für Einheimische verknüpft. Ausländische Mitbürger sind aus rechtspopulistischer Perspektive vor allem Konkurrenten für die in die in ihrem Heimatland von Arbeitslosigkeit bedrohten Arbeitnehmer und betroffenen Arbeitsuchenden.

Eine ritualisierte politische Sozialanwaltschaft gehört zum rhetorischen Arsenal der populistischen Akteure auf der äußersten Linken und Rechten. Dies ist insbesondere im Verlauf der öffentlichen Erregung über die Hartz IV-Reformen deutlich geworden (vgl. Kapitel VIII). Dass Hartz IV „Armut per Gesetz" und „Verrat am Volk" sei, hat sich bei den so genannten Montags-Demonstrationen des Sommer 2004 in mitgeführten Transparenten durchaus in gemeinsamer Stoßrichtung gegen die Bundesregierung nebeneinander her tragen lassen. Beim Populismus von rechts wird die soziale Komponente allerdings, wie oben skizziert, unverkennbar wohlfahrtschauvinistisch ausgedeutet. Wohlfahrtsstaatliche Garantien und Versorgungsleistungen seien, so lautet die häufig bekundete nationalistische Trennformel, auf die inländische Wohnbevölkerung deutscher Abstammung zu begrenzen.

Rechtspopulisten verweisen dann alarmistisch auf zu erwartende Kostenexplosionen für nationale Sozialkassen durch die Teilhabeansprüche von Nichtdeutschen. Verzichte man auf die Zahlung finanzieller Leistungen an Ausländer, so die simple Botschaft, entlaste man deutsche Sozialhilfebedürftige von parasitären Mitessern – vom teuren Zahlersatz für „Asylanten" ganz zu schweigen.

Immigranten vor allem muslimischer und türkischer Provenienz – der „ehrliche Pizzabäcker" oder der Delikatessen-Importeur aus Frankreich werden dabei „selbstverständlich" augenzwinkernd ausgespart – werden so in die Rolle von Verursachern der Krise des inländischen Arbeitsmarktes geschoben. Damit werden ein primitiver Neidkomplex und ein archaisches Konkurrenzdenken angefacht, das ausländerfeindliche Ressentiments unterschwellig anzusprechen versteht.

Ist solcherart der Sündenbock für kollektive Ängste und Unsicherheit im Ausländer, der im „Asylanten" ein besonders aufreizendes Gemeingesicht erhält, erst einmal identifiziert, ist es offenbar völlig unerheblich, ob der zahlenmäßige Anteil der ausländischen (oder auslandstämmigen) Bevölkerung hoch oder niedrig ist. Denn bekanntlich hat gerade in Ostdeutschland, wo angesichts eines Ausländeranteils von weniger als drei Prozent eine multi-kulturelle Gesellschaft nicht einmal in Spurenelementen existiert, der besondere Agitationsgeist des Wohlfahrtschauvinismus bei Wahlen mitunter eine Durchschlagskraft erhalten, die rechtsextreme Parteien schon mehrfach in regionale Parlamente gespült hat (vgl. Karapin 1998).

> Wohlfahrts- oder auch Wohlstandschauvinismus ist „[...] eine Haltung, die darauf zielt, den eigenen Wohlstand zu bewahren und ihn vor der ungerechtfertigten Inanspruchnahme durch Dritte zu schützen. Wohlstandschauvinistische Einstellungen", so Hartleb weiter, „[...] sind besonders in den Staaten vorzufinden, in denen ein hohes soziales Versorgungsniveau infolge der wirtschaftlichen und demographischen Entwicklung unter Druck gerät."
> (Hartleb 2005b: 25f.).

Die Deutsche Volksunion (DVU) hat sowohl in Sachsen-Anhalt 1998 als auch 1999 in Brandenburg gerade auch mit dem Slogan „Arbeit zuerst für Deutsche!" beachtliche Erfolge erzielen können. In Sachsen warb die NPD 2004 mit dem Slogan: „Grenzen dicht für Lohndrücker." Damit sollte der Eindruck erweckt werden, einheimische sozial- und arbeitsmarktpolitische Standards könnten durch patriotische Überzeugungen und protektionistische Politik gesichert werden. Die Verknüpfung der Arbeitsproblematik mit der Ausländer- und/oder der Asylfrage ist für alle rechtsextremistischen Anbieter kennzeichnend. Ein national autarkes Wirtschaftsleben und eine ethnisch homogene Gesellschaft, die, sozialprotektionistisch abgesichert, innerhalb „sicherer Grenzen" nach den einfachen Regeln des gesunden Menschenverstandes – vulgo: Volksempfindens – lebt und dem „ungehemmten Zustrom von außen" einen Riegel vorschiebt, sind kennzeichnende Elemente der ideologischen Glaubensformel von ganz rechts. In dieser Formel gehen der Sozialpopulismus und das völkische Bekenntnis eine typische Verbindung ein. Im Parteiprogramm der DVU heißt es:

"Deutschland soll das Land der Deutschen bleiben. Dem deutschen Volk müssen die gleichen Rechte zustehen wie allen anderen Völkern auch. Dies schließt das Recht auf das angestammte Land, die nationale Identität und volle Selbstbestimmung ein. So ist auch am besten dem Frieden in der Welt zu dienen, wie es unsere Verfassung proklamiert. Daraus folgt: Begrenzung des Ausländeranteils, Stopp dem zunehmenden Ausländerzustrom, Beschleunigung der Asylverfahren, Ausweisung von kriminellen Ausländern. Alle gesetzgeberischen und rechtlichen Möglichkeiten unserer freiheitlichen Rechtsordnung müssen ausgeschöpft werden, um offensichtlichen Asylmissbrauch schneller und effektiver zu beenden und so auch die Belastung für den deutschen Steuerzahler nachhaltig zu verringern".
(DVU 1987: 1)

Auch im Programm der Republikaner (REP) wird der soziale Zusammenhalt einer Gesellschaft vom Anteil hier lebender Nichtdeutscher abhängig gemacht. Solche Überlegungen, die nach Integrationsmöglichkeiten suchen oder diese verbessern würden, spielen eine bestenfalls untergeordnete Rolle. Vorherrschend ist der Tenor der Einwanderungssperre und Ausweisung:

"Die Aufnahmefähigkeit für Ausländer aus fremden Kulturkreisen ist erschöpft, teilweise bereits überschritten, eine Integration findet kaum noch statt. Noch mehr Ausländer werden insbesondere nicht benötigt, um den Bevölkerungsrückgang in Deutschland auszugleichen und die sozialen Sicherungssysteme zu retten. In einem der am dichtesten besiedelten Staaten der Welt und angesichts der großen Umweltprobleme wäre ein gewisser Rückgang der Bevölkerungsdichte ein Segen. Die Renten müssen auf andere Weise gesichert werden, vor allem durch Förderung der deutschen Familien. Dies gilt umso mehr, als die Ausländer das Sozialsystem bisher nicht entlasten, sondern belasten".
(REP 2002: 15).

Beschworen wird ein Bedrohungsszenario aus steuerpolitischer Ineffizienz und sozial- wie arbeitsmarktpolitischen Belastungen aufgrund eines vermeintlich „ungebremst" steigenden Ausländeranteils. Angst schlägt häufig um in Aggression, wenn das, was Angst erzeugt, auf einen vermeintlich Schuldigen gelenkt wird. Populistische Parteien bedienen dieses Syndrom, indem sie in Teilen der Bevölkerung vorhandene Ohnmachtsgefühle gegen einen noch schwächeren Teil der Gesellschaft schüren. Ausländer und Asylbewerber stellen einen gleichsam geborenen Gegner dar. Diesem gegenüber wird eine feindselige Einstellung aus einer verqueren Naturrechtsvorstellung heraus begründet; die genannten Gruppen unterminierten das Gefüge der Gesellschaft. Nur in monokulturellen Gesellschaften bilde sich, so die Botschaft, das notwendige Solidargefühl der Volksgemeinschaft:

110   „Deutsches Geld für Deutsche Aufgaben!"/„Arbeit zuerst für Deutsche!"

„Wird der Nationalstaat aufgegeben, so schwinden auch diese Bindungen. In einem Sammelsurium von Menschen unterschiedlichster Herkunft (multikulturelle Gesellschaft) wird es weder ein Zusammengehörigkeitsgefühl geben noch die Bereitschaft zu gegenseitiger Hilfe und Rücksichtnahme."
(REP 2002: 7).

Ausländerfeindliche Ressentiments werden jedoch nicht ausschließlich durch die Lautsprecher des rechten Populismus sprachlich verwertet. Die ökonomischen Begleiterscheinungen der EU-Osterweiterung und die sich hierbei abzeichnenden Niveaueinbußen für einheimische Sozialstandards durch zunehmende Konkurrenz ost-europäischer Billigprodukte, Arbeitsmigranten und Niedrigsteuerländer lassen auch Politiker des äußeren linken Spektrums der Versuchung nachgeben, auf der ausländerfeindlichen Klaviatur zu spielen. Passagen aus einer Rede von Oskar Lafontaine, des Spitzenkandidaten der Wahlalternative Arbeit und Soziale Gerechtigkeit (WASG) im Bundestagswahlkampf 2005, haben dies schlaglichtartig verdeutlicht. Auf einer Wahlkampfveranstaltung im sächsischen Chemnitz forderte Lafontaine die staatlichen Akteure dazu auf, mit Hilfe politischer Maßnahmen "[...] zu verhindern, dass Familienväter und Frauen arbeitslos werden, weil Fremdarbeiter zu niedrigen Löhnen ihnen die Arbeitsplätze wegnehmen" (FAZ-Online vom 17.06.2005). Auch linke Populisten bemühen also das Vorzugsthema des Wohlstandschauvinismus, wenn es politisch opportun erscheint, in diesem Fall überdies mit Rückgriff auf die nationalsozialistisch belastete Fremdarbeiter-Terminologie.

In den Landtagswahlkämpfen in Brandenburg und Sachsen im Jahr 2004 standen neben der Arbeitsmarktkrise im engeren Sinne auch die sozialstaatlichen Reformen im Vordergrund der öffentlichen Debatte. Die Chiffre „Hartz IV" wurde zu einem gemeinsam zu bekämpfenden politischen Symbol für alle jene, die gegen die von Lafontaine so apostrophierten „Schandgesetze" der SPD-geführten Regierung und der oppositionellen Union Front machten. Hierbei traten in der Agitation gegen die von der Regierung vorgeblich verratene soziale Gerechtigkeit inhaltliche Schnittmengen zwischen dem linken und dem rechten Populismus zutage. Der Dresdner Politikwissenschaftler Werner J. Patzelt konstatierte eine faktische politische Aufwertung der systemfeindlichen Nationaldemokratischen Partei Deutschlands (NPD) infolge der durch die PDS vorgebrachten Kritik an arbeitsmarktpolitischen Reformbestrebungen (vgl. untenstehendes Focus-Interview).

„Deutsches Geld für Deutsche Aufgaben!"/„Arbeit zuerst für Deutsche!"

Abbildung 22: Interview mit Politikwissenschaftler Werner J. Patzelt

„NPD erntet, was die PDS sät"

Politikwissenschaftler Werner J. Patzelt über Extremismus im Osten

FOCUS: Sie haben auf Übereinstimmungen in den Programmen von PDS und NPD hingewiesen, und die PDS ist empört. Wo sollen sich zwei Parteien denn ähneln, die einander so erbittert bekämpfen?
Patzelt: Man kann einander politisch spinnefeind sein und trotzdem manche Ziele teilen. Beide Parteien sind globalisierungsfeindlich, beide Parteien befürworten Unternehmertum zwar, aber unter der Aufsicht eines starken Staates, und beide benutzen besonders intensiv das Schlagwort der sozialen Gerechtigkeit. Die NPD, das ist allerdings der zentrale Unterschied, möchte soziale Gerechtigkeit nur für Deutsche. Aber beide bekämpfen das kapitalistische Weltsystem, das sich seit dem 19. Jahrhundert entwickelt hat.
FOCUS: 9,2 Prozent für die NPD in Sachsen, 1,9 in Schleswig-Holstein – profitieren die Braunen vom antikapitalistischen Flair im Osten?
Patzelt: Man kann sagen: Die NPD erntet von dem, was die PDS gesät hat. Ungefähr ein Drittel der ostdeutschen Wähler ist davon überzeugt, dass unser politisches, wirtschaftliches und soziales System nichts taugt, dass es ungerecht ist. Dieses Potenzial spricht neben der PDS nun auch die NPD ganz gezielt an.
FOCUS: Also ist mit weiteren Rechtsaußen-Wahlerfolgen im Osten zu rechnen?
Patzelt: Ostdeutsche Wähler sind sehr ungebunden. Aber der staatsgläubige, globalisierungsfeindliche Wählertypus mit sehr egalitären Gerechtigkeitsvorstellungen muss nicht automatisch PDS wählen. Das sind Themen, die nicht an die politische Linke gebunden sind.

Vergleich: Für Patzelt (TU Dresden), 51, greifen NPD und PDS auf ein ähnliches Potenzial der Enttäuschten zurück

Quelle: Focus vom 11.4.2005, S. 13.

Das lange Zeit vorzugsweise von der PDS kanalisierte Frustrationspotential kann unter besonderen Bedingungen, die mit der Hartz-IV-Debatte gegeben schienen, ebenso von den Parteien des politischen Rechtsextremismus genutzt werden.

2 Kritik der populistischen Ansprache

Welche Argumente lassen sich dem emotional aufgeladenen Wohlfahrtschauvinismus populistischer Parteien, der bei Bürgerinnen und Bürgern, die ihren Arbeitsplatz verloren haben oder in prekären Arbeitsverhältnissen stehen, auf fruchtbaren Boden fallen, entgegenhalten? – Vor allem zwei Sachverhalte können aufklärend wirken: einmal die tatsächliche Entwicklung der ausländischen Wohnbevölkerung in Deutschland (2.1) und zum anderen der Anteil ausländischer Unternehmen an der Schaffung und Sicherung von Arbeitsplätzen in Deutschland. Die von Populisten beförderte, einseitig negative Betrachtung der von Ausländern erzielten Effekte auf die inländische Nachfrage nach Arbeit, Beschäftigung und Lohnersatzleistungen blendet nämlich die von ausländischen Investoren ausgehende Vermehrung des Arbeitsplatzangebots geflissentlich aus. Tatsächlich haben ausländische Direktinvestitionen gerade auch in Ostdeutschland in den vergangenen Jahren positive Struktureffekte erzielen können (2.2).

2.1 Die tatsächliche Entwicklung der ausländischen Wohnbevölkerung in Deutschland

Argumentationsketten, welche die sozialen und arbeitsmarktpolitischen Verwerfungen der letzten Jahre in Deutschland monokausal auf das Kostgängertum einer nichtdeutschen Wohnbevölkerung zurückführen und die „Ausländerfrage" zur Problemlösung schlechthin erklären, sind nicht nur moralisch verwerflich, da gegen das Prinzip des humanen Miteinander verstoßend, sondern vor allem auch sachlich unzutreffend. Der Anteil der ausländischen Wohnbevölkerung in ganz Deutschland stagniert bereits seit Mitte der 1990er Jahre. Die seitdem gestiegenen Erwerbslosenzahlen, aber auch der seither eingetretene Verlust wohlfahrtsstaatlicher Handlungsoptionen kann demzufolge nicht ursächlich auf die Einbürgerung von bzw. Verweilerlaubnis für Ausländer zurückgeführt werden. Von einem zunehmenden Ausländerzustrom, wie etwa in dem (seit 1987 nur in drei Punkten aktualisierten) Parteiprogramm der DVU gesprochen wird, kann daher empirisch nicht die Rede sein (vgl. Abbildung 23).

Besonders in Ostdeutschland erscheint die diffuse Angst, hiesige Arbeitsplätze seien durch die Konkurrenz dort sesshafter Nichtdeutscher gefährdet, unbegründet. Der prozentuale Anteil der in den neuen Bundesländern lebenden Mitbürger ausländischer Herkunft liegt gerade bei einem Fünftel des Bundesdurchschnitts. Kein ostdeutsches Bundesland kann einen Ausländeranteil von mehr als drei Prozent vorweisen. In Sachsen-Anhalt ist der Ausländeranteil an der Landesbevölkerung mit 1,9 Prozent deutschlandweit am geringsten.

"Deutsches Geld für Deutsche Aufgaben!"/"Arbeit zuerst für Deutsche!"

Abbildung 23: Die Entwicklung der ausländischen Wohnbevölkerung in Deutschland zwischen 1980 und 2004 (in Mio. Einwohner)

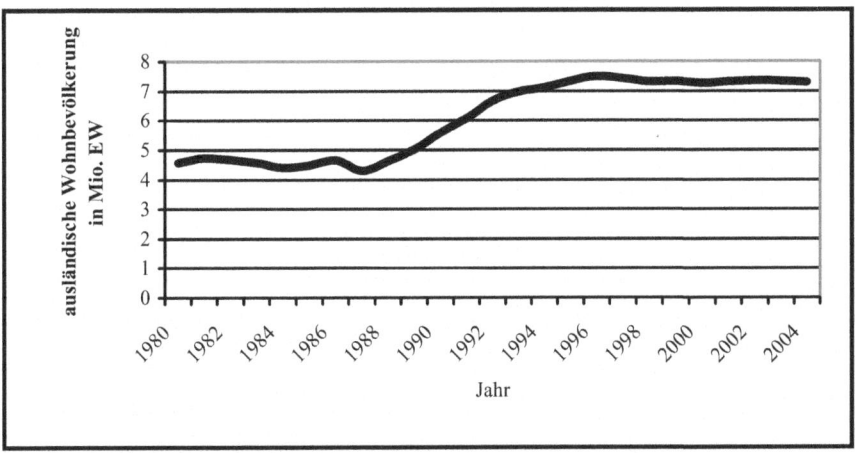

Quelle: Statistisches Bundesamt.

In den deutschen Stadtstaaten Berlin, Hamburg und Bremen hingegen beläuft sich der Ausländeranteil auf über 12 bis 14 Prozent. In west- oder süddeutschen Großstädten wie Frankfurt/Main, Köln oder Stuttgart liegen die Anteile noch höher. Schon allein aus mathematischen Gründen ist daher die Wahrscheinlichkeit im Osten gering, an dort wohnhafte ausländische Lohnarbeiter den Arbeitsplatz zu verlieren. Wenn insbesondere rechtspopulistische Parteien mit der Verknüpfung von Arbeitsmarkt- bzw. Sozialpolitik und Ausländerfrage eine Ausländerfeindlichkeit ohne Ausländer (vgl. Bergmann 1991)[1] beschwören, so tun sie dies also in beharrlicher Nichtachtung der Wirklichkeit. Hinzu kommt, dass die Arbeitslosigkeit innerhalb der Kohorte der in Deutschland sesshaften Ausländer höher ausfällt als bei Deutschen. Auch deswegen führt die Alarmnachricht von „den Deutschen weggenommenen Arbeitsplätzen" in die Irre. Belastbaren Stoff für Fremdenfeindlichkeit bietet die Ausländerstatistik insoweit nicht.

---

1   Der von Bergmann bereits 1991 festgestellte „Antisemitismus ohne Juden" wurde hier auf die ostdeutsche Ausländerfeindlichkeit übertragen.

Abbildung 24: Der Anteil ausländischer Wohnbevölkerung in den deutschen Bundesländern (in Prozent)

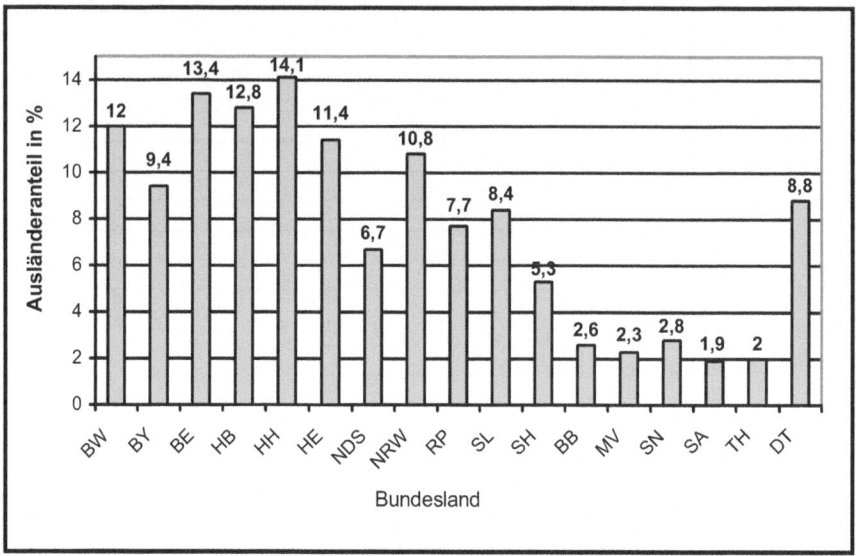

(Legende: BW=Baden-Württemberg, BY=Bayern, BE=Berlin, BB=Brandenburg, HB=Freie Hansestadt Bremen, HH=Hamburg, HE=Hessen, MV=Mecklenburg-Vorpommern, NDS=Niedersachsen, NRW=Nordrhein-Westfalen, RP=Rheinland-Pfalz, SL=Saarland, SN=Sachsen, SA=Sachsen-Anhalt, SH=Schleswig-Holstein, TH=Thüringen, DT=Deutschland)
Quelle: Statistisches Bundesamt.

Auch die andere Variante der populistischen Aufbereitung des Ausländerthemas, die öffentlichen Kassen und die Systeme sozialer Sicherung würden durch einen „ständig anschwellenden" Asylbewerberstrom aufs äußerste strapaziert, hält der Realität nicht stand. Seit Jahren geht die Zahl der Asylsuchenden in Deutschland kontinuierlich zurück. Hier hat der Asylkompromiss aus dem Jahre 1993 seine gewünschte Wirkung gezeigt. Auf dem Höhepunkt der Anträge im Jahre 1992 erbaten rund 440.000 Flüchtlinge Asyl in Deutschland. Diese Zahl konnte schon innerhalb von zwei Jahren auf rund 127.000 verringert werden. Seither entwickeln sich die Asylanträge weiter rückläufig. Im Jahr 2005 ist diese Zahl auf unter 30.000 gesunken (Abbildung 25).

"Deutsches Geld für Deutsche Aufgaben!"/"Arbeit zuerst für Deutsche!" 115

Abbildung 25: Entwicklung der Asylbewerberzahlen im Zeitverlauf

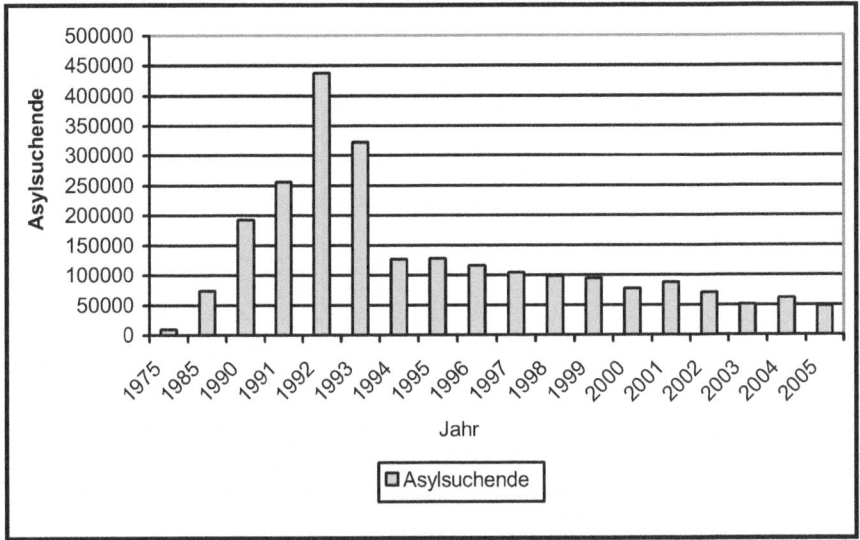

Quelle: Statistisches Bundesamt [Datenreport (2004: 51)].[2]

Damit einher ging die Rückführung von Geld- und geldwerten Leistungen, die der Populist in der Regel unerwähnt lässt. Forderungen, die Aufwendungen nach dem Asylbewerberleistungsgesetz zurückzufahren, übergehen die Tatsache, dass die Zahlungen für Asylbewerber seit Jahren kontinuierlich zurückgeführt worden sind. Eine schier unerschöpfliche Alimentierung von Asylberechtigten, welche die Empörungsrhetorik des Populismus behauptet, findet nicht statt, wie die folgenden Graphiken zeigen (vgl. Abbildungen 26-27).

---

2 <http://www.tagesschau.de/aktuell/meldungen/0,1185,OID5118052_REF2,00.html> (am 12.01.2006)

Abbildung 26: Leistungen für Asylbewerber I

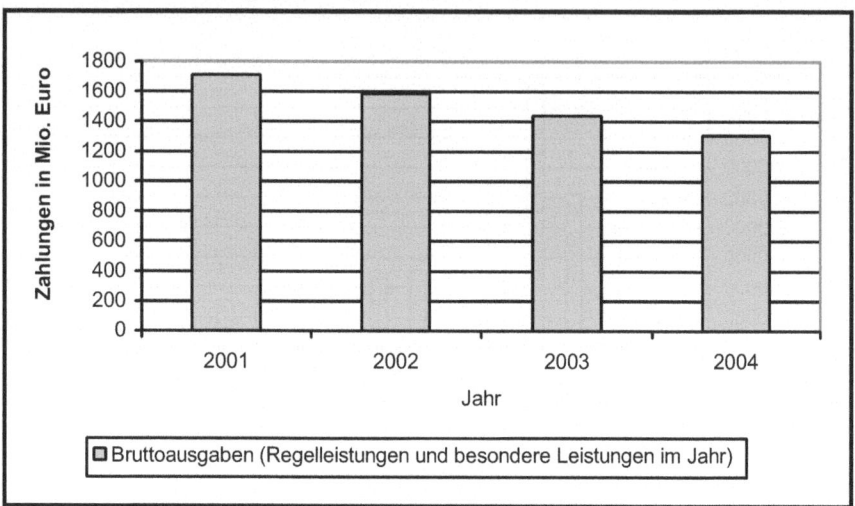

Quelle: Statistisches Bundesamt.

Ursache der rückläufigen finanziellen Aufwendungen für Asylbewerber ist die Verschärfung der Vergabebedingungen, die ihrerseits dazu geführt hat, dass die absolute Zahl der anspruchsberechtigten Leistungsbezieher in den letzten Jahren zurückgegangen ist. Wandte die Bundesrepublik im Jahr 2001 noch für rund 314.000 Personen Unterhaltszahlungen auf, so waren es im Jahre 2003 noch 267.000 Empfänger. Auch für das Jahr 2004 zeichnete sich eine weiterhin deutlich rückläufige Tendenz ab.

Abbildung 27: Leistungen für Asylbewerber II

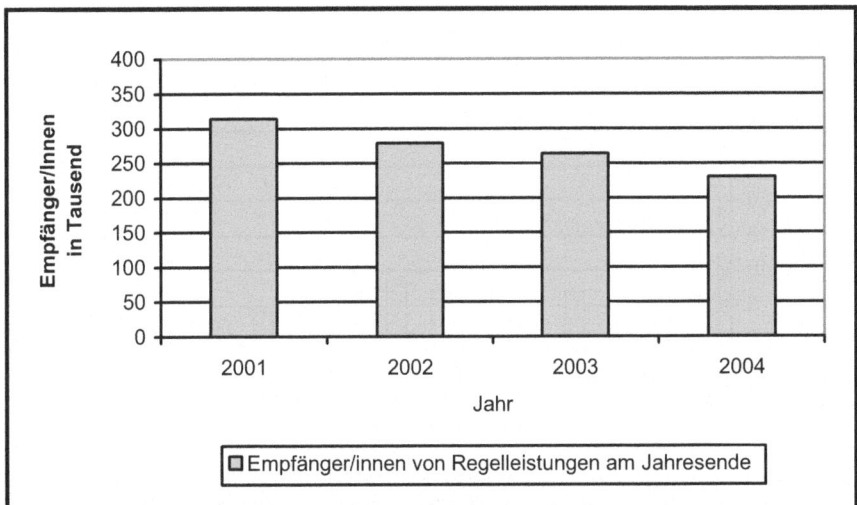

Quelle: Statistisches Bundesamt.

Die Verschärfung der Vergabebedingungen wirkte sich auch in einer deutlichen Absenkung der Anerkennungsqote aus. Diese überstieg im Laufe der 1990er Jahre nicht mehr die 10 Prozent-Marke. Insbesondere nach dem Jahrtausendwechsel ist die Zahl anerkannter Asylbewerber noch einmal deutlich zurückgegangen. Heute beläuft sie sich auf einen außerordentlich geringen Wert von unter einem Prozent (Abbildung 28).

Abbildung 28: Entwicklung der Anerkennungsquote von Asylbewerbern im Zeitverlauf

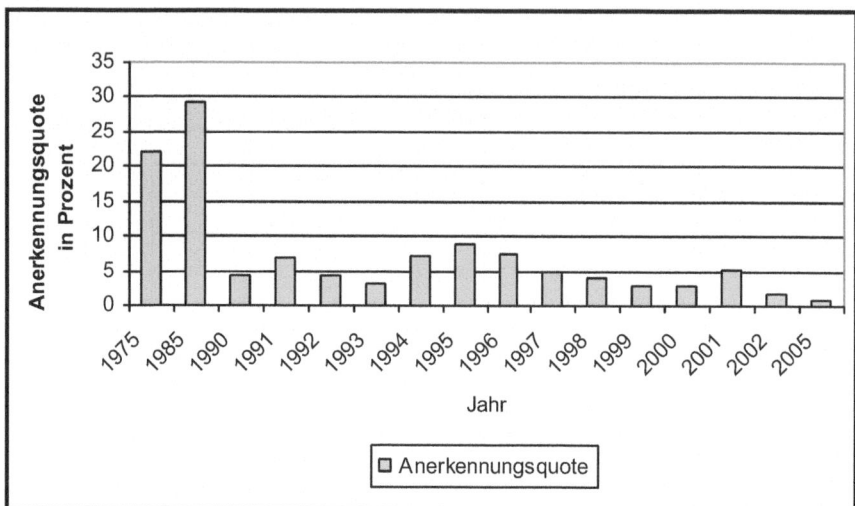

Quelle: Statistisches Bundesamt.

Die von Rechtspopulisten vorgetragene Kritik spiegelt demzufolge die gesellschaftlichen Realitäten in Deutschland nicht wider. Rückläufige Zahlungen, sinkende Bewerberzahlen und fortlaufend weniger geworden Anspruchsberechtigte stehen der populistischen Unterstellung, „Asylanten" würden aus deutschen Sozialkassen über Gebühr abschöpfen, entgegen. Erwähnt werden müssen in diesem Zusammenhang weitere flankierende politische Regelungen, die den Alarmruf „Arbeit zuerst für Deutsche!" überflüssig machen. Gegen Ende der Regierung Kohl wurde ein Arbeitsverbot für nach dem 15. Mai 1997 eingereiste Asylbewerber verfügt. Zwar nahm die rot-grüne Bundesregierung hernach dieses Gesetz zurück, doch können Asylbewerber auch seither nur dann in Arbeit vermittelt werden, wenn der betreffende Arbeitsplatz nicht durch Deutsche oder andere EU-Bürger besetzt werden kann. Zudem müssen sich Asylbewerber selbständig um eine Anstellung bemühen.

2.2 Arbeitsmarktpolitische Wirkungen ausländischer Investitionen

Ausländer sind nicht nur, wie bisher ausgeführt, nicht verantwortlich für die Krise am deutschen Arbeitsmarkt und die erschöpften Budgets der Sozialkassen.

„Deutsches Geld für Deutsche Aufgaben!"/„Arbeit zuerst für Deutsche!" 119

Vielmehr tragen ausländische Unternehmen, die in Deutschland investieren, dazu bei, dass gefährdete Jobs erhalten und neue Arbeitsplätze geschaffen werden. Noch Ende der 1980er Jahre wurde in Deutschland über die mangelhafte Investitionsneigung ausländischen Kapitals geklagt.³ Im Verlauf der 1990er Jahre hat der Anteil ausländischer Investitionen in Deutschland jedoch erheblich zugenommen. Dadurch wurden beschäftigungswirksame Effekte erzielt, die auch der im weltweiten Vergleich hoch qualifizierten deutschen Arbeitnehmerschaft zugute gekommen sind. Besonders auffällig ist der rapide Anstieg ausländischer Direktinvestitionen im Jahr 2000, als sich Fusionen und Firmenübernahmen auswirkten.

Auch die neuen Bundesländer konnten vom Zustrom ausländischer Direktinvestitionen profitieren. Mit Hilfe von rund 2000 ausländischen Unternehmen aus rund 50 Ländern ist in den letzten Jahren ein zweistelliger Milliardenbetrag nach Ostdeutschland geflossen (vgl. Abbildungen 29-30). Zu den bemerkenswertesten Entwicklungen zählen die Mikroelektronikprojekte von AMD und Motorola in Dresden oder die Chemiefertigung im traditionsreichen Dreieck Halle-Leipzig-Merseburg sowie in Ostbrandenburg.⁴ Einheimische Arbeitnehmer konnten demzufolge von der ökonomischen Aktivität ausländischer Unternehmen nachweislich profitieren.

---

3   Dabei ist zu berücksichtigen, dass eine klassischerweise auf Export beruhende Volkswirtschaft wie die Deutschlands einen Überhang eigener Auslandsinvestitionen im Vergleich zu den geringeren Inlandsinvestitionen durch ausländische Unternehmen ausweist.
4   Informationen aus: URL <http://www.tatsachen-ueber-deutschland.de/243.55.html> (am 24.11.2005)

120 „Deutsches Geld für Deutsche Aufgaben!"/„Arbeit zuerst für Deutsche!"

Abbildung 29: Entwicklung ausländischer Direktinvestitionen in den neuen Flächenländern zwischen 1991 und 2001

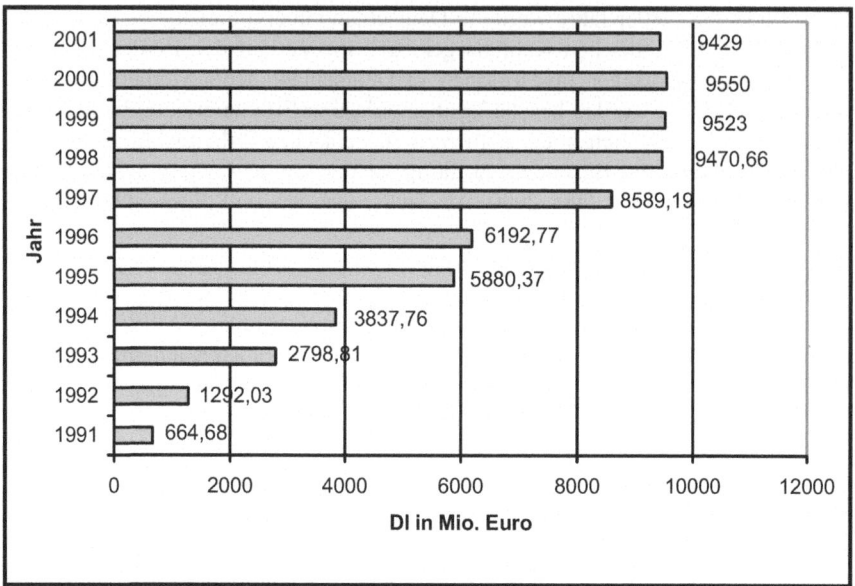

Quelle: Deutsche Bundesbank.

Abbildung 30: Ausländische Direktinvestitionen in den neuen Flächenländern in € je Einwohner zwischen 1991 und 2001

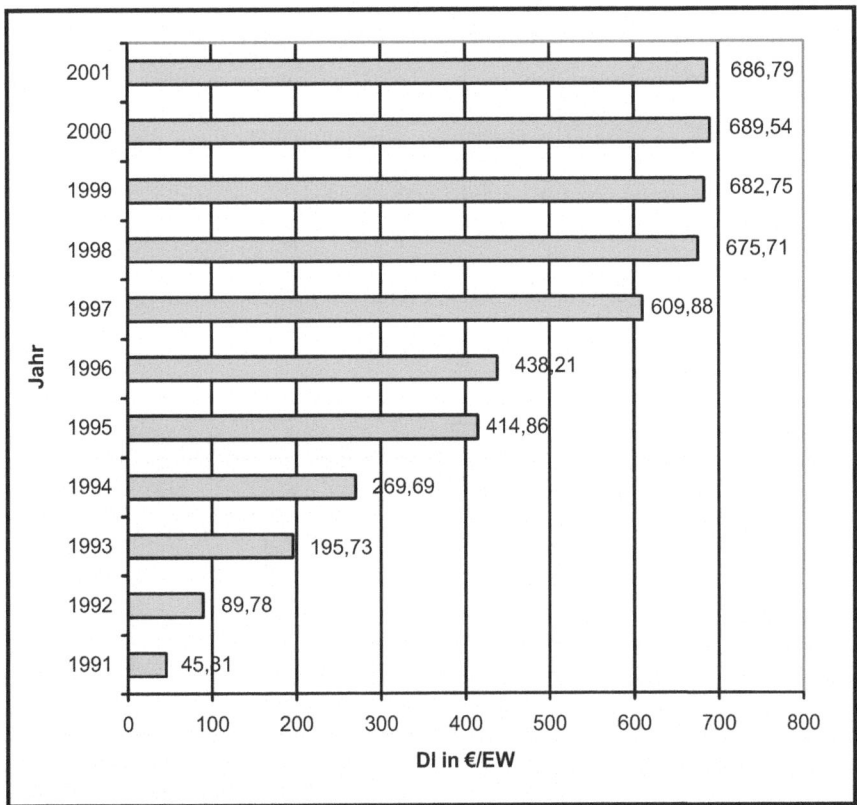

Quelle: Deutsche Bundesbank.

Andererseits: Verfestigt sich bei ausländischen Unternehmenszentralen der Eindruck, in Deutschland oder speziell in bestimmten Regionen des Landes breite sich ausländerfeindliche Stimmungsmache aus, kann dies bewirken, dass Unternehmen ihren Ansiedlungswunsch oder Erweiterungsvorhaben überdenken. Keine Firma mag ihren Mitarbeitern und deren Familien zumuten, in einem fremdenfeindlichen Umfeld arbeiten und leben zu müssen. Für den Unternehmerblick von außen stellt Fremdenfeindlichkeit einen negativen Standortfaktor dar. Verfestigt sich ein solcher Ungeist gar zum regionalspezifischen Merkmal Ostdeutschlands, liegen die für die Erholung der konjunkturellen Lage nachteiligen Effekte auf der Hand. Insofern verzerrt die wohlstandschauvinistische Agitation gegen Ausländer nicht nur die wirtschaftliche Wirklichkeit, sondern sie ist auch für die Einlösung ihres wohltönenden Ziels, nämlich für „das Volk" und dessen Interessen einzutreten, eindeutig kontraproduktiv. Empirisch gestützte kriminologische Untersuchungen belegen, dass eine gefühlte ausländerfeindliche Grundstimmung die Investitionsneigung von Unternehmen spürbar negativ beeinflussen kann (vgl. Bussmann/Wehrle 2004a,b). Wird der verbreitete Wohlfahrtschauvinismus nicht zurückgedämmt, entwickelt sich dieser gerade in Ostdeutschland zu einem folgenschweren Standortnachteil. Dabei ist nicht nur das messbare Ausmaß von Fremdenfeindlichkeit für Firmen abschreckend, sondern bereits das damit verbundene negative Image (vgl. folgende Abbildungen).

Abbildung 31: Handicap für den Osten: Fremdenfeindlichkeit und rechte Gewalt

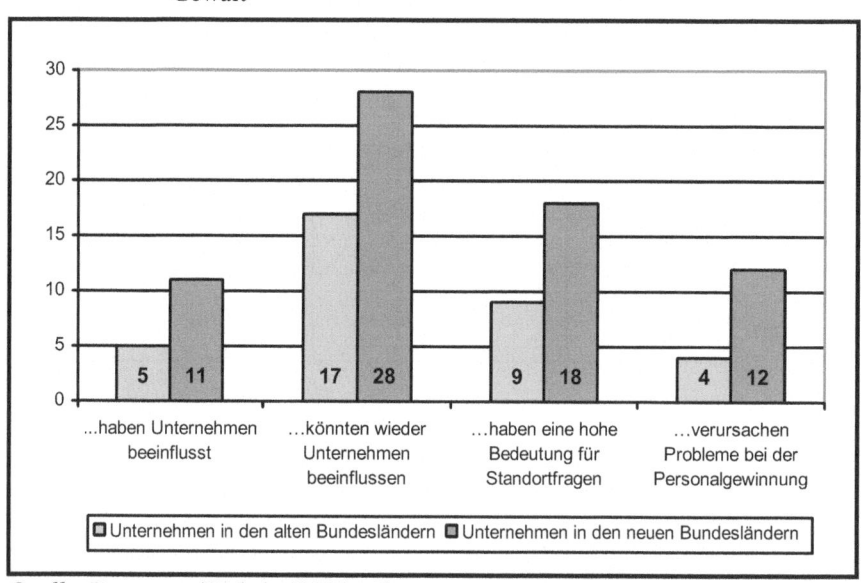

Quelle: Bussmann/Wehrle (2004a: 3).

Abbildung 32: Kann Kriminalität Unternehmensentscheidungen beeinflussen?

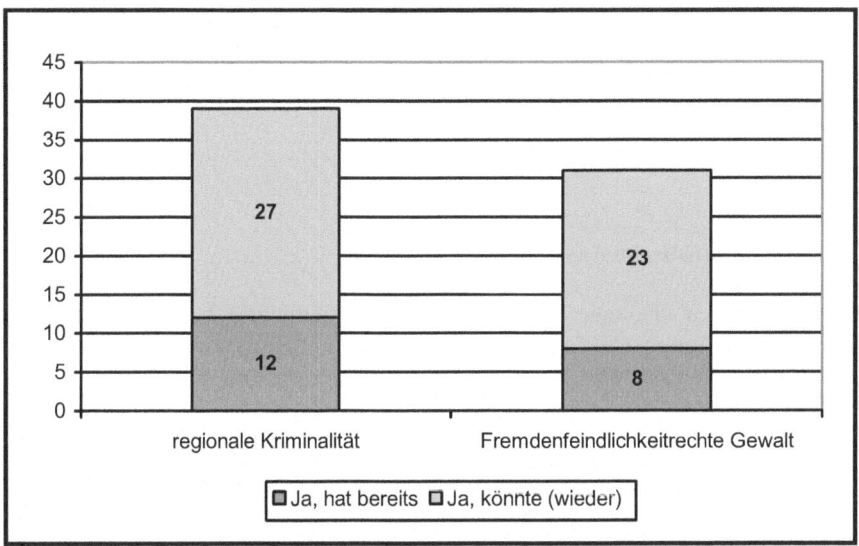

Quelle: Bussmann/Wehrle (2004b: 94).

VII Sicherheit und Ordnung – der starke Staat als Übervater

Autoritäre Staatsvorstellungen aus linker und rechter Perspektive

1 Die populistische Ansprache

Neben weiteren Ideologie-Elementen wie der Überhöhung bzw. Vorherrschaft der eigenen Nation (Nationalismus) oder Rasse (Rassismus), der Ablehnung demokratischer Prinzipien bzw. der Negierung von universellen Freiheits- und Gleichheitsrechten sowie der pluralistischen Offenheit von Staatsgesellschaften, wird der Autoritarismus – auch als Law-and-Order-Denken umschrieben – als ein kennzeichnender Bestandteil vornehmlich rechtsextremer Weltanschauung. Mit dem autoritären Syndrom ist nicht primär eine individuelle psychische Befindlichkeit im Sinne persönlicher autoritärer Charakterstrukturen gemeint (vgl. Adorno 1973). Vielmehr ist der Ruf nach dem starken Staat bzw. der starken Hand öffentlicher Autorität auf der Systemebene angesiedelt. „Sicherheit und Ordnung" verweist auf die makropolitische Dimension: Es geht, vereinfacht und plastisch ausgedrückt, um die Zähmung des mit „Gesellschaft" identifizierten Elements von Unruhe durch die mit allgemeiner Disziplinargewalt ausgestattete Einrichtung des Staates. Indem sich die Regierten dem starken Staat ein- und unterordnen, steht der Staat symbolisch und in Gestalt seiner Organe auch faktisch über der Gesellschaft (Pfahl-Traughber 1999).

Die Vorstellung, der Staat rangiere als Hüter des Gemeinwohls und Garant eines – vorgeblich homogenen – Staatswillens *über und oberhalb* der Gesellschaft, weil er ansonsten Gefahr laufe, durch den Kampf der sozialen Interessen und den „Parteienhader" in seiner Substanz angegriffen zu werden, ist aus geistesgeschichtlicher Perspektive zunächst ein klassischer Topos konservativen Denkens. Rechts- und linksextreme Weltanschauungen des 20.Jahrhunderts haben den patriarchalischen bzw. autoritären „Vater Staat" zum totalitären Führerstaat weiterentwickelt. Mit der dafür typischen aggressiven Negation des Nebeneinanderwirkens von Interessengruppen und dem alternativ angestrebten Ziel einer „Volksgemeinschaft", die ihrer Einheit im System des Führerstaates und in der Person des mit diktatorischer Vollmacht versehenen Führers ansichtig wird, wandelt sich individuelle Fügung in staatliche Autorität um in kollektive und vorbehaltlose Unterwerfung.

Sicherheit und Ordnung – der starke Staat als Übervater

Die Denkfigur des starken Staates übt auf Populisten des rechten und rechtsextremen Spektrums eine ungebrochene Anziehungskraft aus. Dies liegt nicht nur folgerichtig in der Führerverherrlichung der eigenen Ideologie, sondern zielt auch auf verbreitete Einstellungen in der Bevölkerung, die in staatlicher Autorität eine Eingreifreserve für eigene Angst und Unsicherheit sehen. Der Rechtspopulismus propagiert das Durchschlagen des Gordischen Knotens als zivile Wunderwaffe: Mit starker Hand wird das unentwirrbare Problemknäuel kurzgeschlossen durchtrennt. Es triumphiert die einfache Lösung.

Auch Linkspopulisten hängen dem Modell eines starken Staates erklärtermaßen an. Doch unterscheidet sich die linkspopulistische Staatsgläubigkeit von der rechtspopulistischen Variante des Etatismus grundsätzlich. Während die äußerste Rechte einen autoritären Führerstaat favorisiert und dies unter anderem mit ausgesprochener Gewerkschaftsfeindlichkeit verbindet, ist für den Populismus der Linken ein in die Wirtschaft eingreifender, planender und vor allem *umverteilender* zentralstaatlicher Akteur das angestrebte Leitbild. Nach populistischer Manier wird hier das Bedürfnis nach möglichst allumfassender sozialer Absicherung der Bürger mit den Mitteln wohlfahrtsstaatlicher Fürsorge und Vorsorge rhetorisch bedient (vgl. Kapitel VIII). Im Unterschied zur extremen Rechten, soll hier der starke Staat Demokratie nicht autoritär *ersetzen*, sondern sozialstaatlich *unter*setzen.

Ein *antikapitalistischer Grundzug* ist im Übrigen beiden Populismen eigen. Politisches Feindbild beider ist „das Kapital". Doch während linker Sozialpopulismus immer noch in den Kategorien der marxistischen Gesellschaftslehre denkt und konkrete Modelle staatlich begleiteter Umverteilung von oben nach unten entwirft, begnügt sich der Populismus der Rechten mit pseudo-egalitärem und plakativem Einfordern sozialer „Volksrechte", die vorhandene Proteststimmungen aufnehmen sollen. NPD-Kader haben daher an Demonstrationen gegen die Hartz-IV-Gesetze konseqent Anschluss gesucht. Auch ein *sozialprotektionistischer* Grundzug ist ebenfalls bei beiden unübersehbar. Und auch hier sind ideologischer Ansatz und sozialer Adressat jeweils unterschiedlich: Dem Sozialprotektionismus des linkspopulistischen Staatssorge-Modells, das arbeitnehmerfreundlich ausgelegt ist, steht das Eintreten rechter Populisten vorzugsweise für einen „gesunden Mittelstand" gegenüber. Da Rechtspopulisten im gleichen Atemzug durchaus auch wirtschaftsliberale Vorlieben bedienen, wenn beispielsweise die Befreiung kleiner und mittlerer Unternehmer aus den Fängen einer „wuchernden Bürokratie" gefordert wird, kommt es hier mitunter zu heftigem Lavieren und raschen Maskenwechseln in der öffentlichen Darstellung. Dass staatliche Sicherheitsgarantien und *antibürokratische Affekte* Hand in Hand gehen, ist übrigens ein weiterer innerer Widerspruch im Parolenfundus insbesondere des rechten Populismus.

Im gleichen, dem rechtspopulistischen geistigen Umfeld werden „Staat" und „Volk" typischerweise mit einem Kranz solcher Wertorientierungen geschmückt, die auch als *Sekundärtugenden* firmieren: Ordnung, Sauberkeit, Fleiß, Pünktlichkeit, Gehorsam, Disziplin und ähnliches. Ausgangspunkt der rechtspopulistischen Argumentation ist der generelle „Werteverfall" in Deutschland. Beispielsweise fordern die Republikaner plakativ, die „Spaßgesellschaft" wieder durch eine Leistungsgesellschaft" zu ersetzen (REP 2002: 23). Dieser Werteverlust sei nicht nur in der Gesellschaft verbreitet, sondern habe auch auf die Organe des Staates übergegriffen. Laut einer gängigen populistischen Lesart wird beispielsweise in einer Art Machtkartell von Justiz und Politik die Aufweichung des Strafrechts zuungunsten der Opfer vorangetrieben (REP 2002: 18). Jedwedes Bemühen um Resozialisation von Tätern ist in rechter Staatsideologie gleichbedeutend mit einem „Aufweichen" des Prinzips, dass Sicherheit elementar abhängt von dem Willen des Staates zur Vergeltung, und daher grundsätzlich suspekt.

Ein lebender Beweis für die angebliche Unentschlossenheit und „Laxheit" des deutschen Rechtsstaates sind Ausländer. Wie gezeigt, dienen diese den Rechtspopulisten vorzugsweise als Sündenböcke (vgl. Kapitel VI). Die wiederholte sprachliche Koppelung des Ausländerthemas mit der Eigenschaft „kriminell" und dem Drohwort „Asylanten" soll der Exklusion psychologisch den Boden bereiten. Schnelle „Abschiebung" wird verlangt als (allein) notwendige Konseqenz (NPD 2003: 17). Hier vermischen sich autoritäre Denkweisen mit rassistischen Anschauungen in dem Wunsch nach Bewahrung der ethnisch und kulturell homogenen Gemeinschaft (Hartleb 2004: 125). Ausländer als die Verkörperung des Fremden fungieren dabei als personifizierte Urheber des Verbrechens.

Die in der Bevölkerung verbreitete, diffuse Urangst vor mangelnder persönlicher Sicherheit wird also vom Staatssicherheitssyndrom rechter Populisten gleichermaßen geschürt wie bedient. Die Stärkung der Polizei und Gewährleistung einer tatsächlich strafenden Justiz gehört zu den Standardforderungen. Die Republikaner (REP) zum Beispiel setzen sich für eine „verstärkte Präsenz der Polizei in der Öffentlichkeit" ein und fordern „sofortige Reaktion auch auf geringfügige Verstöße". Das einseitige Bild des Rechtsstaats mündet in der martialischen Floskel: „null Toleranz" (REP 2002: 18).

2 Kritische Auflösung

Mit welchen Argumenten lässt sich nun populistischen Law-and-Order-Parolen entgegentreten?Wie dargestellt, zielen Populisten mit ihren Forderungen nach einem starken bzw. autoritären Staat und der Beschwörung des vermeintlichen

Sicherheit und Ordnung – der starke Staat als Übervater

gesellschaftlichen Gefahrenherds krimineller Ausländer auf das individuelle Grundbedürfnis nach persönlicher Sicherheit ab. Indem suggeriert wird, der Schutz von Leib und Leben sei mit einem schwachen, „laxen" Staat gefährdet, soll ein Klima der Zustimmung erzeugt werden für einen Staat der starken Polizei, der die Hemmschwelle zum Polizeistaat tendenziell überschreitet. Die Staatsräson des starken Staates legitimiert sich durch den Nachweis lückenloser Vergeltung und Fähigkeit zu unerbittlicher Sühne. Gleichsam unter der Hand wird das Rechtsstaatsprinzip „keine Strafe ohne Gesetz" (*nulla poena sine lege*) ersetzt durch das Motto des gesunden Volksempfindens „kein Verbrechen ohne Strafe" (*nullum crimen sine poena*). Auf diesem Wege sprechen (Rechts-) Populisten unterschwellige autoritäre Einstellungen deutscher Bürger an.

Dass derartige Einstellungen existieren, wird durch empirische Studien belegt. Als Beispiel hierfür sei die Menschenfeindlichkeitsstudie des Bielefelder Sozialwissenschaftlers Wilhelm Heitmeyer (2002) angeführt, die auf einer Befragung aus dem Jahr 2001 basiert. Für die Operationalisierung des in dieser Studie verwandten Rechtspopulismuskonzepts wurden den Befragten zwei staatsautoritäre Aussagen, zwei Ressentiments gegen Ausländer sowie ein Statement mit antisemitischem Inhalt vorgelegt. Den staatsautoritären Aussagen stimmten 2001 mindestens vier Fünftel der Befragten zu. Unübersehbar ist auch, dass in anderen vergleichbaren Untersuchungen Aussagen mit Forderungen nach einer stärkeren Verbrechensbekämpfung sehr ins Gewicht fallen (Tabelle 10).

Tabelle 10: Antwortverteilungen zu rechtspopulistischen Aussagen in der Studie „Deutsche Zustände" (Heitmeyer 2002)

Ich stimme...	überhaupt nicht zu	eher nicht zu	eher zu	voll und ganz zu	Anzahl der Befragten
Um Recht und Ordnung zu bewahren, sollte man härter gegen Außenseiter und Unruhestifter vorgehen.	3,8	16,0	28,0	52,1	2656
Verbrechen sollten härter bestraft werden.	2,2	10,3	23,1	64,4	2670
Ich bin der Meinung, dass zu viele Ausländer in Deutschland leben.	15,3	29,3	28,6	26,8	2646
Die in Deutschland lebenden Ausländer sind eine Belastung für das soziale Netz.	21,2	38,5	25,2	15,1	2645
Viele Juden versuchen, aus der Vergangenheit des Dritten Reiches heute ihren Vorteil zu ziehen.	18,3	29,9	29,9	21,9	2614

Quelle: Schaefer/Mansel/Heitmeyer 2002, S. 134.

Mit Blick auf die Verbrechensstatistik halten Experten wie Christian Pfeiffer, Leiter des Kriminologischen Instituts in Hannover, die zunehmende Kriminalitätsfurcht der Deutschen für übertrieben. Beispielsweise ist die Zahl der Sexualmorde zwischen 1993 und 2003 um 37,5 % zurückgegangen, die Zahl der Morde sogar um 40,8 Prozent. In der Öffentlichkeit entstehe allerdings durch die Berichterstattung mancher Medien, wie der Privatsender, der entgegengesetzte Eindruck (DIE ZEIT, Nr. 24/ 2004).

Wenn die populistische Aussage höherer Kriminalität von nach Deutschland Zuwandernden auf Stichhaltigkeit überprüft wird, muss zunächst geklärt werden, *wer* eigentlich als Zuwanderer zu gelten hat. Sind es die Migranten oder die Flüchtlinge und Asylbewerber?Sind es ausländische Arbeitnehmerfamilien, die teilweise seit vierzig Jahren in Deutschland leben und deren 2. und 3. Generation bereits hier aufwächst?Sind es Unternehmer und Angestellte aus EU-Staaten und anderen Industrieländern oder gar hochqalifizierte Experten und ausländische Studenten? Neben illegal eingereisten Personen und ausländischen Touristen gehen alle genannten Personengruppen in die ῤolizeiliche Kriminalstatistik"(PKS) ein, wenn sie gegen geltendes deutsches Recht verstoßen. Nicht jede Gruppe der genannten Zuwanderer, soviel steht fest, ist hoch kriminell, was oftmals, und so auch in der populistischen Argumentation, unterschlagen wird. Nicht Ausländer als eine vorgeblich homogene soziale Formation weisen eine höhere Kriminalitätsqote auf, sondern nur einzelne Teilgruppen unter ihnen (vgl. Zwick 2004).

Abbildung 33: Anteil der nichtdeutschen Tatverdächtigen differenziert nach dem Anlass ihres Aufenthaltes in Prozent (Nichtdeutsche Tatverdächtige =100%)

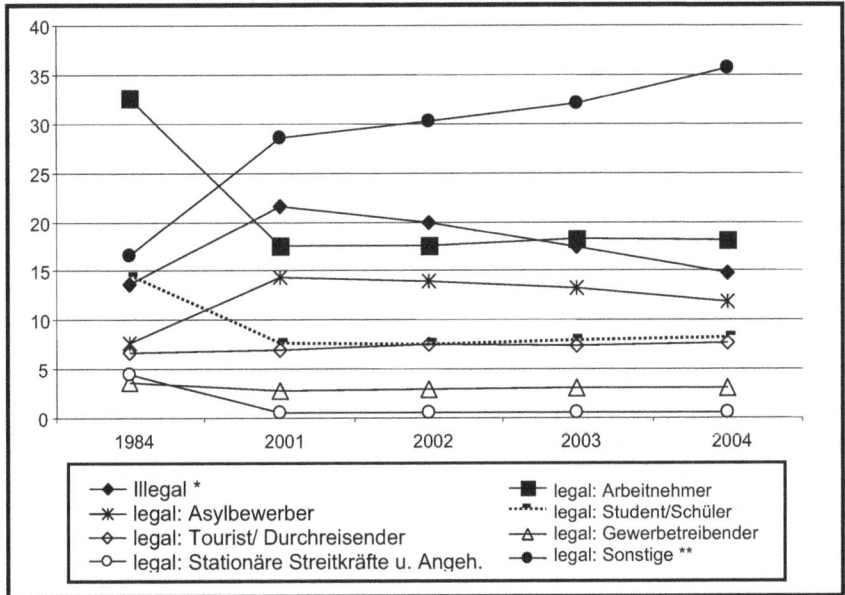

༺ 2003, 2002 und 2001 sind wegen eines programmtechnischen Problems in einem Bundesland die Tatverdächtigenzahlen der nichtdeutschen Tatverdächtigen mit illegalem Aufenthalt zu niedrig (2003: 2, 2002: 12 und 2001: 147).

༺ Die „Sonstigen" umfassen eine heterogen zusammengesetzte Restgruppe, zu der z.B. Erwerbslose, nicht anerkannte Asylbewerber mit Duldung, Flüchtlinge, Besucher u.a. Personengruppen gehören.

Quelle: PKS Berichtsjahr 2004

Die obenstehende Abbildung veranschaulicht den niedrigen Anteil von sich in Deutschland legal aufhaltenden nichtdeutschen Tatverdächtigen, der sich regelmäßig unter der 20-Prozentmarke, bezogen auf alle nichtdeutschen Tatverdächtigen, bewegt. Eine Ausnahme bildet hier die Untergruppe der „Sonstigen", deren Heterogenität offensichtlich ein strukturelles Problem darstellt. Hingegen sinkt der Anteil von illegalen nichtdeutschen Tatverdächtigen stetig.

In der vergröbernden populistischen Aufbereitung des Zusammenhangs von Ausländern und Kriminalität werden noch weitere empirische Erkenntnisse vernachlässigt. Wie erwähnt, muss die vermeintlich *höhere Kriminalitätsanfälligkeit von ausländischen Mitbürgern in Deutschland* als hauptsächliche Begründung für eine der wesentlichen populistischen Forderungen, nämlich beschleunigte Ausweisung, herhalten. Tatsächlich aber bewegt sich der prozentuale Anteil der von Ausländern begangenen Straftaten deutlich unterhalb der Quote einheimischer Tatverdächtiger. Die überwiegende Mehrheit von Straftaten in Deutschland wird von Deutschen verübt. Vernachlässigt man statistisch die Quote derjenigen Vergehen, die ausschließlich von Ausländern begangen werden können (so z.b. Verstöße gegen das Asylbewerbergesetz), so liegt der Anteil tatverdächtiger Nichtdeutscher bei rund 19 Prozent, ohne dass dabei zwischen Tourismuskriminalität und schwerwiegenderen Vergehen in Deutschland lebender Ausländer weiter differenziert würde.

Im Jahr 2002 besaßen 24,4 Prozent der von der Polizei ermittelten und in der polizeilichen Kriminalstatistik erfassten Tatverdächtigen keine deutsche Staatsangehörigkeit. Im Vergleich zu 1993 (33,6 %) ist der Anteil ausländischer Tatverdächtiger an der Gesamtzahl der erfassten Tatverdächtigen somit kontinuierlich rückläufig. Als Erklärungshintergründe könnten hier erste Effekte gelungener Integrationsbemühungen angeführt werden.

Dennoch ist mit fast jedem fünften Delikt die Quote ausländischer Straftaten beachtlich (Abbildung 34). Um diesen Sachverhalt seriös zu interpretieren, bedarf es jedoch einiger Hinweise, die der populistische Akteur in der Regel unberücksichtigt lässt. Die schon angesprochene Tatsache, dass Verstöße gegen das Ausländergesetz oder gegen das Asylbewerbergesetz überhaupt nur von Ausländern begangen werden können, ist in der folgenden Abbildung bereits berücksichtigt. Darüber hinaus sei jedoch darauf verwiesen, dass die in der Polizeilichen Kriminalitätsstatistik festgehaltenen Informationen auf der *Basis von Verdachtsmomenten* beruhen und sich nicht auf konkrete Verurteiltenzahlen beziehen.

Sicherheit und Ordnung – der starke Staat als Übervater 131

Abbildung 34: Prozentanteil der Nichtdeutschen an der Gesamtzahl der Tatverdächtigen (100 Prozent)

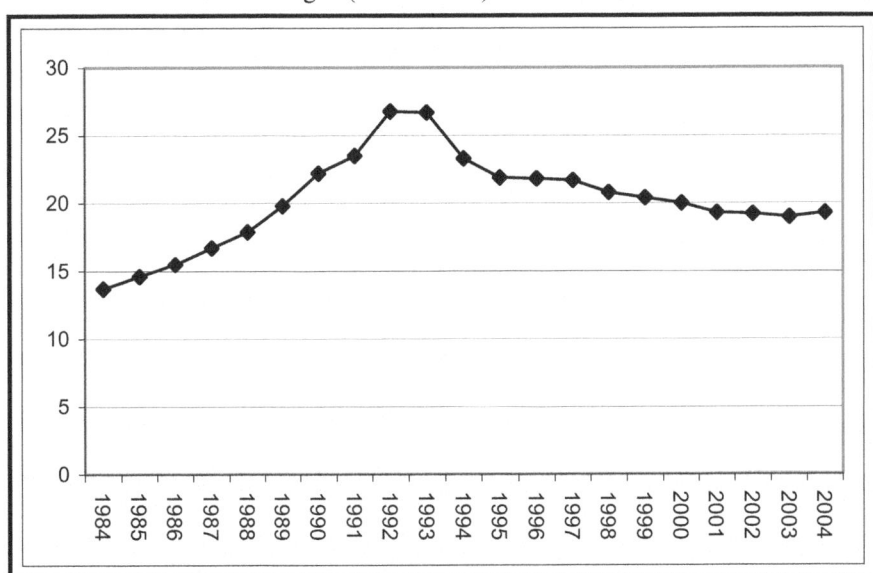

Quelle: PKS, Berichtsjahr 2004

Diese Art der Berechnung leistet einer für ausländische Mitbürger tendenziell nachteiligen öffentlichen Wahrnehmung Vorschub. Reiner Geißler (1995) hat auf die Notwendigkeit einer strikten analytischen Unterscheidung hingewiesen, um das gefährliche Gerücht der hohen Ausländerkriminalität zu relativieren. Auch Geißler macht darauf aufmerksam, dass die Polizeilichen Kriminalitätsstatistiken jene Ausländergruppen berücksichtigen, die in der Bevölkerungsstatistik nicht geführt werden. Insofern ist die statistische Basis der PKS bezüglich der Ausländer größer als die der Bevölkerungsstatistik. Strafdelikte ausländischer Touristen fließen demnach in die Kriminalitätsstatistik mit ein, ohne dass hierdurch eine zuverlässige Aussage über die Verbrechensanfälligkeit der hier dauerhaft lebenden Ausländer getroffen werden könnte. Plausibel erscheint auch, bei der Bewertung des Gesamtsachverhalts die *sozialstrukturelle Zusammensetzung* der ausländischen Bevölkerung in Deutschland zu berücksichtigen. Während die hier lebenden Ausländer weitestgehend in soziale Netze eingegliedert sind, ist dies für Asylbewerber nicht gewährleistet. Durch ihre prekären Lebensumstände ergibt sich eine deutlich höhere Anfälligkeit für kriminelle Delikte, als das bei dauerhaft in Deutschland lebenden Ausländern der Fall ist.

Die *Alters- und Geschlechtsstruktur* der Ausländer unterscheidet sich ebenfalls erheblich von der der deutschen Bevölkerung: Männliche Jugendliche, Heranwachsende und Erwachsene unter 40 Jahren sind bei Ausländern überdurchschnittlich vertreten. Dies sind solche Gruppen, die auch in der deutschen Bevölkerung eine höhere Kriminalitätsrate aufweisen als die Gesamtbevölkerung. Frauen und ältere Menschen, die weniger oder kaum (noch) straffällig werden und deshalb die Kriminalitätsrate statistisch insgesamt nach unten drücken, sind hingegen in der ausländischen Wohnbevölkerung unterrepräsentiert.

Gründe für die häufigere Verwicklung ausländischer Jugendlicher in Gewaltdelikte sind in dem vergleichsweise geringen Bildungsgrad, im traditionellen Rollenverständnis von männlicher Überlegenheit sowie in eigenen Erfahrungen von familialer Gewalt zu finden. In die Skala der erklärenden Faktoren reihen sich zudem äußere Einflüsse wie Arbeitslosigkeit und Mangel an lohnenden Lebensperspektiven ein. Das Gefühl der relativen Benachteiligung schlägt sich nieder in Frustration, die nicht selten in Aggression mündet.

Zwar können und sollen diese Einwände nicht darüber hinwegtäuschen, dass ein beträchtlicher Anteil der insgesamt registrierten Tatverdachte auf ausländische Bürger zurückzuführen ist. Das Einbeziehen von familialen und gesellschaftlichen Umfeldbedingungen, die Delinqenz begünstigen können, und das rechtsstaatliche Prinzip von Prävention und gerechter Ahndung schließen einander nicht aus. Gerade deshalb erscheint die von Populisten undifferenziert erhobene und mit einem vermeintlich großen Gefährdungspotential begründete Forderung nach einer sofortigen Ausweisung krimineller Ausländer angesichts der genannten empirischen Daten übertrieben.

VIII „Armut per Gesetz" – Gegen die „Demontage" des Sozialstaates

Wider die Vorstellung allumfassender staatlicher Sozialfürsorge

1 Die populistische Ansprache

Ein willkommenes Einfallstor für die populistische Ansprache bietet die aktuelle Debatte um die Reform des Sozialstaates, zu dem das Thema Arbeit ebenso zählt wie der Sektor des parastaatlichen sozialen Sicherungssystems der Bundesrepublik. Zwar beanspruchen Rechts- wie Linkspopulisten, die Sorgen des „kleinen Mannes" zu artikulieren, der durch die von der Bundesregierung 2004 eingeleiteten Reformen zu Unrecht belastet und in seinen Lebenschancen beeinträchtigt werde. Dennoch finden sich derartige Hinweise und Argumentationslinien häufiger in linkspopulistischen Äußerungen, was durch die Klientelausrichtung an den arbeitenden Klassen in der Kontinuität der linken Ideologietradition befördert wird.

Linkspopulisten erheben den Anspruch, einen sehr breiten Bevölkerungskreis zu repräsentieren. Dieser setzt sich aus den Lohn-, Gehalts- und Rentenempfängern sowie allen durch gegenwärtige Reformen Benachteiligten zusammen. Während Rechtspopulisten bis in die 1980er Jahre auch wirtschaftsfreundliche Ziele wie die Liberalisierung der Märkte verfolgten und Arbeitgeberinteressen vertraten, wandelte sich der soziale Einzugsbereich des rechten Populismus insofern, als seit den 1990er Jahren neben der klassischen kleinbürgerlichen Klientel auch Arbeitnehmer und Empfänger staatlicher Unterstützungsleitungen gezielt angesprochen werden. Dafür unterscheiden Rechtspopulisten zwischen unverdienten „Nutznießern" des Sozialsystems und solchen, die es „wirklich brauchen" (REP 2002: 15). Zu Letzteren werden deutsche Einheimische gezählt, die aufgrund des Leistungsanspruchs ausländischer Personen bei der Verteilung staatlicher sozialer Leistungen angeblich schlechter gestellt sind. Spätestens jedoch mit dem Auftreten der WASG und deren Frontmann Oskar Lafontaine beginnt die vormals recht klare Grenze zwischen vornehmlich links- und rechtspopulistischer Ansprache zu verwischen. Lafontaines oben schon erwähnte Äußerungen zu „Fremdarbeitern" kündigen diese Kurskorrektur an (vgl. Decker 2005; vgl. auch Kapitel II).

Die Brisanz des Themas Arbeitslosigkeit ist seit langem und gegenwärtig unbestreitbar. Es überrascht nicht, dass dieses Problem zum Hauptwahlkampfthema der Parteien im vergangenen Bundestagswahlkampf avancierte und auch bei Landtagswahlen mit regional spezifischen Themen erfolgreich die politische Agenda bestimmt. Auf der Ebene individueller Einstellungen stellt die persönliche Angst vor drohender bzw. bleibender Arbeitslosigkeit entsprechend die größte Sorge der Deutschen dar (Infratest dimap/Wahlreport 2005: 82). Diese Ängste dienen Linkspopulisten dazu, ein *Opfer-Täter-Verhältnis* zu konstruieren. Dabei wird den Arbeitslosen eindeutig die Opferrolle („Hauptverlierer" [Die Linke.PDS 2005: 5]) zugewiesen und Politikern unterstellt, nicht das Problem der Arbeitslosigkeit zu beheben, sondern mithilfe von Reformen und Gesetzen die Arbeitslosen zu belasten, ja zu demütigen. (Die Linke.PDS 2005: 8).

Das in die Überschrift dieses Kapitels aufgenommene Zitat „Armut per Gesetz" (Die Linke.PDS 2005) unterstellt den für die Hartz-Reformen politisch Verantwortlichen, Empfänger staatlicher Arbeitslosenversicherungsleistungen in die Armut zu treiben. Der Gesetzgeber erscheint damit wie ein seelenloser Technokrat, dem jedwedes Gerechtigkeitsempfinden abhanden gekommen ist. Wer „soziale Kälte" in dieser Form mit dem Mantel der Legalität zu verhüllen sucht, hat, so lautet diese populistische Botschaft, seine Legitimität verwirkt, für „das Volk" zu handeln. Dass die Reformgesetze in den gesetzgebenden Organen mit stabiler Mehrheit verabschiedet worden sind, wird um des tagespolitischen Augenblicksvorteils willen der Vergessenheit preisgegeben.

Dem schließt sich die Debatte um die Inhalte und Ziele der Reform der sozialen Sicherungssysteme nahtlos an. Die populistische Anklage wird lautet, dass trotz steigender Beiträge weniger Leistungen von den Versicherten in Anspruch genommen werden können. Die Rentenreform bietet den Populisten aller Schattierungen genügend Stoff für Protest. Während in linker Lesart, etwa von Seiten der PDS, die Bundesregierung, die eine Rentenanpassung verweigert, hierfür verantwortlich gemacht wird, sehen Rechtspopulisten ihren Sündenbock in den Ausländern, die nach rechter Argumentation eine Belastung für das Sozialsystem darstellen (REP 2002: 15).

Bezogen auf das **Gesundheitssystem** monieren Linkspopulisten, dass „seit langem die „Reformen" des Gesundheitswesens darauf hinaus [laufen], Patientinnen und Patienten stärker zu belasten und den Leistungskatalog der gesetzlichen Krankenversicherung einzuschränken" (Die Linke.PDS 2005: 11). Mit der Behauptung, Arbeitgeber würden durch höhere Belastung der Arbeitnehmer bei den Reformen im Sozialwesen entlastet werden, wird undifferenziert eine weitere Bevorzugtengruppe, nämlich die der Unternehmer, deklariert, deren ohnehin steigende Gewinne somit noch vergrößert würden. (Die Linke.PDS 2005: 5)#

„Armut per Gesetz" – Gegen die „Demontage" des Sozialstaates

Abbildung 35: Karikatur zur Rente

Quelle: Initiative Neue Soziale Marktwirtschaft.

2   Gegenargumente

Wie lassen sich nun die genannten populistischen Argumente hinsichtlich der Reformen der staatlichen Alterssicherung und Gesundheitsversorgung entkräften? Im Folgenden sollen hierfür ausg ewählte Daten und Fakten herangezogen werden.

Die Bundesrepublik durchläuft gegenwärtig wie alle „alten" Wohlfahrtsstaaten einen grundlegenden Reformprozess im sozialen Sicherungssystem. Wie dargestellt, bilden diese Reformen der sozialen Sicherung einen Hauptansatzpunkt des aktuellen populistischen Protests. Der populistisch lancierte, *positiv besetzte Reformbegriff* ist jedoch als solcher kritisch zu hinterfragen. Der populistischen Argumentation liegt ein Verständnis von Reform zugrunde, das dieser den Zweck einer *kurzfristig und kontinuierlich* spürbaren Verbesserung der individuell empfundenen Lebenssituation zuschreibt. Noch in der alten Bundesrepublik war der Reformbegriff zumeist in dieser Deutung positiv besetzt. Zu denken ist etwa an die Rentenreform von 1957, die vielen Rentnern eine Rentensteigerung um mehr als 60 % bescherte *und* mit Einführung der so genannten dynamischen Rentenformel eine gesetzliche Gleitklausel für vermeintlich nach oben offene jährliche Zuwachsraten verhieß. Zu erinnern ist gleichfalls an andere sozialpolitische Innovationen (z.B. Lohnfortzahlung im Krankheitsfall) nach der Mitte des vergangenen Jahrhunderts (Abelshauser 2004). Reformen wurden somit als eine institutionell abgesicherte Beteiligungschance sozial schwächerer Gruppen am – wachsenden – Wohlstand verstanden. Dieses Reformverständnis ist indes von der Entwicklung überholt worden. Reformen beinhalten künftig nicht länger das Versprechen einer mikropolitischen (Um-)Verteilungsgarantie im Sinne einer finanziellen Besserstellung nahezu jedes Bürgers, sondern folgen makropolitischen Zielsetzungen wie der Sanierung der Staatsfinanzen oder der Korrektur der Schieflage in den beitragsfinanzierten Versorgungswerken. Solche Reformen rühren zwangsläufig an individuellen Besitzständen, um das Gesamtsystem zu sanieren. Daran gemessen, erscheint der Reformbegriff der Populisten nicht mehr zeitgemäß.

Zweifellos stößt ein ungehemmter „Sozialbbau" in Deutschland an hohe verfassungsrechtliche Hürden. Das *Sozialstaatsprinzip* ist im Grundgesetz an mehreren Stellen verankert („sozialer Bundesstaat" Art. 20 I, „sozialer Rechtsstaat" Art. 28 I sowie die Einhaltung von „sozialen Grundsätzen" bei der Entwicklung der Europäischen Union Art. 23). Der Begriff des Sozialstaates ist von Verfassung wegen jedoch nicht durch Inhalte und Programme konkretisiert, was einen entscheidenden Vorteil darstellte, um in den ersten Jahrzehnten der Bundesrepublik den Wohlfahrtstaat mittels Gesetzgebung und Rechtsprechung auszugestalten. Unter ökonomisch wie fiskalisch verschlechterten Rahmenbedingungen kann diese Offenheit der Verfassung allerdings auch einen Rückbau sozialstaatlicher Leistungsniveaus legitimieren. Zurecht merkt Bundesverfassungsgerichtspräsident Hans-Jürgen Papier an, dass der Sozialstaat „auf dem selben Wege, auf dem er entstanden und gewachsen ist, [...] fortentwickelt, geändert, angepasst und grundsätzlich auch wieder zurückgebaut werden [kann]. Dies gilt auch für Veränderungen bei den sozialen Sicherungssystemen. Das Sozialstaatsprinzip als solches garantiert weder eine bestimmte Rentenformel noch eine bestimmte Rentenhöhe." (Papier in FAZ vom 24.11.2005, S. 8) An gleicher Stelle stellte der BVG-Präsident jedoch auch klar, dass beitragsfinanzierte Anwartschaften auf Leistung bei Krankheit und im Alter eine andere Form der verfassungsrechtlich verankerten Eigentumsgarantie darstellen, was gesetzlich verordnete Kürzungen grundsätzlich Grenzen setzt.

Diese differenzierte Verfassungsgrundlage des Sozialstaatsgebots wird in populistischen Darstellungen zumeist nicht angeführt oder auch bewusst ausgeblendet. Stattdessen erschallt der Ruf nach einem grundrechtlich gesicherten *Recht auf Arbeit* nach dem Vorbild der DDR-Verfassung. Dabei bleibt in der Regel unerwähnt, dass das Recht auf Arbeit eng mit der *Pflicht zur Arbeit* einherging, was wiederum den Prinzipien der Freiheit und Eigenverantwortung, die zu den fundamentalen Grundrechten deutscher Bundesbürger zählen, zuwiderlaufen würde (ebenda). Überdies könnten echte *soziale Grundrechte* individuell eingeklagt werden. Das aber würde Staat und Kommunen in die Rolle von Garantieträgern etwa eines Rechts auf Arbeit bringen, womit sie operativ zweifellos überfordert und finanziell in den Ruin getrieben würden.

Nur am Rande sei erwähnt, dass hinsichtlich des Arbeitslosengeldes II von „Armut per Gesetz" keine Rede sein kann. Nach EU-Bestimmungen liegt die Armutsgrenze bei monatlichen 730,20 Euro für Westdeutschland und bei 604,89 Euro in Ostdeutschland. Hingegen bekommt ein Arbeitslosengeld II-Empfänger in der Regel insgesamt mehr, als die Armutsgrenze als Mindestmarge vorgibt, rechnet man die Sozialleistungen wie Rentenanwartschaft etc. hinzu.

Oben wurde schon darauf verwiesen, dass der Sozialpopulismus aktuell gegen die „Verweigerung der Rentenanpassung". durch die Bundespolitik zu Felde zieht. Ein Rekurs in die Geschichte macht die realen Zusammenhänge transparent. Die dynamische, bruttolohnbezogene Rentenversicherung wurde im Jahr 1957 eingeführt. Dieses Modell folgt dem Prinzip der Generationensolidarität: Die jeweiligen Erwerbstätigen finanzieren über ihren Rentenbeitrag die Altersversorgung der jeweiligen Rentnergeneration. Da keine Rücklagen gebildet werden, müssen die Einnahmen der staatlichen Rentenversicherung die Ausgaben decken. Im Falle eines Einnahmendefizits muss der Bund mit Steuermitteln einspringen. Die Deckungslücke ist in den vergangenen Jahren enorm gewachsen. Im Jahr 2005 wurden ca. 220 Mrd. € an Renten ausbezahlt, wovon jedoch ungefähr ein Drittel (80 Mrd. €) auf staatliche Transferleistungen entfallen. Diese steuerliche Subventionierung verschlingt inzwischen etwa ein Viertel der Einnahmen des gesamten Bundeshaushalts. Wie konnte es dazu kommen?

In den letzten fünfzig Jahren ist die allgemeine Lebenserwartung gestiegen. Gleichzeitig schrumpfte der Anteil der jungen Bevölkerungskohorten. Diese demografische Schere verdeutlicht die nachfolgende Abbildung.

Abbildung 36: Anteil der Altersgruppen an der Gesamtbevölkerung in Prozent

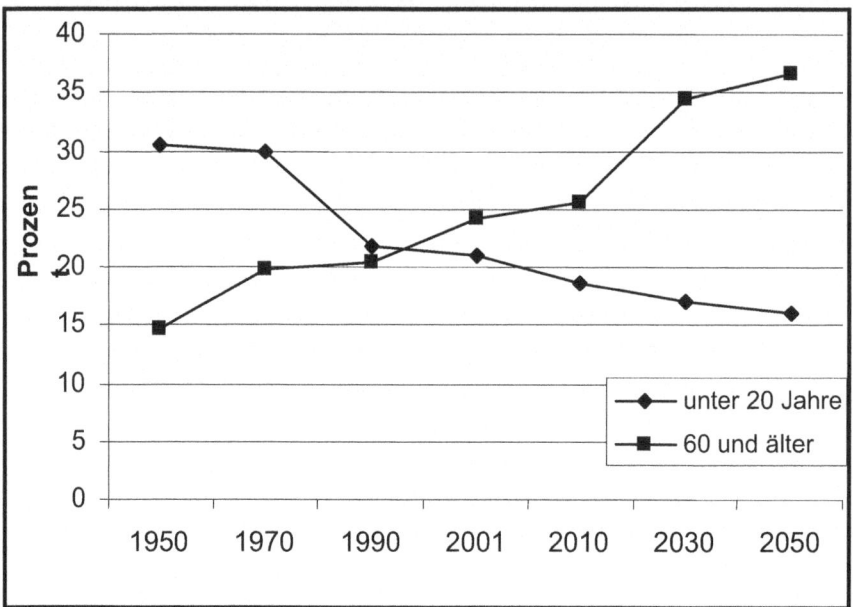

Quelle: Statistisches Bundesamt.

Mit steigender Lebenserwartung nimmt auch die Zahl der Rentenempfänger zu. Diese demografische Entwicklung führte wiederum zu steigenden Rentenausgaben des Bundes (Abbildung 37), auch „Bundeszuschuss" genannt. Die Ausgaben des Bundes haben sich seit der Einführung der gesetzlichen Rentenversicherung mindestens um das 35ig-fache erhöht.

Abbildung 37: Rentenausgaben des Bundes von 1957-2004[1] (in Mio. €)

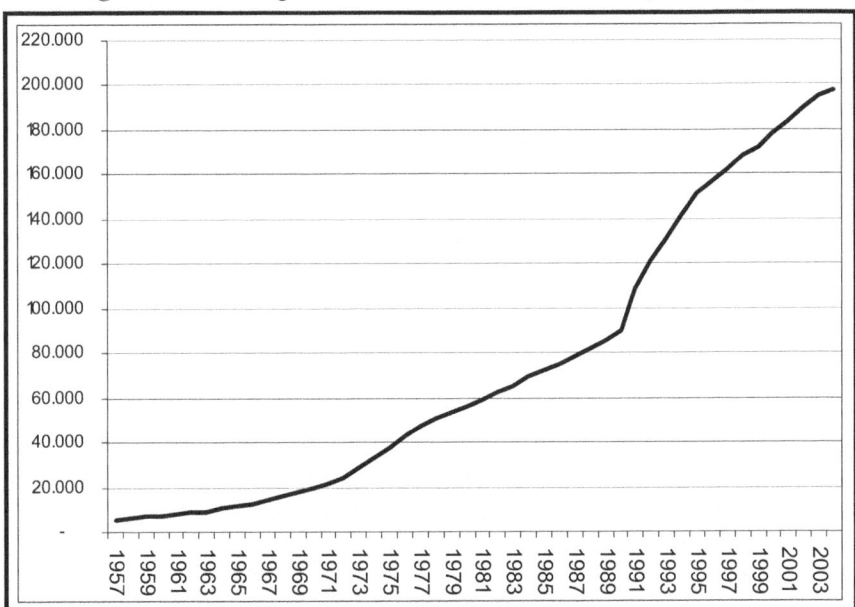

Quelle: Forschungsportal der Deutschen Rentenversicherung.

Hingegen nimmt seit den 1990er Jahren die Gruppe der Rentenbeitragszahler kontinuierlich ab. Dies resultiert zum einen aus der rückläufigen Geburtenrate in Deutschland. Zum anderen liegt dies aber auch an der sinkenden Zahl der beitragspflichtigen Erwerbstätigen, die über ihre Rentenbeiträge die aktuellen Renten finanzieren (Abbildung 38), was wiederum ein Sekundäreffekt der gestiegenen Arbeitslosigkeit ist.

---

1   bis 1990 Alte Bundesländer; ab 1991 Deutschland, ab 1999 ohne gem. §291c SGB VI vom Bund erstattete einigungsbedingte Leistungen)

Abbildung 38: Anzahl der Erwerbstätigen in Millionen[2]

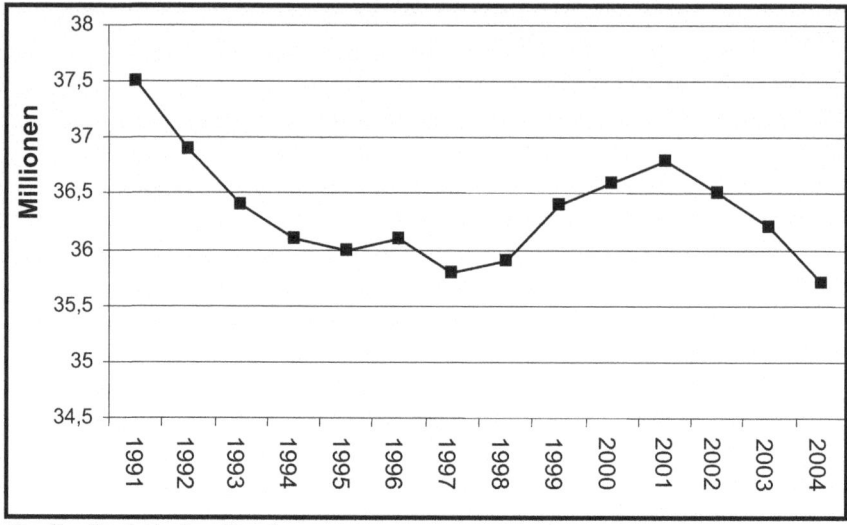

Quelle: Statistisches Bundesamt.

So erklärt sich, dass im Verlauf der letzten 50 Jahre immer weniger Beitragszahler die Renten von immer mehr Rentenempfängern finanzieren. Zudem wird dieses Finanzierungsdefizit in der gesetzlichen Rentenversicherung noch durch weitere Faktoren verstärkt: Zum einen verringerte sich in den letzten fünf Jahrzehnten die Lebensarbeitszeit. Während man 1950 noch durchschnittlich 45,8 Jahre seines Lebens arbeiten musste, waren es 1990 bereits ca. 40,6 Jahre (Guggenberger 1988). Mittlerweile sind es nur noch 37,5 Jahre (Deutsches Institut für Altersvorsorge). Infolge der steigenden Lebenserwartung und der gesunkenen Lebensarbeitszeit ist die Rentenbezugsdauer kontinuierlich gestiegen. Wie die Abbildung 39 veranschaulicht, ist die Dauer des Rentenempfangs von 1960 bis 2002 um über 6 Jahre gestiegen.

---

2   Die Jahre vor 1991 werden nicht berücksichtigt, da erst ab 1991 das gesamte Bundesgebiet einbezogen wurde.

Abbildung 39: Entwicklung der durchschnittlichen Rentenbezugsdauer in Deutschland 1960 bis 2002[3]

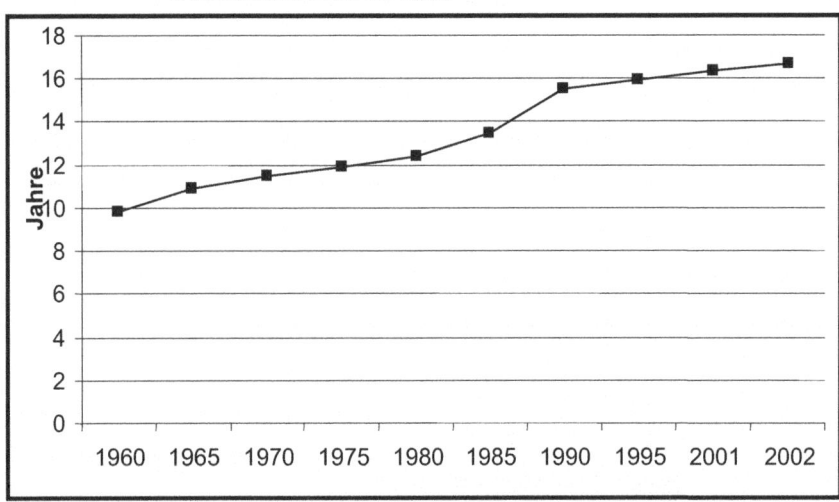

Quelle: Bayrisches Staatsministerium für Arbeit, Sozialordnung, Familie und Frauen 2005.

Wenn also von linkspopulistischer Seite dem Gesetzgeber eine „Verweigerung der Rentenanpassung" vorgeworfen wird, muss gleichzeitig dargelegt werden, an welche Bedingungen die Renten angepasst werden sollten. Die populistische Forderung nach einer stetigen Anpassung der Renten an die Entwicklung der Nettolöhne erscheint in Kenntnis oben genannter Faktoren nicht umsetzbar. Dieser Forderung steht vor allem ein jetzt schon immenses Defizit im Haushalt des Bundes entgegen, ein Defizit, das wesentlich durch den Bundeszuschuss zur Rentenversicherung zustande kommt.

Erwähnte Faktoren wie die gestiegene Lebenserwartung und die daraus resultierende, ebenfalls gestiegene Rentenbezugsdauer, ferner die stetig abnehmende Zahl von Rentenbeitragseinzahlern bei steigender Arbeitslosigkeit lässt es im übrigen nahe liegend erscheinen, dass die Rentenvorsorge künftig verstärkt in private Eigenverantwortung gelegt werden sollte, um Renten nicht noch mehr als bisher über neue Kredite des Bundes und Steuergelder finanzieren zu müssen.

Eine „Anpassung der Renten" wäre im Sinne der linkspopulistischen Rhetorik gleichzusetzen mit einer Rentenerhöhung. Nach dem derzeitigen Rentenfinanzierungssystem würde dies eine Erhöhung der Lohnnebenkosten (durch pari-

---

[3] Bis 1990 alte Bundesländer, ab 1995 Deutschland

tätische Erhöhung des Rentenbeitrages) zulasten auch der Arbeitgeber nach sich ziehen. Die Folge wäre eine weitere Verteuerung deutscher Arbeitsplätze, was wiederum die Konkurrenzfähigkeit deutscher Arbeitskräfte im internationalen Vergleich schmälert. Die Gefahr ist real, dass aufgrund dann abermals höherer Arbeitslosigkeit noch weniger Erwerbstätige die aktuellen Renten finanzieren müssen. Ein gefährlicher Teufelskreis, mit dem die Bundesrepublik schon seit Jahren zu kämpfen hat, setzt sich fort. Ohnehin rangiert Deutschland im internationalen Vergleich bereits im oberen Drittel der Länder mit den höchsten Abgabenqoten (vgl. Abbildung 40).

Abbildung 40: Abgabenqote im internationalen Vergleich (in Prozent des Bruttoinlandsprodukts)[4]

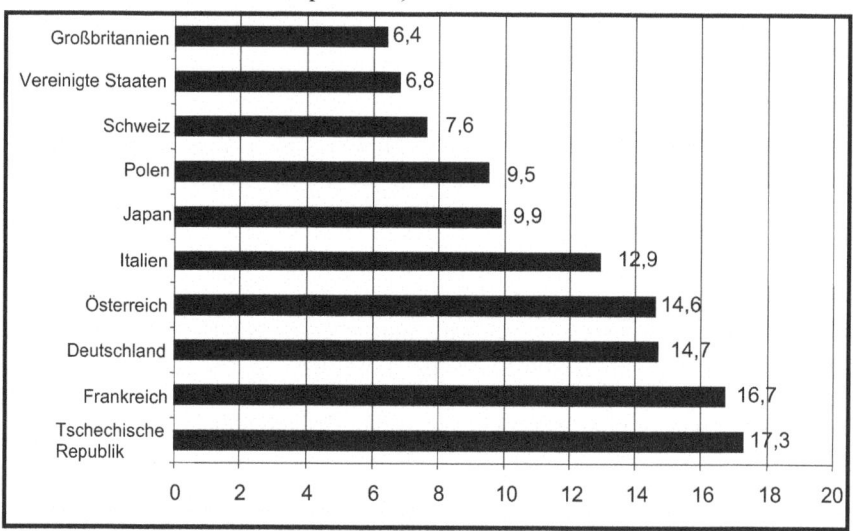

Quelle: FAZ, 17.3.2005, S. 12.

Aus dem steigenden Anteil der älteren Bevölkerung ergibt sich zudem ein erhöhter Bedarf an medizinischer Versorgung. Die daraus resultierenden Beitragserhöhungen der gesetzlich Krankenversicherten geben den Populisten reichen Stoff für Protest. Hierbei wird jedoch ausschließlich aus Sicht der Versicherten argumentiert, ohne dabei gesellschaftliche Rahmenbedingungen und volkswirtschaftliche Konseqenzen zu beachten.

---

4   Daten für Japan und Polen gelten für 2002

"Armut per Gesetz" – Gegen die "Demontage" des Sozialstaates 143

Mit progressiver Lebenserwartung steigen auch die Gesundheitsausgaben (Vgl. Abbildung 41). Betrachtet man nur die Ausgaben der gesetzlichen Krankenversicherung, lässt sich ein jährlicher Anstieg von 3 Prozent feststellen. Zwischen 1992 und 2002 erhöhten sich die Ausgaben der gesetzlichen Krankenversicherung um 34,4 Mrd. Euro. Nach Berechnungen des Statistischen Bundesamtes beliefen sich im Jahr 2002 die Ausgaben der gesetzlichen Krankenversicherung auf rund 138 Mrd. Euro, was wiederum ca. einem Fünftel des Gesamtsozialbudgets entspricht.[5]

Abbildung 41: Entwicklung der Gesundheitsausgaben in Deutschland

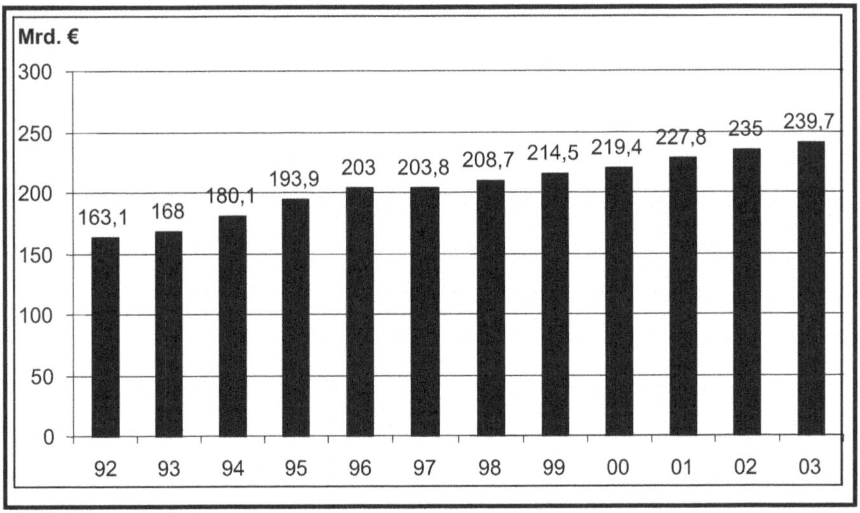

Jahr	Mrd. €
92	163,1
93	168
94	180,1
95	193,9
96	203
97	203,8
98	208,7
99	214,5
00	219,4
01	227,8
02	235
03	239,7

Quelle: Statistisches Bundesamt.

Mit der Gesundheitsreform 2004 wurde versucht, die staatliche Subventionierung des Gesundheitswesens zu reduzieren, da auch hier die Ausgaben den Anteil der Einnahmen nicht übersteigen sollten (vgl. gesetzliche Rentenversicherung). Dieses Ziel soll in Zukunft durch mehr Eigenverantwortung und Eigenleistungen der Versicherten und mehr Wettbewerb im Gesundheitswesen erreicht werden, um die gesetzlichen Krankenkassen bis 2007 um 23 Mrd. Euro zu entlasten und um den Beitragssatz auf unter 13 Prozent senken zu können.

Stets bleibt die Reform des deutschen Sozialstaates eine Gratwanderung zwischen politisch Gewolltem, finanziell Möglichem und verfassungsrechtlich

---

5 http://www.destatis.de/downloa d/d/datenreport/109gesch.pdf>

Zulässigem. Eingezahlte Rentenbeiträge der Versicherten fallen unter den Eigentumsschutz des Art. 14 GG. Kritisch wäre eine Erhöhung der Beiträge dann, wenn ein Ungleichgewicht zwischen eingezahltem Kapital der Versicherten und der tatsächlichen Versicherungsleistung eintreten würde. Dies verstieße gegen das so genannte Verhältnismäßigkeitsprinzip (Papier in FAZ, 24.11.2005). Zwar können wiederkehrende Ankündigungen von linkspopulistischer Seite, gegen die Erhöhung der Sozialabgaben vor das Bundesverfassungsgericht zu ziehen, bei vielen Betroffenen auf Beifall rechnen. Kaum aber trüge eine solche Initiative zu einer Lösung des Problems bei, sondern sie offenbarte vielmehr den „unendlichen Forderungskatalog" der Linkspopulisten (Hartleb 2004, S. 170).

IX Gegen „Eurokratie" und die „Entgrenzung" des Nationalstaates

Einwände gegen die Generalkritik an der Europäischen Union

Im vorhergehenden Kapitel wurde dargestellt, dass sich der Populismus an klassische staatszentrierte Handlungskonzepte anlehnt. Seine staatsnahe Grundhaltung wird gespeist aus dem Glauben in die ungebrochene Heilkraft umfassender Regulierungsmöglichkeiten staatlicher Steuerung. Sowohl die populistisch agierende Linke als auch Wortführer des Rechtspopulismus leiten aus konträren Weltsichten jeweils die Erwartung ab, dass der Staat regulativ und umverteilend tätig bleibe (hierzu Lowi 1964, 1972). Vor allem in wirtschafts- und sozialpolitischen Fragen werde ein handlungsmächtiger und von Kapitalinteressen unabhängig agierender Akteur benötigt, dessen wesentliche Aufgabe darin bestünde, die Arbeits- und Lebensbedingungen „breiter Volkskreise" zu verbessern und individuelle Risiken weitmöglich abzuwehren (vgl. Kapitel VIII). Allein das Vorhandensein eines starken, wo nötig protektionistisch auftretenden Interventionsstaates bürge, so das populistische Credo, dafür, dass Reformen des Arbeitsmarktes und bei den Systemen sozialer Sicherung sozialverträglich gestaltet würden.

Populisten halten folglich an der Institution des Nationalstaats beharrlich fest, auch wenn die Europäische Union längst ihren langen Schatten wirft und die herkömmliche staatliche Souveränität mit supranationalen Rechtsnormen zunehmend überformt. Für den Rechtspopulismus bilden Nation, Volk und Nationalstaat nach wie vor eine weltanschaulich zusammenhängende, unantastbare Größe. Der Populismus der Linken wiederum sieht im Nationalstaat den Garanten für die Aufrechterhaltung sozialer Sicherheit und sozialstaatlicher Garantien. Den Gefährdungen durch Globalisierung und Europäisierung wird die Idee einer nationalstaatlichen Enklave gegenübergestellt: Werde die traditionelle staatliche Schutzfunktion durch Internationalisierung und Denationalisierung gefährdet, sei die politische Rückorientierung der nationalen Regierung auf das eigene Staatsgebiet die angemessene Folge. Können soziale Errungenschaften des eigenen Landes auf der internationalen Bühne nicht verteidigt werden, müsse notfalls eine protektionistische Umsteuerung erfolgen. So müsse der Staat an seinen traditionellen Steuerungsformen, wie der autonomen Verabschiedung eigener Gesetze, ebenso festhalten wie an national orientierten Reaktionen auf die Herausforderungen einer globalen Risikogesellschaft (vgl. Beck 1986). Modernere Ansätze zur Beschreibung von Staatstätigkeit, die den Blick auch auf neue Formen der ebenenübergreifenden Kooperation staatlicher und privater Akteure richten (Governance, Global Governance), tauchen im Problemhorizont populistischer Parteien und Politiker kaum oder gar nicht auf.

„Governance"

Dieser Begriff umschreibt neue Formen gesellschaftlicher, ökonomischer und politischer Regulierung, Koordination und Steuerung in komplexen institutionellen Strukturen, in denen meistens staatliche und private Akteure zusammenwirken. Solche Prozesse finden sich im Staat, in der öffentlichen Verwaltung, in Bereichen des Dritten Sektors (Verbände, Universitäten) und in privaten Unternehmen. Sie zeigen sich auf lokaler, regionaler und nationaler und europäischer Ebene ebenso wie in der internationalen Politik.
(Knill 2003)

Neben die ökonomisch und sozialpolitisch inspirierte Verteidigung einer möglichst unbeschnittenen nationalstaatlichen Souveränität tritt aus der populistischen Perspektive auch eine institutionelle Kritikdimension, die verbreitete Abwehrhaltungen vieler Bürgerinnen und Bürger gegen supranationale Organe aufgreift. Die Übertragung staatlicher Handlungsressourcen auf die europäische und internationale Ebene entfremde die Entscheidungen von der Problemwahrnehmung der Bürger, die sich einer permanenten politischen Bevormundung durch fremde Entscheider ausgesetzt sähen.

„Global Governance"

Konzept, mit dem auf die Frage der politischen Beherrschbarkeit von Weltproblemen und der Globalisierungstendenzen zu antworten versucht wird, mit der sich die Weltpolitik konfrontiert sieht. Weil sich die Schere zwischen der Globalisierung der Weltprobleme in der globalen Risikogesellschaft und der Fähigkeit der Staatenwelt, sie mit den herkömmlichen Verfahren und Instrumenten nationalstaatlicher Macht- und Interessenpolitik zu bewältigen, immer weiter öffnet, muss sich auch die Politik globalisieren.
(Nuscheler 2002: 291)

Zum Standardrepertoire institutioneller populistischer Kritik gehört der Vorwurf, die EU sei ein *bürokratischer Wasserkopf* und arbeite *nicht transparent* genug. Überdies könne sie aufgrund ihrer *Demokratiedefizite* keine angemessenen Lösungsmuster für die dezentrale Problembearbeitung anbieten. Stattdessen verschlinge sie jährlich große Finanzsummen zum Schaden der größten Nettozahler, unter anderem Deutschlands. Diese stellten zwar finanzielle Mittel zur Förderung des Europäischen Institutionensystems bereit, würden jedoch daraus selbst zu wenig Nutzen ziehen.

Die angesprochene institutionelle Kritik am europäischen „Regierungs"-System verlängert die aus der inländischen öffentlichen Diskussion bekannten populistischen Stereotypen des *Anti-Establishment* (vgl. Kapitel I) und des *Antibürokratismus* (vgl. Kapitel III) auf die EU-Ebene. Die Europäische Union wird dargestellt als ein vollkommen undurchsichtiger, zentralistischer, bürokratischer, nicht bürgernaher und auch korrupter Apparat, ein „Moloch", der die Entscheidungsmöglichkeiten der dezentralen – also regionalen und kommunalen – Ebenen zu einer politischen Restkategorie herabstufe. Erkennbar werde dies an dem offensichtlichen Interessengegensatz zwischen der europapolitischen Mehrheitsmeinung der vermeintlichen Politischen Klasse und der Problemwahrnehmung der Bürger selbst. Die wahre Volksstimmung habe sich beispielsweise im Widerstreben gegen die Einführung der Gemeinschaftswährung Euro und 2005 auch in etlichen nationalen Plebisziten über das Vertragswerk für eine Europäische Verfassung offenbart.

Die institutionelle Kritik an der „Brüsseler Bürokratenherrschaft" verbindet sich mit der oben bereits beschriebenen, sozialpolitisch und ökonomisch begründeten Ablehnung der Übertragung nationalstaatlicher Zuständigkeiten an diese supranationale Ebene. Angeprangert wird, dass große Gruppen der Gesellschaft wie insbesondere „die Arbeitnehmerschaft" unter den globalisierungsfreundlichen wirtschaftspolitischen Handlungsprämissen der europäischen Ebene nur Nachteile hätten. Die EU wird dargestellt als ein von den Menschen nicht wirklich gewolltes Kunstprodukt der Etablierten. Hierbei werde der Förderung des marktwirtschaftlichen Wettbewerbs auf Kosten solidarischer Gesellschaftsmuster nationalstaatlicher oder heimatlicher Prägung Vorrang eingeräumt. Die Europäische Union wird damit zur eigentlichen Bedrohung klassischer sozialstaatlicher Besitzstände. Als politisches Gegenmittel empfehlen Populisten die Rückkehr zu protektionistischen Maßnahmen unter der Obhut nationalstaatlicher Intervention.

1 Populistische EU-Kritik bei Parteien des linken und rechten Randes

Die europaweit verbreitete euroskeptische Grundstimmung wird in vielen EU-Mitgliedstaaten von populistischen Parteien aufgenommen und offensiv auf die Unionsebene getragen. Dabei geht der Typus der Protestpartei mit dem Muster populistischer Vermittlung von Politik und unterschiedlichen Spielarten von politischem Extremismus ganz unterschiedliche Verbindungen ein. Zupass kommt diesen Parteien, dass die Europawahlen von der Bevölkerung vieler Mitgliedstaaten als Wahlen zweiter Ordnung betrachtet werden; damit wächst die Bereitschaft mit dem europäischen Stimmzettel der jeweiligen nationalen Regierung einen Denkzettel zu verabreichen. Mit der EU-Osterweiterung hat sich diese Einstellung nicht gewandelt; lediglich ihr territorialer Wirkungsbereich ist größer geworden. Schon vor den Wahlen zum Europaparlament am 13.Juni 2004 zeichnete sich nach Beobachtungen der Wahlforscher ab, „daß wie bisher in den alten auch in den neuen Mitgliedsländern zahlreiche Unionsbürger den Wahlgang nutzen werden, um mit den Regierungen abzurechnen" (FGW 2004: 21). Wenn aber „Denkzettelwahlen" anstehen, wachsen die Gewinnchancen für populistisch angeheizte Anti-Gefühle: „Erfolge wurden dabei außerdem vielen der kleineren und national weniger präsenten Gruppierungen zugetraut, die – egal ob als Rechtspopulisten oder mit anti-europäischen Kampagnen – vor allem Protest kanalisieren" (ebenda).

Zwar haben in Deutschland bei den Europawahlen 2004 Parteien, die Protest artikulieren, nicht annähernd vergleichbar spektakuläre Erfolge erzielt wie beispielsweise die in Polen von Andrej Lepper geführte „Selbstverteidigung" (Samobroona) und die „Liga Polnischer Familien" (Liga Polskich Rodzin) mit Stimmenanteilen von 10,8 Prozent und 15,9 Prozent oder die UK Independence Party (UKIP) in Großbritannien mit 16,8 Prozent. Die PDS kam mit einem Zugewinn von 0,3 Prozent auf 6,1 Prozent. Auch hat sich im deutschen Parteiensystem eine dezidiert euroskeptische Partei bisher nicht etablieren können. Schließlich wird auch die allgemeine Stimmungslage in Deutschland nicht einseitig und eindeutig von anti-europäischen Emotionen beherrscht. Die Einstellungen der Deutschen gegenüber der EU und ihren Institutionen stellt sich vielmehr recht differenziert dar. Die Forschungsgruppe Wahlen charakterisiert dieses Einstellungsprofil als distanziert pragmatisch:

„Für eine Mehrheit der Deutschen stand bei der Stimmabgabe am 13. Juni die Politik in Berlin an erster Stelle. Europa hatte bei der Wahl zum Europäischen Parlament dagegen nachgeordnete Relevanz. Dies bedeutet aber keinesfalls, daß die Bundesbürger der Gemeinschaft oder dem Integrationsprozeß grundsätzlich ablehnend gegenüber stehen: Vielmehr läßt sich neben einer zweifellos vorhandenen Instanz zur transnationalen Wahlebene, schwachem europapolitischem Interesse oder Informationsdefiziten im Großen und Ganzen eine durchaus pro-europäische Grundstimmung ausmachen. So sehen die Deutschen die EU-Mitgliedschaft tendenziell positiv, bezeichnen die Geschwindigkeit des Integrationsprozesses sowie die Osterweiterung mehrheitlich als gerade richtig und halten auch die Reichweite der Gemeinschaftspolitik in Deutschland für angebracht."
(FGW 2004: 35)

Es überrascht daher nicht, dass, abgesehen von der PDS, die auch bei diesen Wahlen vor allem ihr stabiles ostdeutsches Stimmenpotential als regionale Interessenpartei ausschöpfte, rechtsextreme und andere Kleinparteien unter ferner liefen rangierten. Die REP kamen bundesweit auf 1,9 Prozent. In Ostdeutschland erzielten sie, genauso wie die NPD, 2,2 Prozent.

Dennoch gehört die Bedienung anti-europäischer Ängste und Ressentiments auch hierzulande zur propagandistischen Grundausstattung populistisch agierender Parteien. Bei den letzten Wahlen zum Europaparlament hat die PDS diese Klaviatur eifrig bespielt:

> „Die PDS, die ihre inhaltslose Kampagne unter anderem mit „Es reicht" überschrieb, bediente sich im Wahlkampf bei Slogans, die das 'Neue Deutschland' in früheren Jahren mit „Primitivagitation" rechter Populisten abgetan hätte. Ob die Postkommunisten mit ihrer einfach gestrickten Proteststrategie Erfolg haben würden, war vor der Wahl eine der Unklarheiten."
> (FGW 2004: 25)

Ein Beispiel für eine erste – nicht gänzlich erfolglose – parteipolitische Abwehrreaktion auf die EU stellte die Gründung des *Bundes Freier Bürger* 1994 dar. Mitte der 1990er Jahre hatte diese Partei vorübergehend auch im Münchener Stadtrat Fuß fassen können. Der ehemalige FDP-Landesvorsitzende Bayerns und frühere persönliche Mitarbeiter des EU-Kommissars Martin Bangemann, Manfred Brunner, gründete den BFB als eine bundesweit agierende Protestbewegung gegen den Maastricht-Vertrag. Insbesondere die mit diesem Vertragswerk besiegelte Wirtschafts- und Währungsunion bekämpfte Brunner als einschneidende Schwächung der national-staatlichen Souveränität Deutschlands. „Maastricht" sei über den Kopf der Bürger hinweg erfolgt; diese müssten ein finanzielles Fass ohne Boden füllen.

In einem Leserbrief in der Frankfurter Allgemeinen Zeitung vom 25. August 1993 konstatierte Brunner mit Bezug auf den Maastricht-Vertrag eine geistige Wiederkehr des *zentralistisch sozialistischen Grundansatzes des Jalta-Europas*. Brunner klagte vor dem Bundesverfassungsgericht gegen das Europäische Vertragswerk. Zwar wies das Karlsruher Gericht die Klage ab. Brunner konnte aber die mediale Öffentlichkeit nutzen, um im Jahr 1994 die förmliche Parteigründung gegen das Europäische Einigungsprojekt zu verwirklichen (vgl. Dietzsch/Magerle 1995). Mit fortdauernder Existenz wurde der *Bund Freier Bürger – Die Freiheitlichen* jedoch von rechtsnationalen Gruppen unterwandert. Vor allem die Fusion mit der *Offensive für Deutschland* Heiner Kappels 1995 löste die für Gruppierungen dieses Zuschnitts nicht untypischen Richtungsstreitigkeiten aus.

Auch nach der Auflösung des BFB im Jahr 2000 blieb das Anti-EU-Thema jedoch ein Bestandteil populistischer Agitation. Das Thema blieb nicht lange „herrenlos", sondern wanderte zu anderen Protestkernen weiter. Mit der Partei PRO **DM** des Düsseldorfer Millionärs Bolko Hoffmann, die später mit der *Partei Rechtsstaatliche Offensive* – besser bekannt als *Schill-Partei* – des Hamburger Richters und zeitweiligen Innensenators Ronald Schill verschmolz, existiert eine Partei, die Positionen des BFB fortschreibt und sich dezidiert für die Wiedereinführung der D-Mark ausspricht:

> „Der Euro schadet Deutschland und spaltet Europa. Die Währung vernichtet Arbeitsplätze und führt zu hohen Preissteigerungen. Ohne ein einheitliches Arbeits-, Steuer- und Handelssystem kann man keine einheitliche Währung über Europa stülpen. PRO DM tritt für eine Rückkehr zur D-Mark ein."
> (PRO DM 2002: 1)

Auch die Republikaner (REP) bewegen sich auf dem europapolitischen Feld mit dem ihnen eigenen dramatisierenden Empörungsgestus. Deutschland, so die Suggestion investiere große Teile seines Haushalts zum nationalstaatlichen Nachteil:

> „Wir sagen ja zu Europa, aber nein zu dieser EU. [...]. Die Stärke Europas liegt in seiner Vielfalt. Sie darf nicht durch Gleichmacherei abgelöst werden. Wir fordern eine grundlegende Reform der europäischen Gremien; zu beenden ist die Benachteiligung Deutschlands durch die Brüsseler Bürokratie und gegen Deutschland gerichtete Mehrheitsbeschlüsse [...]."
> (REP 2002: 10)

Gefordert wird eine Begrenzung europäischer Rechtsvorschriften auf ausschließlich grundsätzliche und wichtige Regelungen. Die europäischen Behörden müssten verkleinert und einer umfassenden Kontrolle durch das Parlament unterzogen werden. Die Agrarpolitik müsse in die Zuständigkeit der Mitgliedsstaaten zurück gelangen. Des Weiteren fordern die REP eine Begrenzung der Nettozahlungen einzelner Mitgliedsstaaten, die Vertretung der Mitgliedsländer in Europaparlament, Kommission und Verwaltung nach der Bevölkerungsstärke sowie die Abschaffung des Euro verbunden mit der Rückkehr zur Deutschen Mark.

Die Europakritik des deutschen rechten Populismus speist sich aus der Annahme einer grundsätzlichen Überlegenheit nationalstaatlicher Politik gegenüber supranational getroffenen Entscheidungen; letztere könnten notwendigerweise nicht dem nationalen Interesse entsprechen. Die Europäischen Institutionen bestätigten, so wird argumentiert, durch ihr eigenes Handeln, dass in Gestalt des Nationalstaats eine sozial verantwortliche Gegenkraft innerhalb der EU erhalten bleibe. Der Antikapitalismus von rechts kommt auch hier zum Ausdruck, wenn sich die REP gegen den „[...] demokratisch nicht legitimierten Einfluß der großen internationalen Konzerne [aussprechen]" (REP 2002: 5). Und weiter heißt es:

> „Die gegenwärtige Globalisierung kennt weder Gleichberechtigung noch Selbstbestimmung, sondern nur das Recht des Stärkeren. In einer schrankenlosen Konkurrenz setzt sich wirtschaftliche Macht gegen die berechtigten Interessen der Menschen durch. Der durch den Sozialstaat gezähmte Kapitalismus kann wieder sein häßliches Gesicht zeigen.

> „Der weltweite Wettbewerb ohne staatliche Beaufsichtigung des Handels und der Kapitalflüsse wird ausgenutzt, um die Arbeitnehmer gegeneinander auszuspielen, die Löhne zu drücken, Sozialleistungen abzubauen und den Umweltschutz beiseite zu schieben."
> (REP 2002: 9)

Die finanziellen Prioritäten des Nationalstaats müssten anders gesetzt bzw. aus den Fesseln der EU befreit werden. So habe die „[...] Förderung Mitteldeutschlands und der ehemaligen Zonenrandgebiete Vorrang vor Zahlungen an die Europäische Union und an Entwicklungsländer" (REP 2002: 8).

Dieser wohlfahrtschauvinistischen Interpretation der Europakritik schließt sich der linke Populismus deutscher Provenienz nicht an. Aber auch aus dieser Richtung wird sowohl mit institutionellen als auch mit ökonomischen Argumenten gegen die EU agitiert. Auch hier erscheint die Europäische Union als hyperbürokratisch, als eine Gefahr für den sozialen Frieden und als wesentliche Ursache für steigende Arbeitslosigkeit. Im Programm der PDS heißt es hierzu:

> „Aktuell steht die Europäische Union ihren Bürgerinnen und Bürgern vor allem als eine bürokratische, unsoziale und undemokratische Realität gegenüber. Wichtige Souveränitätsrechte der Staaten sind an die EU abgegeben und nationaler demokratischer Kontrolle entzogen worden, ohne die politischen Entscheidungsprozesse in der EU zu demokratisieren und vor allem die Rechte des Europäischen Parlaments auszuweiten."
> (PDS 2003: 9)

Die PDS bedient auch hier programmatisch den verteilungstheoretischen Gedanken der Divergenz zwischen den politisch und ökonomisch Mächtigen und den Machtlosen. Dieser Grundwiderspruch des Kapitalismus werde durch die Europäische Union weiter verschärft: „Zu den „[...] Verlierern des globalen Verdrängungswettbewerbs", ist sich die Partei sicher, „gehören die gering Qualifizierten in unserem Land" (PDS 2005: 8). Die vertraglichen Übereinkünfte von

Maastricht (1992) und Amsterdam (1997) hätten in erster Linie „den Ausbau der Europäischen Union zu einer von Banken- und Konzerninteressen geprägten Wettbewerbszone" nach sich gezogen. Die Folge sei, dass die „nationalen Regierungen und die Europäische Kommission [...] ihre Politik der neoliberalen Deregulierung und Privatisierung beschleunigt" fortsetzen. Auch die PDS schließt sich der Kritik an der Währungsunion an. Diese wird gedeutet als ein „Angriff auf die europäischen sozialstaatlichen Traditionen [...] unter Missachtung der Erfordernisse von Wirtschafts-, Sozial- und Beschäftigungspolitik".

2 Zur Kritik der EU-kritischen Stereotypen

Festzuhalten ist zunächst einmal, dass die dramatisierende Kritik des linken und rechten Populismus an der Europäischen Union von der deutschen Bevölkerung nicht in gleichem Maße geteilt wird, wie dies populistische Behauptungen glauben machen wollen. Die Einstellungen der Bundesbürger – und ebenso, wie unten zu zeigen sein wird, auch im Durchschnitt aller EU-Mitgliedsbevölkerungen – gegenüber der EU sind, wie oben dargelegt, durchaus differenziert. Allerdings hat „Europa" auch in Deutschland ein Legitimations- und Kenntnisdefizit:

> „Die mit 43 % niedrigste Wahlbeteiligung bei einer bundesweiten Wahl zeigt angesichts des tatsächlichen Einflusses des Europaparlaments auch ein Vermittlungsproblem der Politik. Parlamentsbeschlüsse aus Brüssel oder Straßburg halten 61 % der Deutschen persönlich für wichtig, bei Entscheidungen des Deutschen Bundestages sind dies aber 86 %. Hinzu kommt, daß das Interesse für Europapolitik (31 %) weit unter dem Interesse für Politik im Allgemeinen (50 %) liegt."
> (FGW 2004: 16)

Dieser „nationale Bias" in den Einstellungen zur EU und lässt sich allerdings keinesfalls deuten als allgemeine Unterstützung für jene Form der ideologischen Rückbesinnung auf den Nationalstaat, wie sie insbesondere von Rechtsaußen propagiert wird. Erkennbar zögerlich – eben distanziert pragmatisch – holen vielmehr die Bundesbürger auf der Einstellungsebene nach, was längst Praxis ist, nämlich die bereits vorangeschrittene Überformung der nationalstaatlichen Gesetze und Verordnungen durch das Primärrecht der EU.

2.1 Einschätzung der Institutionellen Bedingungen der Europäischen Union durch die EU-Bevölkerung

Im Durchschnitt der Grundstimmung in allen 25 EU-Mitgliedsstaaten lässt sich eine dezidiert europafeindliche Einstellung, anders als von etlichen nationalen populistischen Parteien und Politikern behauptet, nicht belegen. Zu den aufschlussreichen Ergebnissen kontinuierlicher empirischer Befragungen der EU-Bevölkerung zählt die Erkenntnis, dass in den letzten zehn Jahren die positive Lebenseinschätzung gleichbleibend hoch geblieben ist (Abbildung 42). Trotz weitreichender institutioneller Fortentwicklungen – so vor allem der EU-Osterweiterung oder auch der Diskussion eines Verfassungsvertrages – äußern sich vier von fünf EU-Bürgern zufrieden über die persönliche Lebenssituation. Zwar ist dieser Wert in den neu beigetretenen Mitgliedsländern etwas geringer. Doch dominiert auch dort eine vergleichbar positive Grundstimmung. Lediglich ein Fünftel der Befragten äußert sich erklärtermaßen unzufrieden.

Abbildung 42: Einschätzung der persönlichen Lebenszufriedenheit (Durchschnittswerte aller 25 EU-Staaten)

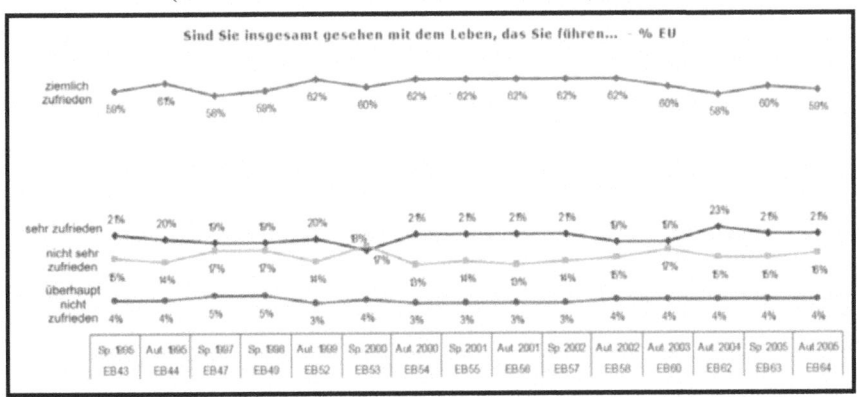

Quelle: Europäische Kommission, Eurobarometer 64 2005: 5.

Auch die Mitgliedschaft des Heimatlandes in der Europäischen Union wird überwiegend wohlwollend beurteilt. Das Zustimmungsniveau bewegt sich seit rund einem Jahrzehnt bei rund 50 Prozent (Abbildung 43). Zweifellos nimmt auf der anderen Seite immerhin etwa jeder fünfte EU-Bürger eine kritische Position gegenüber der EU-Mitgliedschaft des Heimatlandes ein. Hieraus lässt sich schließen, dass anti-europäische Argumentationsmuster auch künftig eine gewisse Resonanz haben dürften, da populistische Parteien dieses Wählerreservoir zulasten des rationalen Politikdiskurses zu erschließen versuchen.

Abbildung 43: Beurteilung der EU-Mitgliedschaft (Durchschnitt aller 25 Mitgliedstaaten)

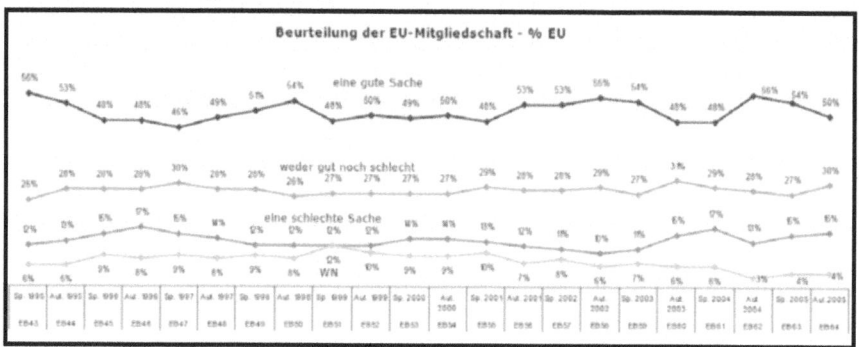

Quelle: Europäische Kommission, Eurobarometer 64 2005: 10.

Die Mehrzahl der EU-Bürger verspricht sich von einer Mitgliedschaft in der Europäischen Union Vorteile. Allerdings ist die Differenz zwischen Optimisten und Pessimisten in den letzten Monaten wieder kleiner geworden (Abbildung 44). Im Jahr 2001 erwartete nur rund ein Viertel der Befragten keine Vorteile von einer Mitgliedschaft in der Union. Dieser Anteil ist mittlerweile auf mehr als ein Drittel gestiegen, während der Anteil der Befürworter von Vorteilen seither stagniert.

Gegen „Eurokratie" und die „Entgrenzung" des Nationalstaates 155

Abbildung 44: Vorteile durch die Europäische Union (Durchschnitt aller 25 Mitgliedstaaten)

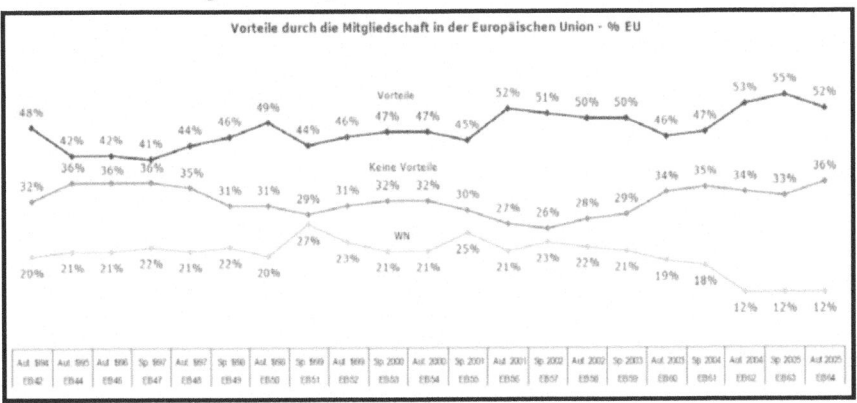

Quelle: Europäische Kommission, Eurobarometer 64 2005: 12.

Abbildung 45: Bild der Europäischen Union (im Durchschnitt aller 25 Mitgliedstaaten)

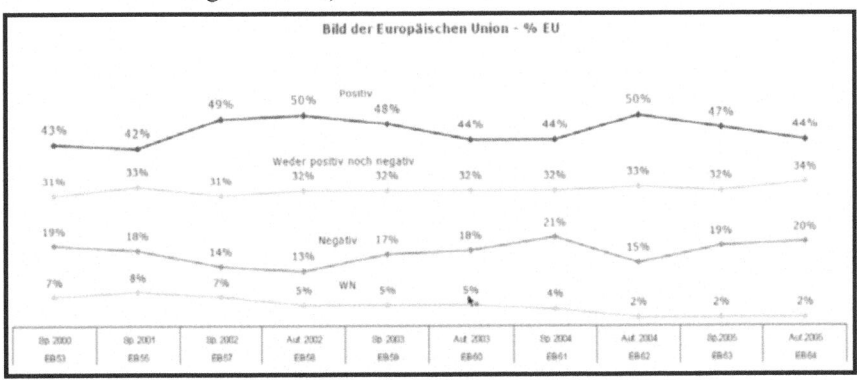

Quelle: Europäische Kommission, Eurobarometer 64 2005: 18.

Diesem insgesamt recht positiven Stimmungsbild stehen jedoch skeptischere Einschätzungen der politischen Performanz Europas gegenüber. Der Eindruck eines positiven Erscheinungsbildes der Europäischen Union ist im Laufe des Jahres 2005 spürbar gesunken (Abbildung 45). Ähnliches gilt für die Wahrnehmung der politischen Arbeit der europäischen Institutionen. Das Vertrauen sowohl in die Europäische Kommission als auch das Europäische Parlament ging kontinuierlich zurück (Abbildungen 46 und 47). Mittlerweile hegt etwa jeder dritte EU-Bürger eine misstrauische Grundstimmung gegenüber dem Europäischen Parlament.

Abbildung 46: Vertrauen in die Europäische Kommission (im Durchschnitt aller 25 Mitgliedstaaten)

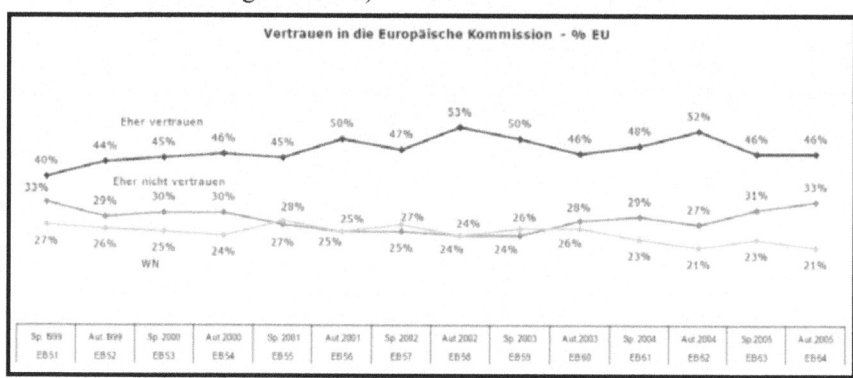

Quelle: Europäische Kommission, Eurobarometer 64 2005: 20.

Abbildung 47: Vertrauen in das Europäische Parlament (im Durchschnitt aller 25 Mitgliedstaaten)

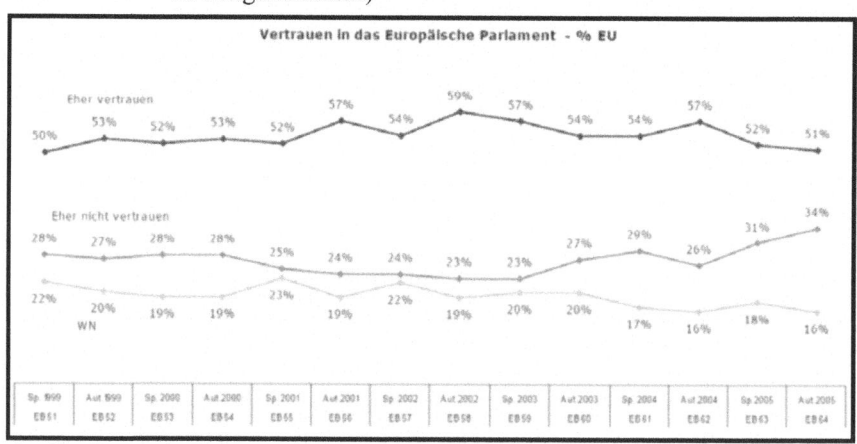

Quelle: Europäische Kommission, Eurobarometer 64 2005: 20.

Trotz partiell rückläufiger Vertrauenswerte in den letzten Monaten kann eine überwiegend positive Grundtendenz festgehalten werden. Rund die Hälfte aller EU-Bürger äußert sich bezüglich des Europäischen Integrationsprozesses wohlwollend. Dieser grundsätzlich positive Tenor leitet auch die Einstellungen zum Europäischen Verfassungsvertrag, der in letzter Zeit höchst kontrovers diskutiert worden ist. Insbesondere die ablehnenden Volksabstimmungen in Frankreich und den Niederlanden galten vielen Beobachtern als Vorboten eines vorläufigen Scheiterns des Europäischen Einigungsprojektes. Die empirischen Daten stützen diese Einschätzung nicht. Im Gegenteil: Trotz der aus der Sicht der etablierten Politik gescheiterten Referenden stieg allgemein die Zustimmung zum Konzept einer Europäischen Verfassung von Frühjahr bis Herbst 2005 weiter an (Abbildung 48).

Abbildung 48: Zustimmung zum Konzept einer Europäischen Verfassung im Frühjahr und Herbst 2005 (im Durchschnitt aller 25 Mitgliedstaaten)

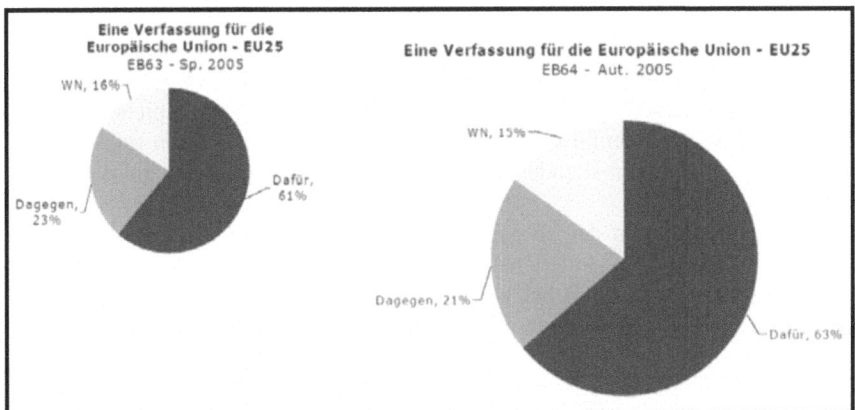

Quelle: Europäische Kommission, Eurobarometer 64 2005: 22.

Der Blick auf die Umfragen, die subjektive Einstellungen messen, bedarf der Ergänzung durch objektivierbare Daten. Hier sind vor allem solche Daten aussagekräftig, welche die ökonomische Seite der EU abbilden. Grundsätzlich gilt: Zwar determiniert die europäische Politik in der Tat in hohem Maße nationale Entscheidungen. Doch sind populistische Kosten-Nutzen-Rechnungen, die unterstellen, dass Deutschland als Nettozahler finanziell ungebührlich zur Ader gelassen werde, ein ökonomischer Gegengewinn aber ausbleibe, sachlich nicht haltbar. Denn zum einen ist die finanzielle Belastung Deutschlands durch die Europäische Union weniger gravierend als häufig unterstellt (2.2). Im Gegenteil: Durch die Rückflüsse aus EU-Fonds insbesondere in die ostdeutschen Länder, die mehr als ein Jahrzehnt den Höchstförderungsstatus besaßen, sind beachtliche

Kompensationseffekte erzielt worden. Zum anderen eröffnet die Europäische Union mit ihrem erweiterten Binnenmarkt gerade für eine exportorientierte Volkswirtschaft wie die deutsche enorme Absatz- und Gewinnchancen (2.3).

2.2 Deutschland: finanziell ungebührlich belastet durch die Europäische Union?

In der Regel reden populistische Akteure nicht von den tatsächlichen Belastungen Deutschlands infolge europäischer Aufwendungen. Vielmehr wird undifferenziert die Metapher vom finanziellen „Fass ohne Boden" bedient. Tatsächlich nehmen sich, gemessen am Volumen des Gesamthaushalts der Bundesrepublik Deutschland, die Zahlungen an die Europäische Union verhältnismäßig bescheiden aus, sofern man die Rückflüsse aus Brüssel mit berücksichtigt. Dass die Vorgabe des Stabilitäts- und Wachstumspaktes von 1997, in dem sich die EU-Mitgliedstaaten verpflichtet haben, eine Verschuldungsrate von jährlich 3 Prozent nicht zu unterschreiten, in Deutschland in den letzten Jahren nicht eingehalten worden ist, hat ebenfalls weniger mit der Europäischen Union selbst zu tun als vielmehr mit der anhaltenden Wirtschaftsschwäche in Deutschland (vgl. Brok 2003).

Noch im Rahmen der so genannten Agenda 2000 ist seitens der EU beschlossen worden, den Anteil nationaler Eigenmittel im laufenden Finanzplanungszeitraum (2000-2006) beizubehalten und hieraus den Beitritt der Neumitglieder zu finanzieren. Auf dem Europäischen Rat in Berlin 1999 kamen die Staats- und Regierungschefs zudem überein, eine gerechtere Aufteilung zwischen den Zahlerländern herbeizuführen. Insbesondere Deutschland als größte Nettozahler in die Europäische Union profitiert von der Senkung des Schlüssels zur Refinanzierung des Britenrabatts von 66 auf 25 Prozent. Alle Mitgliedsländer haben den Eigenmittelbeschluss zu Beginn des 21. Jahrhunderts ratifiziert. Auch die moderate finanzielle Vorausschau der Europäischen Union für den Zeitraum 2000 bis 2006 durch den Rat von Kopenhagen brachte der Bundesrepublik durchaus finanzielle Erleichterungen (Finanzbericht des Bundes 2004: 83-86).

Von Mitte der 1990er Jahre bis 2004 ist der Eigenmittelanteil Deutschlands für die Europäische Union kontinuierlich von 33,3 Prozent (1994) auf 20,4 Prozent (2005) gesunken. In den kommenden Jahren wird der Eigenmittelanteil bis 2008 zwar neuerlich auf voraussichtlich 26,4 Prozent ansteigen (Finanzbericht des Bundes 2005: 80, vgl. Abbildung 49). Doch hat Deutschland als ökonomisch stärkstes und bevölkerungsreichstes Mitgliedsland eben auch eine besondere Verantwortung für den politischen Zusammenhalt in der Europäischen Union.

Abbildung 49: Eigenmittelabführungen des Bundes an den EU-Haushalt 2003-2008 in Mrd. €

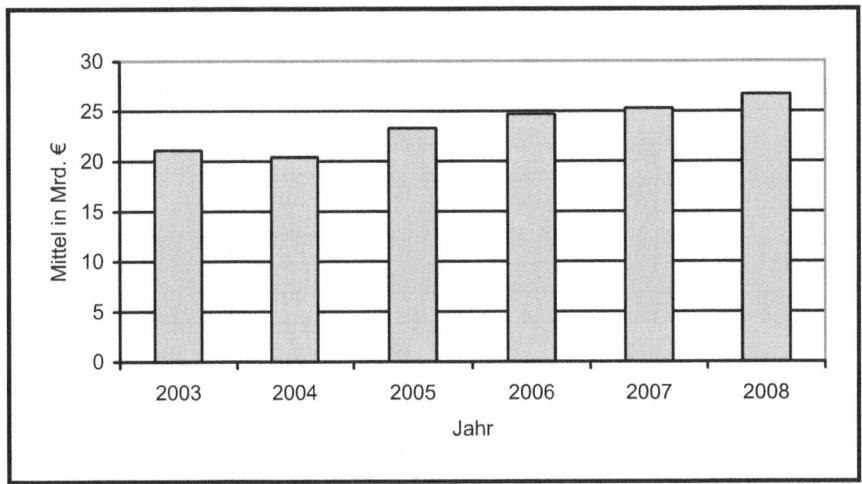

Quelle: Finanzbericht des Bundes 2005: S. 80.

Diese Rechnung ist jedoch unvollständig, wenn nicht die Rückflüsse aus Brüsseler Agrarfonds- und Strukturfondsmitteln einbezogen werden. In den Förderperioden zwischen 1989 und 2006 hat Deutschland zwischen 11,5 Prozent und 15,4 Prozent – mit ansteigender Tendenz – der Mittel für Strukturförderung bezogen (Abbildung 50). Damit ist Deutschland nicht nur Zahlerland, sondern auch einer der wesentlichen Empfänger europäischer Strukturmittel.

Abbildung 50: Europäische Strukturfondsmittel nach Deutschland im Zeitverlauf 1989-2006 in Prozent (Preise 1994 bzw. 1999)

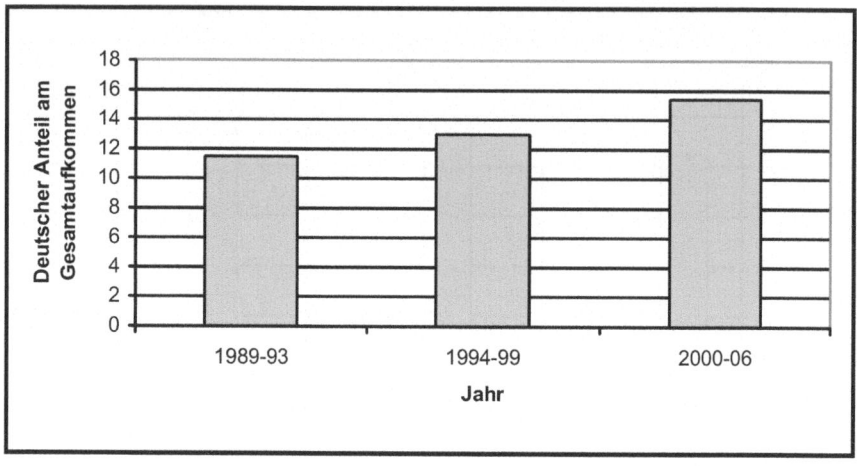

Abbildung 51: Europäische Strukturfondsmittel in der Förderungsperiode 2000-2006 (Preise 1994 bzw. 1999)

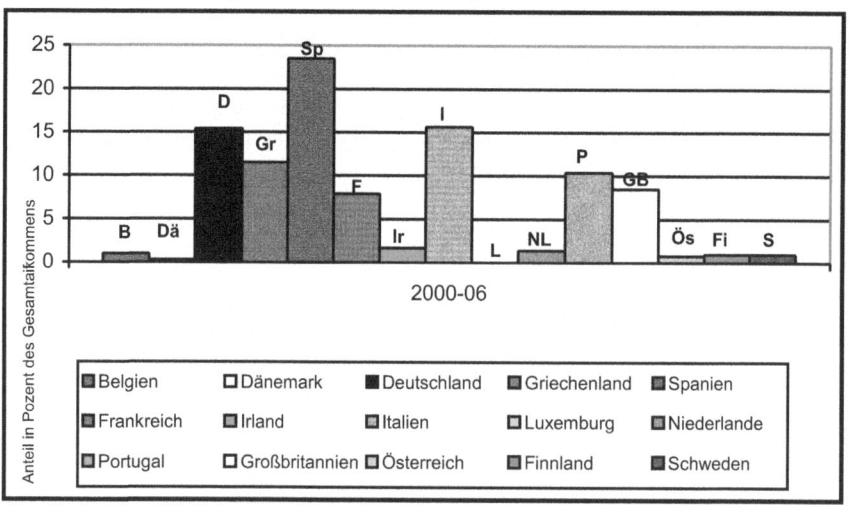

Quelle beider Abbildungen: Maier/Tödtling 2002: 225.

Allein für den ländlichen Raum fließen im Förderzeitraum 2000 bis 2006 insgesamt 5,31 Mrd. Euro nach Deutschland. Das ist – nach Frankreich mit 5,76 Mrd. Euro – der zweitgrößte Betrag überhaupt (Abbildung 52).

Abbildung 52: Zahlungen der EU für die Landwirtschaft in der Förderungsperiode 2000-2006

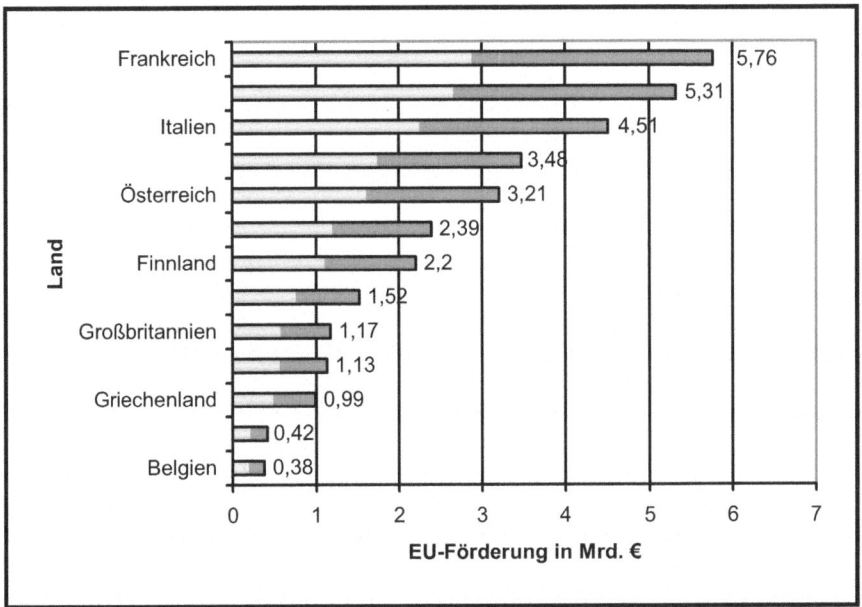

Quelle: FAZ vom 18.11.2003, S. 23.

Mit Hilfe der europäischen Strukturpolitik sollen auch die wirtschaftlich schwächeren Staaten auf den zweifellos herrschenden ökonomischen Wettbewerb in der Europäischen Union vorbereitet werden, sodass alle Mitgliedsländer einen ökonomischen Nutzen aus dem Integrationsprozess erzielen können. Die regionalpolitische Förderung als der zweitgrößte Baustein des europäischen Haushalts kennzeichnet ihrerseits das normative Ziel der Schaffung einer auch politisch handlungsfähigen Einheit, die durch übergroße ökonomische Differenzen nur schwerlich zu erreichen wären.

Auch die ostdeutschen Bundesländer befanden sich bis zur EU-Osterweiterung im Mai 2004 im Kreis derjenigen Regionen mit dem höchsten Förderungsanspruch. Sie bezogen eine umfangreiche finanzielle Unterstützung, ohne die positive Entwicklungsprozesse so nicht hätten vollzogen werden können. Durch eine kontinuierliche Zusammenarbeit zwischen den Mitarbeitern der EU-Kommission und den Vertretern der Landesbehörden wird versucht, die regionalen Besonderheiten der Förderregionen auch in den ostdeutschen Ländern zu berücksichtigen. Damit schafft die Europäische Union langfristig die politischen Voraussetzungen für eine positive ökonomische Entwicklung. Davon profitiert vor allem Deutschland als das wirtschaftlich stärkste Mitglied des Integrationsraumes, allen vereinfachenden Darstellungen des Populismus zum Trotz.

In den kritischen Kommentaren bezüglich der Europäischen Union wird ihr ökonomischer Nutzen für Deutschland häufig unterschätzt. Dazu zählt nach Meinung von Elmar Brok (2003) gerade auch die Einheitswährung, die Europa vor Internationalen Währungs- und Finanzkrisen zu schützen vermag.

2.3 Ökonomische Vorteile Deutschlands aus dem Europäischen Integrationsprozess

Deutschland als eine exportorientierte Volkswirtschaft nutzt die sich aus dem Binnenmarkt ergebenden Chancen. Die Handelsbilanz mit Staaten der Europäischen Union, die der wichtigste Abnehmer für deutsche Produkte ist, wies jährliche Überschüsse aus. Rund zwei Drittel ihrer Produkte führt die deutsche Volkswirtschaft in EU-Länder aus (Abbildung 53). Im Jahr 2004 ist der EU-Anteil an deutschen Exporten um rund 10 Prozent gestiegen. Die osteuropäischen Nachbarländer, insbesondere jene, die am 1. Mai 2004 der Europäischen Union beigetreten sind, fragen in hohem Maße deutsche Waren nach und sind somit nicht nur Konkurrenten, sondern wirtschaftliche auch essentielle Handelspartner. Zehn der 15 wichtigsten Empfängerländer deutscher Exporte sind Mitglieder des Integrationsraumes.

Gegen „Eurokratie" und die „Entgrenzung" des Nationalstaates

Abbildung 53: Rangfolge der Handelspartner im Außenhandel der Bundesrepublik Deutschland (Ausfuhr Bestimmungsland)

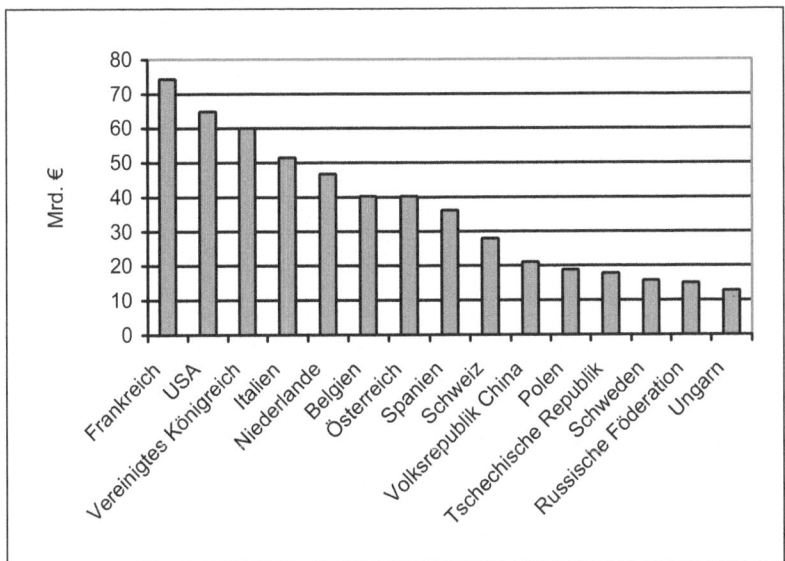

Quelle: Statistisches Bundesamt.

Mit Hilfe der europäischen Strukturpolitik sollen auch die wirtschaftlich schwächeren Staaten auf den zweifellos herrschenden ökonomischen Wettbewerb in der Europäischen Union vorbereitet werden, sodass alle Mitgliedsländer einen ökonomischen Nutzen aus dem Integrationsprozess erzielen können. Die regionalpolitische Förderung als der zweitgrößte Baustein des europäischen Haushalts kennzeichnet ihrerseits das normative Ziel der Schaffung einer auch politisch handlungsfähigen Einheit, die durch übergroße ökonomische Differenzen nur schwerlich zu erreichen wären. Auch die ostdeutschen Bundesländer befanden sich bis zur EU-Osterweiterung im Mai 2004 im Kreis derjenigen Regionen mit dem höchstem Förderungsanspruch. Sie bezogen eine umfangreiche finanzielle Unterstützung, ohne die positive Entwicklungsprozesse so nicht hätten vollzogen können. Durch eine kontinuierliche Zusammenarbeit zwischen den Mitarbeitern der EU-Kommission und den Vertretern der Landesbehörden wird versucht, die regionalen Besonderheiten der Förderregionen auch in den ostdeutschen Ländern zu berücksichtigen. Damit schafft die Europäische Union langfristig die politischen Voraussetzungen für eine positive ökonomische Entwicklung, verbunden mit einer hohen Friedensdividende, die ihrerseits eine wesentliche Grundlage ökonomischer Wohlfahrt bildet. Davon profitiert vor allem Deutschland als das stärkste Mitglied des Integrationsraumes, allen vereinfachenden Darstellungen des Populismus zum Trotz.

Abbildungsverzeichnis

Abbildung 1: Kommentar zur Großen Koalition in einer Boulevardzeitung 14

Abbildung 2: Vereinfachtes Schema der populistischen Schnittmenge von Ideologien des äußersten linken und rechten Randes 23

Abbildung 3: Trianguläres Beziehungsmuster von Protestpartei, Extremismus und Populismus 33

Abbildung 4: Vertrauen der Bevölkerung in verschiedene Berufsgruppen 39

Abbildung 5: Vertrauen in Institutionen 40

Abbildung 6: Vertrauen in Bundestagsabgeordnete 40

Abbildung 7: Leserzuschriften 42

Abbildung 8: Annonce der „Reichspartei des deutschen Mittelstandes (Wirtschaftspartei)" 48

Abbildung 9: Eine weitere Annonce der „Reichspartei des deutschen Mittelstandes (Wirtschaftspartei)" 49

Abbildung 10: Staatsverantwortung für Bereiche außerhalb der Einkommenssicherung in Risikofällen 1985-1996 50

Abbildung 11: Verantwortlichkeit für soziale Sicherheit 51

Abbildung 12: Hartz-IV-Demonstrationen in Halle (Saale) 56

Abbildung 13: Plakatmotive bei Hartz-IV-Demonstrationen 58

Abbildung 14: Wahrnehmung der Verbreitung von Filz von Seiten der Bevölkerung 63

Abbildung 15: Die Tätigkeitsfelder eines Abgeordneten 77

Abbildung 16: Eintritts- und Bindungsmotive nach den Ergebnissen der Potsdamer Parteimitgliederstudie 82

Abbildung 17: Wahrnehmung der Aufdeckung von Affären vonseiten der Bevölkerung 85

Abbildung 18: Ausübung bezahlter Nebentätigkeiten nach Parteizugehörigkeit 89

Abbildungsverzeichnis

Abbildung 19: Anteil der Schulabschlüsse von Bundestagsabgeordneten des 15. Bundestages im Vergleich zur Bevölkerung in Prozent 94

Abbildung 20: Anteil der Berufsgruppen von Bundestagsabgeordneten des 15. Bundestages im Vergleich zur Bevölkerung in Prozent 95

Abbildung 21: Parteifinanzen 2000 103

Abbildung 22: Interview mit Politikwissenschaftler Werner J. Patzelt 111

Abbildung 23: Die Entwicklung der ausländischen Wohnbevölkerung in Deutschland zwischen 1980 und 2004 (in Mio. Einwohner) 113

Abbildung 24: Der Anteil ausländischer Wohnbevölkerung in den deutschen Bundesländern (in Prozent) 114

Abbildung 25: Entwicklung der Asylbewerberzahlen im Zeitverlauf 115

Abbildung 26: Leistungen für Asylbewerber I 116

Abbildung 27: Leistungen für Asylbewerber II 117

Abbildung 28: Entwicklung der Anerkennungsquote von Asylbewerbern im Zeitverlauf 118

Abbildung 29: Entwicklung ausländischer Direktinvestitionen in den neuen Flächenländern zwischen 1991 und 2001 120

Abbildung 30: Ausländische Direktinvestitionen in den neuen Flächenländern in € je Einwohner zwischen 1991 und 2001 121

Abbildung 31: Handicap für den Osten: Fremdenfeindlichkeit und rechte Gewalt .. 122

Abbildung 32: Kann Kriminalität Unternehmensentscheidungen beeinflussen? 123

Abbildung 33: Anteil der nichtdeutschen Tatverdächtigen differenziert nach dem Anlass ihres Aufenthaltes in Prozent (Nichtdeutsche Tatverdächtige = 100%) 129

Abbildung 34: Prozentanteil der Nichtdeutschen an der Gesamtzahl der Tatverdächtigen (=100 Prozent) 131

Abbildung 35: Karikatur zur Rente 135

Abbildung 36: Anteil der Altersgruppen an der Gesamtbevölkerung in Prozent 138

Abbildung 37: Rentenausgaben des Bundes von 1957-2004 139

Abbildung 38: Anzahl der Erwerbstätigen in Millionen 140

Abbildungsverzeichnis 167

Abbildung 39: Entwicklung der durchschnittlichen Rentenbezugsdauer in Deutschland 1960 bis 2002 141

Abbildung 40: Abgabenquote im internationalen Vergleich (in Prozent des Bruttoinlandsprodukts) 142

Abbildung 41: Entwicklung der Gesundheitsausgaben in Deutschland 143

Abbildung 42: Einschätzung der persönlichen Lebenszufriedenheit (Durchschnittswerte aller 25 EU-Staaten) 153

Abbildung 43: Beurteilung der EU-Mitgliedschaft (Durchschnitt aller 25 Mitgliedstaaten) 154

Abbildung 44: Vorteile durch die Europäische Union (Durchschnitt aller 25 Mitgliedstaaten) 155

Abbildung 45: Bild der Europäischen Union (im Durchschnitt aller 25 Mitgliedstaaten) 155

Abbildung 46: Vertrauen in die Europäische Kommission (im Durchschnitt aller 25 Mitgliedstaaten) 156

Abbildung 47: Vertrauen in das Europäische Parlament (im Durchschnitt aller 25 Mitgliedstaaten) 156

Abbildung 48: Zustimmung zum Konzept einer Europäischen Verfassung im Frühjahr und Herbst 2005 (im Durchschnitt aller 25 Mitgliedstaaten) 157

Abbildung 49: Eigenmittelabführungen des Bundes an den EU-Haushalt 2003-2008 in Mrd. € 159

Abbildung 50: Europäische Strukturfondsmittel nach Deutschland im Zeitverlauf 1989-2006 in Prozent (Preise 1994 bzw. 1999) 160

Abbildung 51: Europäische Strukturfondsmittel in der Förderungsperiode 1989-2006 (Preise 1994 bzw. 1999) 160

Abbildung 52: Zahlungen der EU für die Landwirtschaft in der Förderungsperiode 2000-2006 161

Abbildung 53: Die wichtigsten Empfängerländer des deutschen Exports 163

Die Autoren

Everhard Holtmann, Prof. Dr. phil., Jg. 1946, Inhaber des Lehrstuhls für Systemanalyse und Vergleichende Politik am Institut für Politikwissenschaft der Martin-Luther-Universität Halle-Wittenberg.

Adrienne Krappidel, Dipl. Pol., Jg. 1981, Doktorandin am Institut für Politikwissenschaft und wiss. Mitarbeiterin im DFG-Sonderforschungsbereich 580 an der Martin-Luther-Universität Halle-Wittenberg.

Sebastian Rehse, Dipl. Pol., Jg. 1982, Doktorand am Institut für Politikwissenschaft der Martin-Luther-Universität Halle-Wittenberg, Stipendiat der Graduiertenförderung des Landes Sachsen-Anhalt.

Tabellenverzeichnis

Tabelle 1:	Ausgewählte Ergebnisse populistisch agierender Parteien bei Parlamentswahlen in Europa und Landtagswahlen in der BRD	10
Tabelle 2:	Das Amtsverständnis bayerischer Abgeordneter	78
Tabelle 3:	Kontakte von Bundestagsabgeordneten mit Lobbyisten	80
Tabelle 4:	Bindungsmotive von Parteimitgliedern in Sachsen-Anhalt	81
Tabelle 5:	Problemwahrnehmungen mit Bezug auf das Mandat	83
Tabelle 6:	Monatliche Grunddiäten deutscher und europäischer Parlamentarier (Stand Juli 2005)	86
Tabelle 7:	Nebentätigkeiten von deutschen Bundestagsabgeordneten	88
Tabelle 8:	Wahrnehmung des Einflusses von Korruption in ausgewählten Institutionen und Bereichen	104
Tabelle 9:	„In welchem Ausmaß haben sich in den letzten 15 bis 20 Jahren die folgenden Faktoren negativ auf das Vertrauen der Wähler in Politiker und Parteien ausgewirkt?"	106
Tabelle 10:	Antwortverteilungen zu rechtspopulistischen Aussagen in der Studie „Deutsche Zustände" (Heitmeyer 2002)	127

Literaturverzeichnis

Abelshauser, Werner 2004: Deutsche Wirtschaftsgeschichte seit 1945. München.

Adorno, Theodor W. 1973: Studien zum autoritären Charakter. Frankfurt a. M.

Adorno, Theodor W./Bettelheim, Bruno/Frenkel-Brunswick, Else u.a. 1968: Der Autoritäre Charakter, Bd.1, Studien über Autorität und Vorurteil (gekürzte Fassung der Bände I, III, V von „Studies in Prejudice", New York 1950), Amsterdam.

Arnim, Hans Herbert v. 1993: Der Staat als Beute. Wie Politiker in eigener Sache Gesetze machen, München.

Arnim, Hans Herbert v. 1996: Die Partei, der Abgeordnete und das Geld. Parteienfinanzierung in Deutschland, München.

Arnim, Hans Herbert v. 1997: Fetter Bauch regiert nicht gern. Die politische Klasse – selbstbezogen und abgehoben München.

Backes, Uwe/Jesse, Eckhard 1993: Politischer Extremismus im vereinten Deutschland, Berlin.

Backes, Uwe/Jesse, Eckhard 2005: Vergleichende Extremismusforschung, Baden-Baden.

Bayrisches Staatsministerium für Arbeit, Sozialordnung, Familie und Frauen 2005: Eckpunkte für eine Rentenreform – Sozialversicherung im Wandel. (abrufbar unter http://www.stmas.bayern.de/sozial/rente/ [letzter Zugriff am 27.12.2005]).

Beck, Ulrich 1986: Risikogesellschaft. Auf dem Weg in eine andere Moderne. Frankfurt a. M.

Bergmann, Werner/Erb, Rainer 1991: Extreme Antisemiten in der Bundesrepublik Deutschland, in: Backes, Uwe/ Jesse, Eckhard: Jahrbuch Extremismus und Demokratie. 3. Jg., Bonn, S. 70 – 93.

Best, Heinrich/Edinger, Michael/Jahr, Stefan/Schmitt, Karl 2005: Zwischenauswertung der Abgeordnetenbefragung 2003/04. (Friedrich-Schiller-Universität Jena, Sonderforschungsbereich 580, Teilprojekt A3), Jena. (abrufbar unter www.sfb580.uni-jena.de/a3 [letzter Zugriff am 26.12.2005]).

Biehl, Heiko 2005: Parteimitglieder im Wandel : Partizipation und Repräsentation, Wiesbaden.

Blickpunkt Bundestag Nr.7/2005, S.22 f., (abrufbar auch unter: http://www.bundestag.de/blickpunkt/pdf/BB_0705.pdf, [letzter Zugriff 05.01.2006]).

Literaturverzeichnis 171

Boll, Bernhard 2001: Beitrittsmotive von Parteimitgliedern. In: Holtmann, Everhard (Hrsg.): Parteien und Parteimitglieder in der Region. Sozialprofil, Einstellungen, innerparteiliches Leben und Wahlentscheidung in einem ostdeutschen Bundesland. Das Beispiel Sachsen-Anhalt, Wiesbaden, S. 19 – 30.

Boll, Bernhard/Holtmann, Everhard 2001 (Hrsg.): Parteien und Parteimitglieder in der Region. Sozialprofil, Einstellungen, Innerparteiliches Leben und Wahlentscheidung in einem ostdeutschen Bundesland. Das Beispiel Sachsen-Anhalt, Wiesbaden.

Borchert, Jens 2000: Politische Klasse ohne demokratische Kontrolle? Die Pathologien der politischen Professionalisierung und die Zukunft der Demokratie, in: Arnim, Hans Herbert (Hrsg.): Direkte Demokratie: Beiträge auf dem 3. Speyerer Demokratieforum vom 27. bis 29. Oktober 1999 an der Deutschen Hochschule für Verwaltungswissenschaften Speyer, Berlin, S. 113 – 135.

Brok, Elmar 2003: Deutschland schadet sich selbst – Fakten über EU-Nutzen werden verschwiegen, (abrufbar unter http://www.europa-union.de/fileadmin/ files_eud/PDF-Dateien_EUD/Artikel_Brok.pdf [am 06.12.2005]).

Bundesverfassungsgericht 1975 (Hrsg.): Entscheidung des Bundesverfassungsgerichts Nr. 40 (296), Tübingen.

Bundeszentrale für Politische Bildung 2002 (Hrsg.): Informationen zur politischen Bildung aktuell: Bundestagswahlen 2002, Bonn.

Burmeister, Kerstin 1993, Die Professionalisierung der Politik am Beispiel des Berufspolitikers im parlamentarischen System der Bundesrepublik Deutschland. Berlin.

Bussmann, Kai-D./Wehrle, Markus M. 2004a: Fremdenfeindlichkeit und rechte Gewalt – Standortnachteil für ostdeutsche Wirtschaft, Forschungsinformation an der MLU Halle-Wittenberg, Halle.

Bussmann, Kai-D./Wehrle, Markus M. 2004b: Kriminalität: Standortnachteil für betriebliche Entscheidungen?, in: Neue Kriminalpolitik. Forum für Praxis, Politik und Wissenschaft, 16. Jg., Heft 3, S. 90 – 99.

Caramani, Daniele/Mény, Yves (Hrsg.) 2005: Challenges to Consensual Politics. Democracy, Identity and Populist Protest in the Alpine Region, Brüssel.

Decker, Frank 2000: Über das Scheitern des neuen Rechtspopulismus in Deutschland. Republikaner, Statt-Partei und der Bund Freier Bürger, in: Österreichische Zeitschrift für Politikwissenschaft (ÖZP), 29.Jg., S.237 – 255.

Decker, Frank 2005: Vom Rechts- zum Linkspopulismus – und zurück. In: Berliner Republik, 6. Jg., Heft 4, S. 20 – 23.

Demo/Skopie 2002: Umfragen. Meinungen. Gesellschaftstrends, hrsg. vom Bundesverband deutscher Banken, Nr. 14, (Mai 2002),Berlin.

Derlien, Hans-Ulrich 1986: Soziale Herkunft und parteipolitische Bindung der Beamtenschaft, in: Ellwein, Thomas/Wehling, Hans-Georg (Hrsg.): Verwaltung und Politik in der Bundesrepublik, u.a. Stuttgart, S. 115 – 132.

Derlien, Hans-Ulrich 1988: Verwaltung zwischen Berufsbeamtentum und Parteipolitik. Personalrekrutierung und Personalpatronage im öffentlichen Dienst. In: Politische Bildung 21, S. 57 – 72.

Derlien, Hans-Ulrich 1990: Personelle Transformation in Ostdeutschland, in: Klaus Lüder (Hrsg.), Öffentliche Verwaltung der Zukunft, Berlin, S. 183 – 188.

Derlien, Hans-Ulrich 2001: Öffentlicher Dienst im Wandel, in: Die öffentliche Verwaltung (DÖV), 54. Jg., Heft 8, April 2001, S. 322 – 328.

Deutsche Bundesbank: verschiedene Daten abrufbar unter http://www.bundesbank.de/.

Deutscher Bundestag: Abgeordnete in Zahlen (Archiv 15. Wahlperiode). (abrufbar unter http://www.bundestag.de/mdb/mdb15/mdbinfo/index.html [letzter Zugriff am 20.12.2005]).

Die Linke.PDS 2005: Wahlprogramm zu den Bundestagswahlen 2005, (vom Parteivorstand am 16. Juli 2005 beschlossener Entwurf), Berlin.

Dietzsch, Anton/Magerle, Martin 1995: Der Bund freier Bürger – Die Freiheitlichen (BFB). (abrufbar unter http://diss-duisburg.de/Internetbibliothek/Artikel/ Bund_freier_Buerger.htm [letzter Zugriff am 18.01.2005]).

DVU 1987: Programm der Deutschen Volksunion, (erschienen unter: www.dvu.de [letzter Zugriff 06.09.2005]).

Eliassen, Kjell A./Perdersen Mogens N. 1978, Professionalization of Legislatures, in: Comparative Studies in Society and History 29, S. 286 – 318.

Ellwein, Thomas/Hesse, Joachim 1987: Das Regierungssystem der Bundesrepublik Deutschland, Opladen.

Europäische Kommission 2005: Eurobarometer 64. Herbst 2005. (abrufbar unter http://europa.eu.int/comm/public_opinion/archives/eb/eb64/eb64_de_nat.pdf [letzter Zugriff am 20.12.2005]).

Everts, Carmen 2000: Politischer Extremismus. Theorie und Analyse am Beispiel der Parteien REP und PDS, Berlin.

Finanzbericht des Bundes 2004: Stand und voraussichtliche Entwicklung der Finanzwirtschaft im gesamtwirtschaftlichen Zusammenhang. hrsg. vom Bundesministerium der Finanzen, Berlin.

Finanzbericht des Bundes 2005: Stand und voraussichtliche Entwicklung der Finanzwirtschaft im gesamtwirtschaftlichen Zusammenhang. hrsg. vom Bundesministerium der Finanzen, Berlin.

Literaturverzeichnis 173

Forschungsgruppe Wahlen (FGW) 2004: Europawahl. Eine Analyse der Wahl vom 13. Juni 2004 (Berichte der Forschungsgruppe Wahlen Nr.115), Mannheim.

Forschungsportal der Deutschen Rentenversicherung, (abrufbar unter http://forschung. deutsche-rentenversicherung.de [letzter Zugriff am 27.12.2005]).

Gabriel, Oscar W. 2005: Bürger und Politik in Deutschland. Politische Einstellungen und politische Kultur, in: Ders./Holtmann, Everhard (Hrsg.), Handbuch Politisches System der Bundesrepublik Deutschland, 3. Auflage, u.a. München, S. 457 – 521.

Geißler, Rainer 1995: Das gefährliche Gerücht von der hohen Ausländerkriminalität, in: Aus Politik und Zeitgeschichte, 45. Jg., Bd. 35, Heft, S. 30 – 39.

Grimm, Dieter 1983: Die politischen Parteien. in: Benda, Ernst/Maihofer, Werner/Vogel, Hans-Jochen, Handbuch des Verfassungsrechts der Bundesrepublik Deutschland, u.a. Berlin, S. 317 – 372.

Grimm, Dieter 2001: Die Verfassung und die Politik. Einsprüche in Störfällen. München.

Guggenberger, Berndt 1988: Wenn uns die Arbeit ausgeht. Die aktuelle Diskussion um Arbeitszeitverkürzung, Einkommen und die Grenzen des Sozialstaats. München.

Hartleb, Florian 2004: Rechts- und Linkspopulismus. Eine Fallstudie anhand von Schill-Partei und PDS, Wiesbaden.

Hartleb, Florian 2005a: Der Stachel im Fleisch des politischen Establishments, in: Das Parlament vom 07.11.2005 (abrufbar unter http://www.das-parlament.de/2005/45/Thema/001.html [letzter Zugriff am 5.1.2006])

Hartleb, Florian 2005b: Rechtspopulistische Parteien, Arbeitspapier Nr.143/2005, hrsg. von der Konrad-Adenauer-Stiftung, Sankt Augustin.

Hauch, Gabriella/Hellmuth, Thomas/Pasteur, Paul 2002 (Hrsg.): Populismus. Ideologie und Praxis in Frankreich und Österreich, u.a. Wien.

Heinrich, Roberto/Lübker, Malte/Biehl, Heiko 2002: Parteimitglieder im Vergleich: Partizipation und Repräsentation, Potsdam.

Heitmeyer, Wilhelm 2002 (Hrsg.): Deutsche Zustände. Folge 1. Frankfurt a. M. 2002.

Hellmuth, Thomas 2002: "Patchwork" der Identitäten. Ideologische Grundlagen und politische Praxis des Populismus in Frankreich und Österreich, in: Ders./Hauch, Gabriella/Pasteur, Paul 2002 (Hrsg.): Populismus. Ideologie und Praxis in Frankreich und Österreich. Innsbruck; Wien, S. 9 – 43.

Herzog, Dietrich/Rebenstorf, Hilke/Werner, Camilla/Weßels, Bernhard 1990: Abgeordnete und Bürger, Opladen.

Heuß, Alfred 1964: Römische Geschichte, Braunschweig.

Hofmann, Bernd 2001: Zwischen Basis und Parteiführung: Mittlere Parteieliten, in: Boll, Bernhard/ Holtmann, Everhard 2001 (Hrsg,): Parteien und Parteimitglieder in der Region. Sozialprofil, Einstellungen, Innerparteiliches Leben und Wahlentscheidung in einem ostdeutschen Bundesland. Das Beispiel Sachsen-Anhalt, Wiesbaden, S. 195.

Holtmann, Everhard 1989: Politik und Nichtpolitik. Lokale Erscheinungsformen politischer Kultur im frühen Nachkriegsdeutschland, Opladen.

Holtmann, Everhard 2002: Die angepaßten Provokateure. Aufstieg und Niedergang der rechtsextremen DVU als Protestpartei im polarisierten Parteiensystem Sachsen-Anhalts, Opladen.

Holtmann, Everhard 2004: Die „Politische Klasse": Dämon des Parteienstaates? Zum analytischen Nutzen eines geflügelten Begriffs, in: Marschall, Stefan/Strünck, Christoph (Hrsg.): Grenzenlose Macht? Festschrift für Ulrich von Alemann zum 60. Geburtstag, Baden-Baden, S. 41 – 60.

Hübner, Emil 2000: Parlament und Regierung in der Bundesrepublik Deutschland. München.

Infratest dimap 2003: Deutschlandtrend 2003ff.: Monatsberichte, Berlin. (abrufbar unter http://www.infratest-dimap.de/?id=39 [letzter Zugriff am 28.12.2005]).

Infratest dimap 2005: Wahlreport zur Bundestagswahl vom 18. September, Berlin.

Initiative Neue Soziale Marktwirtschaft: Karikaturenwettbewerb 2004, (abrufbar unter http://www.insm.de/Interaktiv/Karikaturen-_wettbewerb.html [letzter Zugriff am 27.12.2005]).

ISI 2001: Informationsdienst Soziale Indikatoren, hrsg. vom ZUMA Mannheim, Nr.26, Juli 2001, Mannheim.

Jarren, Otfried/Sarcinelli, Ulrich/Saxer, Ulrich (Hrsg.) 1998: Politische Kommunikation in der demokratischen Gesellschaft. Ein Handbuch, Opladen und Wiesbaden.

Kaase, Max 1992: Linksextremismus, in: Lexikon der Politik, Bd.3 (Die westlichen Länder), hrsg. von Manfred G. Schmidt, München, S.231 – 235.

Karapin, Roger. (1998). Explaining far-Right electoral success in Germany. German Politics and Society, 16, 24 – 61.

Katz, Richard S./Mair, Peter 1995, Changing Models of Party Organization and Party Democracy. The Emergence of the Cartel Party, Party Politics 1, S. 5 – 28.

Keren, Michael 2000: Political Perfectionism and the 'Anti-System-Party', in: Party Politics, 6. Jg., Heft 1, S. 107 – 116.

Kitschelt, Herbert 2000: Citizens, politicians, and state party cartellization: Political representation and state failure in post-industrial democracies, in: European Journal of Political Research, 37. Jg. Heft 1, S. 149 – 179.

Literaturverzeichnis 175

Knill, Christoph 2003: Europäische Umweltpolitik. Steuerungsprobleme und Regulierungsmuster im Mehrebenensystem, Opladen.

Korte, Karl Rudolf 2003: Wahlen in der Bundesrepublik Deutschland. Bonn.

Lipset, Seymour M./Rokkan, Stein 1976 (Hrsg.): Party Systems and Voter Alignments: Crossnational Perspectives, New York und London.

Lowi, Theodore W. 1964: 'American Business, Public Policy, Case-Studies, and Political Theory', in: World Politics 16. Jg., S. 667 – 715.

Lowi, Theodore W. 1972: 'Four Systems of Policy, Politics, and Choice', in: Public Administration Review, 32. Jg., Heft 4, S. 298 – 310.

Maier, Gunther/Tödtling, Franz 2002: Regionalentwicklung und Regionalpolitik. Regional- und Stadtökonomik II. Wien

Merten, Detlef 1999: Montesquieus Gewaltenteilungslehre und deutsche Verfassungsstaatlichkeit, in: Weinacht, Paul-Ludwig (Hrsg.), Montesquieu – 250 Jahre „Geist der Gesetze", Baden-Baden, S. 31 – 62.

Mudde, Cas 1996: The Paradox of the Anti-Party-Party. Insights from the Extreme Right, in: Party Politics, 2. Jg., Heft 2, S. 265 – 276.

Müller-Rommel, Ferdinand 1999: Die Neuen von den Rändern her: Herausforderung der europäischen Parteiensysteme? In: Zeitschrift für Parlamentsfragen, 30. Jg. Heft 2, S. 424 – 433.

Niedermayer, Oskar 2001: Bürger und Politik. Politische Orientierungen und Verhaltensweisen der Deutschen. Eine Einführung, Wiesbaden.

Nohlen, Dieter/Schultze, Rainer-Olaf/Schüttemeyer, Suzanne S. 1998 (Hrsg.): Lexikon der Politik, Band 7 (Politische Begriffe), München 1998.

NPD 2003: Programm der Nationaldemokratischen Partei Deutschlands. (abrufbar unter http://www.npd.de/medien/pdf/aktionsprogramm.pdf [letzter Zugriff am 18.01.2005]).

Nuscheler, Franz 2002: Global Governance, in: Nohlen, Dieter/Schultze, Rainer-Olaf (Hrsg.): Lexikon der Politikwissenschaft. Band 1 A-M, 2. Aufl., München, S. 291 – 293.

Oertzen, Jürgen v. 2006: Das Expertenparlament. Abgeordnetenrollen in den Fachstrukturen bundesdeutscher Parlamente. Baden-Baden.

Ötsch, Walther 2002: Demagogische Vorstellungswelten. Das Beispiel der Freiheitlichen Partei Österreichs. In: Hauch, Gabriella/Hellmuth, Thomas/Pasteur, Paul 2002 (Hrsg.): Populismus. Ideologie und Praxis in Frankreich und Österreich. Innsbruck; Wien, S. 93 – 104.

Papier, Hans-Jürgen 2005: „Relative Offenheit", in: Frankfurter Allgemeine Zeitung vom 24.11.2005, S. 8.

Patzelt, Werner J. 1991: Das Amtsverständnis der Abgeordneten, in: Aus Politik und Zeitgeschichte, 41. Jg., Band 21/22, S. 25 – 37.

Patzelt, Werner J. 1994: Das Volk und seine Vertreter: eine gestörte Beziehung, in: Aus Politik und Zeitgeschichte, 44. Jg., Bd. 11, S. 14 – 23.

Patzelt, Werner J. 1996: Deutschlands Abgeordnete. Profil eines Berufsstandes, der weit besser ist als sein Ruf. In: Zeitschrift für Parlamentsfragen, 27. Jg, Heft 3, S. 462 – 502.

PDS 2003: Programm der Partei des Demokratischen Sozialismus, (erschienen unter http://sozialisten.de/sozialisten/medienspiegel/view_html/zid17436/bs1/n0 [letzter Zugriff am 18.01.2005]).

Pfahl-Traughber, Armin 1999: Rechtsextremismus in der Bundesrepublik, München 1999.

Polizeiliche Kriminalstatistik (PKS), Berichtsjahr 2004 (abrufbar unter http://www.bka.de/pks/ [letzter Zugriff am 28.12.2005]).

PRO DM 2002: Programm der Partei Pro Deutsche Mitte – Initiative Pro D-Mark, (erschienen unter: http://www.prodm-online.de/html/programm.html [letzter Zugriff am 06.01.2006]).

Putnam, Robert D. 1976: Die politischen Einstellungen der Ministerialverwaltung in Westeuropa, in: Politische Vierteljahresschrift, 17. Jg., Heft 1, S. 23 – 61.

Raschke, Joachim/Tils, Ralf 2002: CSU des Nordens. Profil und bundespolitische Perspektiven der Schill-Partei, in: Blätter für deutsche und internationale Politik 47, S. 49 – 58.

REP 2002: Parteiprogramm der Republikaner (erschienen unter: www.rep.de [letzter Zugriff am 06.09.2005]).

Roller, Edeltraud 1999: Staatsbezug und Individualismus. Dimensionen des sozialkulturellen Wertewandels, in: Thomas Ellwein/Everhard Holtmann (Hrsg.), 50 Jahre Bundesrepublik Deutschland, PVS-Sonderheft 30, S. 229 – 246.

Rucht, Dieter/ Yang, Mundo 2004: Wer demonstriert gegen Hartz IV? (WZB Mitteilungen, Heft 106/ Dezember 2004, S. S. 51 – 54.

Rudzio, Wolfgang 2003: Das politische System der Bundesrepublik Deutschland, 6. Aufl., u.a. Berlin.

Sartori, Giovanni 1976: Parties and Party Systems. A Framework of Analysis, Band 1, u.a. London.

Literaturverzeichnis 177

Schaefer, Dagmar/Mansel, Jürgen/Heitmeyer, Wilhelm 2002: Rechtspopulistisches Potential. Die »saubere Mitte« als Problem. In: Heitmeyer, Wilhelm (Hrsg.): Deutsche Zustände. Folge 1. Frankfurt a. M. 2002, S. 123 – 144.

Schmidt, Manfred G. 1995: Wörterbuch zur Politik, Stuttgart.

Schneider, Hans-Peter 1990: Die Institution der politischen Partei in der Bundesrepublik Deutschland, in: Tsatsos, Dimitris Th. u.a. (Hrsg.), Parteienrecht im europäischen Vergleich. Die Parteien in den demokratischen Ordnungen der Europäischen Gemeinschaft, Baden-Baden, S. 151 – 218.

Statistisches Bundesamt Deutschland 2005: Datenreport 2004. Ausgabe der Bundeszentrale für Politische Bildung, Bonn (Gefunden auch unter http://www.destatis.de/download/d/datenreport/1_09gesch.pdf [letzter Zugriff am 27.12.2005]

Steffani, Winfried 1965: Amerikanischer Kongreß und Deutscher Bundestag. Ein Vergleich, in: Aus Politik und Zeitgeschichte, 13. Jg., B 43, S. 12 – 44.

Stöss, Richard 1999: Rechtsextremismus im vereinten Deutschland, hrsg. von der Friedrich-Ebert-Stiftung, Bonn.

Stöss, Richard 2001: Parteienstaat oder Parteiendemokratie? in: Niedermayer, Oskar/Stöss, Richard/Gabriel, Oscar W. (Hrsg.): Parteiendemokratie in Deutschland, 3. Aufl., Bonn, S. 13 – 36.

Tarkiainen, Tuttu 1972: Die athenische Demokratie, Zürich.

Transparency Deutschland 2005: Vergleiche des Korruptionsbarometers 2005 in Deutschland (abrufbar unter http://www.transparency.de/Globales_Korruptionsbarometer.361.0.html [letzter Zugriff am 26.12.2005]).

Transparency Deutschland 2005: Transparenz in den Beziehungen zwischen Politik und Wirtschaft. Stellungnahme von Transparency International Deutschland (abrufbar unter: http://www.transparency.de/Stellungnahme_Nebentaetigkeite.698.0.html [letzter Zugriff am 05.12.2005]).

WASG 2005: Wahlmanifest (erschienen unter http://www.wasg.de/uploads/media/Wahlmanifest-Kassel_01.pdf [letzter Zugriff am 20.12.2005]).

Weber, Max 1972: Wirtschaft und Gesellschaft, 5. revidierte Aufl., besorgt von Johannes Wickelmann, Tübingen.

Weber, Max 1976: Wirtschaft und Gesellschaft. Studienausgabe, 5. Auflage, Tübingen.

Wenzl, Corinna 2005: DIE GRÜNEN im Deutschen Bundestag 1983-1990 – Bestimmungsfaktoren und Analyse ihrer oppositionellen Aktivitäten, Politikwissenschaftliche Diplomarbeit Martin-Luther-Universität Halle-Wittenberg (unveröffentlicht).

Weßels, Bernhard 1991: Abgeordnete und Bürger: Parteien und Wahlkreiskommunikation als Faktoren politischer Repräsentation. In: Klingemann, Hans-Dieter/Stöss, Richard/Weßels, Bernhard (Hrsg.): Politische Klasse und politische Institutionen. Opladen, S. 325 – 356.

Weßels, Bernhard 2005: Wie Vertrauen verloren geht. Einsichten von Abgeordneten des Bundestags, in: WZB-Mitteilungen Heft 107, (März 2005), S. 13 – 16.

Zwick, Martin 2004: Hohe Ausländerkriminalität. Fiktion oder Wirklichkeit? In: Integration in Deutschland 3/2004, 20.Jg., auch abrufbar unter http://www.isoplan.de/aid/index.htm?http://www.isoplan.de/aid/2004-3/kriminalitaet.htm [letzter Zugriff am 20.12.2005].

Neu im Programm Politikwissenschaft

Kay Möller
Die Außenpolitik der Volksrepublik China 1949 - 2004
Eine Einführung
2005. 280 S. Studienbücher Außenpolitik und Internationale Beziehungen.
Br. EUR 22,90
ISBN 3-531-14120-1

Chinas Außenpolitik war in der Ära Mao Zedong (1949-1976) mit Unabhängigkeit und Sicherheit von zwei widersprüchlichen Grundsätzen geprägt, ein Linienstreit, der in den 60er Jahren zum Bruch mit Moskau und 1972 zu einer spektakulären Annäherung an die USA führte.

Deng Xiaoping versuchte ab 1978, diesen Widerspruch mit einem Bekenntnis zu Interdependenz und wirtschaftlicher Öffnung aufzulösen, aber auch Dengs Reform wurde in den Dienst einer langfristigen nationalen Agenda gestellt, die die internationale Manövriermarge der Volksrepublik vergrößern sollte.

Auch 2004 ist Peking weder mit seinem engeren Umfeld zufrieden, in dem viele Akteure unausgesprochen oder offen gegen eine „chinesische Gefahr" rüsten, noch mit einer von den USA dominierten Welt. Sichtbarster Ausdruck der unterstellten Beeinträchtigung des eigenen Großmachtanspruchs ist die anhaltende, unabhängige Existenz der „abtrünnigen Provinz" Taiwan.

Erhältlich im Buchhandel oder beim Verlag.
Änderungen vorbehalten. Stand: Juli 2005.

Dieter Nohlen / Andreas Hildenbrand
Spanien
Wirtschaft – Gesellschaft – Politik.
Ein Studienbuch
2., erw. Aufl. 2005. 380 S. mit 56 Tab.
Br. EUR 29,90
ISBN 3-531-30754-1

Diese bewährte Gesamtdarstellung zu Politik, Gesellschaft und Wirtschaft in Spanien liegt in vollkommen überarbeiteter und aktualisierter Auflage vor. Wer Informationen zu einem der wichtigsten EU-Länder braucht, greift zu diesem Buch.

Klaus Schubert (Hrsg.)
Handwörterbuch des ökonomischen Systems der Bundesrepublik Deutschland
2005. 516 S. Br. EUR 36,90
ISBN 3-8100-3588-2
Geb. EUR 49,90
ISBN 3-8100-3646-3

Das Buch ist ein zuverlässiges Nachschlagewerk für alle, die sich in Beruf oder Studium rasch einen Überblick über Grundlagen und Grundstrukturen des deutschen Wirtschaftssystems verschaffen wollen. Die Wirtschaft und die Wirtschaftspolitik Deutschlands dienen dabei als Referenzpunkte zur Beschreibung und Erklärung ökonomischer Zusammenhänge auf nationaler, europäischer und globaler Ebene. Dies wird ergänzt durch wichtige Statistiken und Grafiken.

www.vs-verlag.de

VS VERLAG FÜR SOZIALWISSENSCHAFTEN

Abraham-Lincoln-Straße 46
65189 Wiesbaden
Tel. 0611.7878-722
Fax 0611.7878-400

Neu im Programm
Politikwissenschaft

Jürgen W. Falter / Harald Schoen (Hrsg.)
Handbuch Wahlforschung
2005. XXVI, 826 S. Geb. EUR 49,90
ISBN 3-531-13220-2

Die Bedeutung von Wahlen in einer Demokratie liegt auf der Hand. Deshalb ist die Wahlforschung einer der wichtigsten Forschungszweige in der Politikwissenschaft. In diesem Handbuch wird eine umfassende Darstellung der Wahlforschung, ihrer Grundlagen, Methoden, Fragestellungen und Gegenstände geboten.

Peter Becker / Olaf Leiße
Die Zukunft Europas
Der Konvent zur Zukunft der Europäischen Union
2005. 301 S. Br. EUR 26,90
ISBN 3-531-14100-7

Dieses Buch gibt auf knappem Raum einen Überblick zur Arbeit des „Konvents zur Zukunft der Europäischen Union", zu Anlass und Organisation des Konvents, zu seinen wichtigsten Themen und Ergebnissen. Ebenso werden die wichtigen Konferenzen und Entscheidungen nach Abschluss des Konvents in die Darstellung einbezogen.

Bernhard Schreyer / Manfred Schwarzmeier
Grundkurs Politikwissenschaft: Studium der Politischen Systeme
Eine studienorientierte Einführung
2. Aufl. 2005. 243 S. Br. EUR 17,90
ISBN 3-531-33481-6

Konzipiert als studienorientierte Einführung, richtet sich der „Grundkurs Politikwissenschaft: Studium der politischen Systeme" in erster Linie an die Zielgruppe der Studienanfänger. Auf der Grundlage eines politikwissenschaftlichen Systemmodells werden alle wichtigen Bereiche eines politischen Systems dargestellt.

Dabei orientiert sich die Gliederung der einzelnen Punkte an folgenden didaktisch aufbereiteten Kriterien: Definition der zentralen Begriffe, Funktionen der Strukturprinzpen und der Akteure, Variablen zu deren Typologisierung, Ausgewählte Problemfelder, Entwicklungstendenzen, Stellung im politischen System, Kontrollfragen, Informationshinweise zur Einführung (kurz kommentierte Einführungsliteratur, Fachzeitschriften, Internet-Adressen).

Im Anhang werden die wichtigsten Begriffe in einem Glossar zusammengestellt. Ein Sach- und Personenregister sowie ein ausführliches allgemeines Literaturverzeichnis runden das Werk ab.

Erhältlich im Buchhandel oder beim Verlag.
Änderungen vorbehalten. Stand: Juli 2005.

www.vs-verlag.de

VS VERLAG FÜR SOZIALWISSENSCHAFTEN

Abraham-Lincoln-Straße 46
65189 Wiesbaden
Tel. 0611.7878-722
Fax 0611.7878-400

The manufacturer's authorised representative in the EU is Springer Nature Customer Service Centre GmbH, Europaplatz 3, 69115 Heidelberg, Germany. If you have any concerns regarding our products, please contact ProductSafety@springernature.com

Printed and bound by CPI Group (UK) Ltd, Croydon, CR0 4YY

23/03/2026

02076668-0008